O SEGREDO DA MUDANÇA DE CULTURA

O SEGREDO DA MUDANÇA DE CULTURA

COMO CONSTRUIR HISTÓRIAS AUTÊNTICAS QUE TRANSFORMAM SUA ORGANIZAÇÃO

JAY B. BARNEY
MANOEL AMORIM
CARLOS JÚLIO

Benvirá

Copyright © 2024 by Jay B. Barney, Manoel Amorim, and Carlos Júlio
Copyright da edição brasileira © Saraiva Educação, 2024
Published by arrangement with Berrett-Koehler Publishers, Oakland, CA.
Título original: *The Secret of Culture Change*

Direção executiva Flávia Alves Bravin
Direção editorial Ana Paula Santos Matos
Gerência editorial e de produção Fernando Penteado
Gerenciamento de catálogo Isabela Ferreira De Sá Borrelli
Edição Paula Sacrini
Design e produção Jeferson Costa da Silva (coord.)
　　　　　　　　　Verônica Pivisan Reis

Tradução Lourdes Sette
Preparação Débora Spanamberg Wink
Revisão Juliana Bormio
Diagramação Fernanda Matajs
Adaptação de capa Tiago Dela Rosa
Impressão e acabamento Ricargraf
　　　　　　　　　OP 236248

Dados Internacionais de Catalogação na Publicação (CIP)
Vagner Rodolfo da Silva – CRB-8/9410

J94s　Júlio, Carlos
　　　　O segredo da mudança de cultura / Carlos Júlio, Manoel Amorim, Jay B. Barney ; traduzido por Lourdes Sette. – 1. ed. – São Paulo : Benvirá, 2024.

　　　　272 p.

　　　　ISBN: 978-65-5810-103-1 (impresso)

　　　　1. Administração. 2. Negócios. 3. Empreendedorismo. 4. Empreendimento. I. Amorim, Manoel. II. Barney, Jay B. III. Sette, Lourdes. IV. Título.

2024-2915
CDD 658.4012
CDU 65.011.4

Índices para catálogo sistemático:
1. Administração : Negócios 658.4012
2. Administração : Negócios 65.011.4

1ª edição, maio de 2024

Nenhuma parte desta publicação poderá ser reproduzida por qualquer meio ou forma sem a prévia autorização da Saraiva Educação. A violação dos direitos autorais é crime estabelecido na Lei n. 9.610/98 e punido pelo art. 184 do Código Penal.

Todos os direitos reservados à Benvirá, um selo da Saraiva Educação.
Av. Paulista, 901, Edifício CYK, 4º andar
Bela Vista - São Paulo - SP - CEP: 01311-100

SAC: sac.sets@saraivaeducacao.com.br

CÓD. OBRA 720578　　CL 680018　　CAE 847502

Sumário

Prefácio 1
Lista das histórias citadas no livro 5

1 | Introdução: como construir histórias para mudar a cultura de sua organização 13

2 | Por que a mudança de cultura é diferente? 41

3 | Como construir histórias autênticas 69

4 | Seja protagonista de sua própria história 95

5 | Histórias que rompem com o passado e apontam um caminho rumo ao futuro 119

6 | Construa histórias para o cérebro e para o coração 147

7 | A construção de histórias como uma atividade teatral 173

8 | Como criar uma cascata de histórias 191

9 | Como tornar a mudança de cultura duradoura 219

10 | Como construir suas próprias histórias que mudam a cultura 237

Guia de discussão 255
Agradecimentos 265

Para eventuais atualizações e outros materiais, visite a página do livro no Saraiva Conecta:

https://somos.in/SCC1

Prefácio

Todos os líderes empresariais que conhecemos e que tentaram mudar as estratégias de sua organização, mais cedo ou mais tarde, depararam-se com o mesmo problema: para explorar todo o potencial dessas novas estratégias, em geral também é preciso mudar a cultura da organização. Isso é verdade independentemente de onde você trabalhe: uma empresa com fins lucrativos madura; uma empresa empreendedora; uma organização sem fins lucrativos; ou até mesmo um órgão governamental. Na grande maioria das vezes, a cultura atual da organização possibilita a implementação das estratégias antigas. Consequentemente, se você pretende mudar as estratégias antigas, é muito provável que também precise mudar a cultura antiga.

Mas o que acontece se você não mudar a cultura antiga ao implementar novas estratégias? Como Peter Drucker teria dito, quando a cultura antiga e as novas estratégias não estão alinhadas, "a cultura devora a estratégia no café da manhã!".

Então, ótimo. Você entendeu. Para implementar novas estratégias em sua totalidade, muitas vezes é preciso mudar a cultura da organização. Mas como se muda uma cultura antiga?

Embora muito tenha sido escrito sobre a mudança cultural, descobrimos que a maior parte desses textos está distante da prática real. No entanto, não estamos sugerindo que os trabalhos anteriores sobre esse tema não tenham mérito. De fato, neste livro, recorremos a muitos princípios de mudança cultural abordados em trabalhos antigos.

Entretanto, buscávamos uma abordagem mais prática e imediata, que os executivos de qualquer tipo de organização, e em qualquer nível dela, pudessem utilizar para mudar sua cultura. Assim, decidimos perguntar-lhes o que haviam feito para mudá-la.

E o que eles nos relataram foi surpreendente.

A maioria dos esforços bem-sucedidos em prol da mudança cultural começou quando um líder empresarial "construiu uma história". Esse líder construiu uma história ao se envolver em atividades que claramente rompiam com o passado cultural da empresa ao mesmo tempo que apontavam um caminho rumo ao futuro cultural dela. Além disso, essas atividades eram autênticas e protagonizadas pelo líder empresarial em questão, apelavam para o "coração" e o "cérebro" dos funcionários, muitas vezes eram bastante teatrais e induziam outras pessoas na organização a construírem suas próprias histórias.

Este livro conta como você pode construir suas próprias histórias para começar o processo de mudança cultural. Explica também por que isso pode funcionar e quando pode funcionar.

Vimos essas ideias serem aplicadas em todos os tipos de organização: empresas globais da *Fortune 500*; empresas empreendedoras muito pequenas; empresas de tecnologia em rápida expansão; organizações sem fins lucrativos; instituições de ensino superior; órgãos governamentais; e assim por diante. Vimos também essas ideias serem aplicadas em todos os níveis de uma organização – por CEOs, vice-presidentes funcionais, gerentes-gerais de divisão, gerentes de fábrica ou de escritório, supervisores de linha de frente e trabalhadores horistas.

No entanto, este livro não oferece uma lista de histórias que você pode contar para incentivar uma mudança cultural em sua empresa. Trata-se de um livro sobre a construção de histórias, não sobre como contar histórias; logo, você precisa construir as próprias histórias para mudar a própria cultura. Descrevemos os atributos que essas histórias precisam ter para serem bem-sucedidas, mas não podemos dizer qual será o conteúdo delas. Isso cabe a você criar – embora seja possível que os inúmeros exemplos apresentados neste livro lhe deem algumas ideias sobre os tipos de história que podem ser construídas.

Adoraríamos ouvir suas experiências quando você começar a construir histórias para mudar sua cultura organizacional. O que funcionou? O que não funcionou? O que você não mudaria nesse processo? O que mudaria? Você pode compartilhar as histórias que construiu em nosso *site*: **CultureChangeSecret.com**. Esperamos que ele seja uma fonte que fomente nosso conhecimento coletivo sobre a construção de histórias e a mudança cultural.

Então, boa leitura e boa sorte com seus esforços para criar o tipo de cultura que permitirá que você e todos com quem trabalha explorem todo o seu potencial, e também o deles.

Jay B. Barney
Park City, Utah, EUA

Manoel Amorim
Orlando, Flórida, EUA

Carlos Júlio
São Paulo, Brasil

Lista das histórias citadas no livro

Este livro é dedicado aos líderes empresariais que entrevistamos e que compartilharam conosco tanto seus sucessos quanto seus fracassos ao tentar mudar a cultura de suas organizações. A maioria nos permitiu usar seus nomes e o nome de suas empresas. O desejo daqueles que preferiram o anonimato foi respeitado. Os líderes empresariais com histórias incluídas neste livro, juntamente com suas trajetórias profissionais, estão listados aqui.

História 1.1: "Como usar um fracasso no serviço de atendimento ao cliente para mudar a cultura de uma organização"
Manoel Amorim – CEO, Telesp (Telefônica); diretor-geral, Negócios de Consumidor, Telefonica International; CEO, Globex; CEO, Abril Educação; gerente-geral, Procter & Gamble; diretor em vários conselhos administrativos; Conselho Consultivo Nacional, Faculdade de Administração Marriott; executivo residente, Faculdade de Administração David Eccles, Universidade de Utah.

História 1.2: "Era queijo ou uma rosquinha doce?"
Andy Theurer – CEO, presidente, CFO da ARUP Laboratories.

História 3.1: "E se este avião caísse?"
Diretor de produção de uma empresa transnacional enorme.

História 3.2: "Eu era apenas um novato e precisava mudar a conversa"
Michael Schutzler – CEO, Associação das Indústrias de Tecnologia de Washington; CEO, Livemocha; CEO, Classmates.com; CEO, Free-Shop; vários cargos em conselhos administrativos; membro do conselho consultivo e professor em tempo parcial da Faculdade de Administração Michael G. Foster, Universidade de Washington.

História 3.3: "É por isso que eu sou quem sou"
Stefano Rettore – presidente, ADM Origination e membro do conselho executivo da ADM; fundador da LemanVentures; presidente da CHS International; vários cargos em conselhos administrativos.

História 3.4: "Não sou tudo o que quero ser"
Carl Thong – empreendedor fundador-serial/presidente/sócio/diretor--gerente de Sunstone Group, Momenta Group, Incontech, BankingOn, Re:start, Dytan Health e Dinning Buttler, entre outros; vários cargos em conselhos administrativos; professor adjunto, Singapore Management University.

História 3.5: "Se queremos que os membros de nossa equipe tenham humildade, eu preciso ser humilde; se queremos que os membros de nossa equipe tenham transparência, eu preciso ser transparente"
Dan Burton – CEO, Health Catalyst; sócio-gerente, HB Ventures; chefe de estratégia empresarial, Micron Technology; diretor em vários conselhos diretores; membro do conselho consultivo nacional, Faculdade de Administração Marriott.

História 3.6: "Ele atirou uma cadeira em mim!"
Steve Young – presidente e cofundador, Huntsman Gay Global Capital; ex-jogador de futebol americano do San Francisco 49'ers e jogador mais valioso (MVP) da liga, eleito para o Hall da Fama da NFL; comentarista esportivo do programa Monday Night Football na ESPN e autor de livros.

História 3.7: "Até o reposicionamento de nossa marca precisava ser autêntico"
Richard Stad – vários cargos na Aramis Inc., de *trainee* a CEO investidor-anjo em várias *startups*.

História 4.1: "Eu preciso entrar nos barcos"
Annette Friskopp – gerente-geral das Unidades Globais de Impressão Industrial e Impressão Especial da HP Inc.; CEO e presidente, Zaptrio Inc.; vice-presidente executiva e membro do conselho administrativo, X-Digital Systems; vice-presidente executiva em uma empresa de gestão de embarcações (nome mantido em sigilo).

História 4.2: "Eu escrevi os valores na parede"
Michael Schutzler – cf. História 3.2.

História 4.3: "Como assumi a responsabilidade por meus erros"
Diretor de produção de uma empresa transnacional enorme.

História 4.4: "Estou indo para a Índia"
Alberto Carvalho – presidente, Procter & Gamble Brasil, Argentina e Chile; vice-presidente, Negócios Globais Gillette; CEO, The Art of Shaving; sócio, CEO Coaching International; sócio operacional, Advent International, vários cargos em conselhos administrativo; consultor do Centro de Mercados Emergentes, Universidade Northeastern.

História 4.5: "Sofri um corte no meio da sobrancelha"
Jamie O'Banion – fundador e CEO, Beauty Biosciences LLC; Conselho Consultivo Nacional, Faculdade de Administração Marriott.

História 5.1: "Locaute de um executivo graduado"
Dennis Robinson – CEO em uma importante instalação de esportes e entretenimento (nome mantido em sigilo); presidente e COO, Mill Town Capital; diretor administrativo, Envorso; chefe de gabinete e secretário de Estado adjunto, estado de Nova Jersey; COO Grande Prêmio de Fórmula 1 dos Estados Unidos; assistente do diretor atlético, Universidade de Houston.

História 5.2: "Como aprendi a encantar o cliente"
Melanie Healey – presidente global para Cuidados Femininos; presidente do grupo global de Saúde e Cuidados Femininos; presidente de grupo para América do Norte; vice-presidente e gerente-geral para Cuidados Femininos na América do Norte, Procter & Gamble; vários cargos em conselhos administrativos.

História 5.3: "Como redescobrir o espírito do Spitfire"
Ivan Sartori Filho – gerente de produção e da unidade de negócios de York, Tenneco; sócio, Mind Makers International; vice-presidente; SOMOS Educação; COO, Mangels Industrial; diretor regional, Telefónica International; gerente-geral – plásticos e revestimentos, Alcoa Brasil; professor adjunto, Pontifícia Universidade Católica do Rio de Janeiro (PUC-Rio).

História 5.4: "Como trabalhei 36 horas seguidas"
Michael Speigl – principal revendedor em Ann Arbor da Toyota e da Subaru; presidente, Williams Automotive Group; sócio-gerente, Tampa Honda; professor adjunto, Faculdade de Administração Stephen M. Ross da Universidade de Michigan.

História 5.5: "Como mudar a cultura de uma empresa tradicional que era líder em seu ramo de negócio"
CEO de uma empresa transnacional.

História 5.6: "Precisávamos atravessar uma ponte"
Mike Staffieri – COO, vice-presidente sênior, Cuidados Renais; vice-presidente de Operações e Desenvolvimento de Novos Centros, DaVita, Inc.

História 6.1: "Inglês + espanhol + português – como construir uma nova cultura em uma subsidiária brasileira"
Fernando Aguirre – proprietário e CEO, Erie Seawolves Baseball; presidente do conselho, presidente e CEO, Chiquita Brands; vários cargos de gerente-geral, vice-presidente e presidente de Unidade Global de Negócios da Procter & Gamble.

História 6.2: "Como o futebol nos ajudou a domar um tigre competitivo"
Marise Barroso – CEO, Amanco Brasil; CEO, Marisa; vice-presidente de grupo, Avon; vários cargos em conselhos administrativos.

História 6.3: "Como mudar a cultura em parceria com o sindicato"
Scott Robinson – diretor administrativo, Robinson Resource Group; fundador, SearchWorks; sócio-gerente, Kensington International; diretor de recursos humanos, Federal Signal Corporation.

História 6.4: "Como transformar nossos compromissos em realidade"
Mike Staffieri – cf. História 5.6.

História 6.5: "Como introduzir um novo produto no mercado em quatro meses"
Gilberto Xandó Batista – CEO Brasil e diretor do conselho global; JBS. CEO, Vigor; diretor geral de negócios, Natura; vice-presidente internacional, BRF; vários cargos em conselhos administrativos.

História 7.1: "Uma celebração com pão e água"
Jeff Rodek – CEO, Hyperion Solutions; presidente, Ingram Micro; vice-presidente sênior, Américas, FEDEX; vários cargos em conselhos administrativos; professor sênior, Faculdade de Administração Fisher.

História 7.2: "Como usar um tema de Harry Potter para diminuir o medo dos alunos"
Brigitte Madrian – decana e professora emérita da Faculdade de Administração Marriott; codiretora, National Bureau of Economic Research, grupo de trabalho de finanças domésticas.

História 7.3: "A apresentação do meu código de vestimenta"
Shane Kim – CEO, GameStop; vários cargos como vice-presidente corporativo e gerente-geral na Microsoft.

História 7.4: "Minha imitação de Steven Tyler"
Greg Tunney – CEO RG Barry Corporation; CEO, presidente e diretor, Manitobah Mukluks; presidente global, Wolverine World Wide; professor adjunto, Universidade Estadual de Ohio; professor adjunto, Faculdade de Administração David Eccles, Universidade de Utah.

História 7.5: "Como se vestir para anunciar resultados financeiros"
CEO de uma empresa transnacional.

História 7.6: "Um por todos e todos por um"
Mike Staffieri – cf. História 5.6.

História 8.1: "Como parar de levantar um porco"
Cliff Clive – CEO, MediNatura; CEO, Heel Inc.; CEO, Edge Drives Growth Consulting; CEO, Breville North America; gerente-geral, Power Bar, Nestlé; presidente, Saúde do Consumidor nas Américas, Roche Pharmaceuticals.

História 8.2: "Eu era o estudante para cujo atendimento nossa empresa foi projetada"
Pete Pizarro – CEO, Ilumno; sócio-gerente, SALT Ventures; presidente do conselho diretor e CEO, eLandia Group; CEO, Telefonica USA; vários cargos em conselhos administrativos.

História 8.3: "Brett das capturas de tela"
Brett Keller – CEO, CMO e vice-presidente de *marketing*, Priceline; membro do conselho consultivo nacional, Faculdade de Administração Marriott.

História 8.4: "Como cuidamos dos funcionários durante a covid-19"
Diretor de produção de uma empresa transnacional enorme.

História 8.5: "Como ressuscitar uma cultura"
Gilberto Xandó Batista – cf. História 6.5.

História 8.6: "Atendimento ao cliente sem restrições"
Jeremy Andrus – CEO, Traeger Pellet Grills; CEO, Skull Candy.

História 8.7: "Como aproveitar o compromisso de um funcionário com o serviço"
Jeremy Andrus – cf. História 8.6.

História 8.8: "Como celebrar a construção de histórias"
Manoel Amorim – cf. História 1.1.

História 9.1: "Como incorporar a satisfação do cliente na avaliação dos funcionários"
Manoel Amorim – cf. História 1.1.

História 9.2: "Como compensar os melhores desempenhos"
Manoel Amorim – cf. História 1.1.

História 9.3: "Como implementar avaliações 360 graus"
Daniel Geiger Campos – membro do comitê executivo global e presidente para América Latina, na AkzoNobel; diretor global de cuidados pessoais da Natura; gerente-geral, Procter & Gamble; membro do conselho diretor da Trillio e da Altave.

1

Introdução: como construir histórias para mudar a cultura de sua organização

Aqui está o que sabemos sobre a relação entre a cultura de uma empresa, suas estratégias e seu desempenho:

> *As organizações onde a cultura e a estratégia estão alinhadas têm um desempenho superior àquelas onde a cultura e a estratégia não se alinham.*

É claro, isso não significa que a estratégia de uma organização não seja importante. Na verdade, ao longo dos últimos 50 anos, pelo menos, a história dos negócios é uma história do surgimento e depois do domínio de novas e disruptivas estratégias tecnológicas e comerciais em um setor após outro.[1]

De fato, esse padrão surgiu em inúmeros ramos comerciais, desde vendas no varejo – da Sears à Walmart e à Amazon, até o entretenimento doméstico –, televisão aberta, vídeos pré-gravados, DVDs

---

1 Para obter vários exemplos do surgimento de tecnologias disruptivas, cf. CHRISTENSEN, C. *The Innovator's Dilemma*. Boston: Harvard Business Review Press, 1997.

e serviços de *streaming*, até computadores – *mainframes*, computadores pessoais, *smartphones* e assim por diante. Esse mesmo padrão também ocorreu em alguns setores governamentais e entre as organizações sem fins lucrativos – por exemplo, desde governos que distribuem ajuda externa diretamente para governos de economias menos desenvolvidas, passando por organizações não governamentais (ONGs) internacionais que fornecem empréstimos para esses governos, chegando até ONGs que financiam diretamente atividades empreendedoras nessas economias por meio de operações de microfinanças.[2]

E ainda assim, as pesquisas ao longo desse mesmo período deixam claro que, para realizar todo o potencial dessas estratégias inovadoras, elas precisam estar alinhadas com a cultura da organização.[3] Uma empresa pode ter um novo e empolgante produto ou tecnologia, ou uma nova e empolgante maneira de distribuir ou comercializar esse produto ou tecnologia, mas, a menos que sua cultura organizacional esteja alinhada com suas estratégias, o seu potencial pleno não será explorado.

Assim, por exemplo, se sua estratégia comercial se concentra na venda de produtos ou serviços extremamente inovadores para seus clientes, então você precisa ter uma cultura que promova, entre seus funcionários, o trabalho em equipe, a criatividade e a disposição para correr riscos. Se ela se concentra no fornecimento de produtos ou serviços de alta qualidade, então você precisa ter uma cultura que apoie processos de qualidade em tudo que faz. Se ela se concentra no fornecimento de um excelente atendimento ao cliente, então esse tipo de serviço precisa desempenhar um papel central na cultura da sua orga-

---

2 Para ler uma discussão sobre a evolução do setor de desenvolvimento econômico da economia mundial, cf. EASTERLY, W. *The White Man's Burden*. Nova York: Penguin, 2006; PRAHALAD, C. K. *The Fortune at the Bottom of the Pyramid*. Filadélfia: Wharton, 2005.

3 Cf., por ex., PETERS, T.; WATERMAN JR., R. *Vencendo a crise*. São Paulo: Harbra, 1986; COLLINS, J.; PORRAS, J. *Built to Last*: Successful Habits of Visionary Companies. Nova York: Harper Collins Publishing, 1994; COLLINS, J. *Good to Great*: Why Some Companies Make the Leap… and Others Don't. Nova York: Harper Collins, 2001.

nização.[4] E se sua estratégia se concentra em ajudar empreendedores em economias em desenvolvimento, então sua cultura precisa celebrar os lucros como um resultado do desenvolvimento econômico.[5]

Falta de alinhamento estratégico e cultural

Então, todos concordamos: para alcançar o nível mais alto de desempenho, as estratégias e a cultura precisam estar alinhadas. Mas – e se não estiverem? Quais são as opções?

Em primeiro lugar, pode-se mudar de estratégia. Embora seja possível fazê-lo, até certo ponto, para que ela se alinhe mais intimamente com a cultura, implementar uma mudança de estratégia profunda para que haja alinhamento entre ela e a cultura pode ser um problema. Por exemplo, se a análise do mercado sugere que, para otimizar o desempenho, você precisa seguir, digamos, uma estratégia inovadora de diferenciação de produto, e a cultura que você tem na organização não é capaz de sustentar tal estratégia, então abandoná-la pode colocar o desempenho da organização em risco. No fim das contas, escolhemos estratégias porque estamos convencidos de que elas criarão vantagens competitivas para nossa empresa.[6] Abandonar

---

4 Essa lógica é explorada em: BARNEY, J. Organizational Culture: Can It Be a Source of Sustained Competitive Advantage? *Academy of Management Review*, v. 11, p. 656-665, 1986; sobre os fundamentos culturais das estratégias de inovação, cf. CHANDLER, G.; KELLER, C.; LYON, D. Unraveling the Determinants and Consequences of Innovation-Supportive Organizational Culture. *Entrepreneurship: Theory and Practice*, v. 25, n. 1, p. 59-76, 2000; sobre as estratégias de qualidade do produto, cf. SRINIVASAN, A.; KUREY, B. Creating a Culture of Quality. *Harvard Business Review*, v. 92, n. 4, p. 23-25, 2014; e sobre as estratégias de atendimento ao cliente, cf. SCHNEIDER, B.; WHITE, S.; PAUL, M. Linking Service Climate and Customer Perceptions of Service Quality: Test of a Causal Model. *Journal of Applied Psychology*, v. 83, n. 2, p. 150-163, 1998.

5 Ironicamente, nem sempre é esse o caso. Cf. EASTERLY, W. *The White Man's Burden*. Nova York: Penguin, 2006.

6 Para ler uma discussão sobre a relação entre a estratégia de uma empresa e a vantagem competitiva, cf. BARNEY, J.; HESTERLY, B. *Strategic Management and Competitive Advantage*. 6. ed. Nova York: Pearson, 2019.

tais estratégias por não se alinharem com a cultura organizacional pode ser bastante problemático.

Em segundo lugar, é possível tentar ignorar essa falta de alinhamento, talvez na esperança de que a cultura de sua organização evolua de forma a se alinhar, com o passar do tempo, com sua estratégia. No entanto, a experiência nos diz que, em geral, não podemos nos dar ao luxo de perder tempo – você precisa implementar suas estratégias mais cedo, não mais tarde. Além disso, enquanto você espera que a cultura evolua, suas estratégias mandam seus funcionários fazer uma coisa e a cultura organizacional manda fazer outra. Nesse cenário – como dizem que Peter Drucker observou certa vez –, quando há um conflito entre a cultura de uma empresa e sua estratégia, "a cultura devora a estratégia no café da manhã".

Assim, por fim, quando existe uma falta de alinhamento entre estratégias e cultura, muitas vezes realmente resta apenas uma escolha:

Você precisa mudar sua cultura!

O problema da mudança cultural

Mas como mudar a cultura de sua organização? Ótima pergunta!

De fato, alguns dos mais importantes pensadores mundiais sobre mudança organizacional são céticos quanto à capacidade de modificação da cultura de uma organização. Considere, por exemplo, as opiniões de John Kotter sobre mudança cultural:

> Uma das teorias sobre mudança que vem circulando amplamente nos últimos 15 anos pode ser resumida da seguinte forma: o maior impedimento para criar mudanças em um grupo é a cultura. Portanto, o primeiro passo para fazermos uma grande transformação é alterar normas e valores. Depois que a cultura tenha sido alterada, o restante do esforço em prol da mudança se torna mais viável e mais fácil de ser implementado. No pas-

sado, acreditei nesse modelo. Mas tudo que vi durante a última década me diz que está errado. Cultura não é algo que você manipula com facilidade. Tentativas de agarrá-la e torcê-la para que tenha uma nova forma nunca funcionam, porque não é possível agarrá-la.[7]

Apesar desse pessimismo, existem, claro, muitos livros e artigos que descrevem como mudar a cultura de uma organização.[8] A maioria deles aplica um ou outro dos modelos populares atuais de mudança organizacional ao problema da mudança cultural.[9] E, como veremos, muitos desses modelos de gestão de mudança têm implicações significativas para o entendimento e a implementação da mudança cultural.

O segredo da mudança de cultura

No entanto, nossa abordagem para entender o problema da mudança de cultura não começou por uma análise das implicações desses diferentes modelos de gestão de mudança. Em vez disso, simplesmente perguntamos a uma grande amostra de líderes empresariais o que haviam feito para mudar a cultura de suas organizações. A partir disso, descobrimos que o que eles nos contaram não havia sido enfatizado na maioria dos trabalhos anteriores sobre mudança cultural.

> Se você quer mudar a cultura de sua organização, comece por construir uma história.

---

7 KOTTER, J. *Leading Change*. Boston: Harvard Business Review Press, 2012. p. 164-165.
8 Cf., por ex., MCHALE, S. *The Insider's Guide to Culture Change*: Creating a Workplace that Delivers, Grows, and Adapts. Nova York: HarperCollins Leadership, 2020; FULLAN, M. *Leading in a Culture Change*. 2. ed. São Francisco: Jossey-Bass, 2020; DANIEL, D. *et al*. *Leading Culture Change in Global Organizations*. São Francisco: Josey-Bass, 2012; DAWSON, C. *Leading Culture Change*. Palo Alto: Stanford, 2010.
9 Esses modelos de gestão de mudança são discutidos no capítulo 2.

Esse é o segredo para mudar a cultura de sua organização – construir histórias.

Pensando bem, a ideia de que construir histórias pode ser importante na mudança cultural de uma organização não deveria ter sido tão surpreendente. Afinal, a cultura de uma organização costuma ser desenvolvida e difundida por ela toda, por meio de histórias que os funcionários compartilham sobre a empresa e seus valores e normas.[10] Portanto, se você quer mudar essa cultura, precisa mudar as histórias que os funcionários de sua empresa compartilham entre si.

Mas como construir histórias que mudam a cultura?

O que os líderes empresariais entrevistados nos disseram é que as histórias que mudam a cultura são construídas por meio do envolvimento em ações que são radicalmente diferentes da cultura atual da organização – atividades que estabelecem uma evidente ruptura com o passado – e que apontam um caminho claro rumo a um novo futuro cultural. Assim, essas ações se transformam em histórias que ilustram a cultura que se está tentando criar. Essas histórias se espalham ampla e rapidamente por toda a organização, enquanto os funcionários conversam – primeiro em sussurros e, mais tarde, com entusiasmo e animação: "Você viu o que nosso líder fez?".

Em resumo, os líderes empresariais com quem conversamos não apenas "falaram" sobre mudança cultural. Nem apenas "fizeram" a mudança cultural que esperavam criar. Pelo contrário, esses líderes empresariais "fizeram" essa mudança cultural de uma maneira que "falou" com toda a organização. Eles o fizeram ao se envolverem, de forma intencional, consciente e deliberada, em ações que construíram

---

10 Cf. WILKINS, A. *Developing Corporate Character*: How to Successfully Change an Organization Without Destroying It. São Francisco: Jossey-Bass, 1991; WILKINS, A. The Creation of Company Cultures: The Role of Stories and Human Resource Systems. *Human Resource Management*, v. 23, n. 1, p. 41-60, 1984; DEAL, T.; KENNEDY, A. *Corporate Cultures*: The Rites and Rituals of Corporate Life. Reading: Addison-Wesley, 1982.

histórias que ilustravam a cultura que desejavam estabelecer e que se espalhariam rapidamente por toda a organização. Para esses líderes empresariais, construir histórias era "fala-ação".

Chamamos a esse processo de "construção de histórias", e nossa pesquisa sugere que, em geral, construí-las é o primeiro passo para a mudança cultural de uma organização. E mudar a cultura da organização é, com frequência, fundamental para implementar suas estratégias com eficiência e explorar seu pleno potencial.

Como construir histórias, não como contar histórias

No entanto, por favor, não confunda "construção de histórias" com "contação de histórias". Claro, contar histórias é um fenômeno importante na maioria das organizações. Contar histórias simples, envolventes e inspiradoras é uma ótima maneira de motivar e se comunicar com seus funcionários.[11] Uma história emocionante sobre um atleta que superou obstáculos aparentemente intransponíveis, ou os esforços de uma figura política para corrigir algum erro terrível, ou como um empreendedor transformou uma ideia obscura em uma empresa listada na *Fortune 500* – todas são ótimas.

---

11 A importância de contar histórias é discutida em uma ampla variedade de fontes, incluindo, por ex.: SMITH, P. *Lead with a Story*. Nova York: American Management Association, 2012; SMITH, P. *The 10 Stories Great Leaders Tell*. Naperville: Simple Truths, 2019; MATHEWS, R.; WACKER, W. *What's Your Story*: Storytelling to Move Markets, Audiences, and Brands. Nova Jersey: FT Press, 2008; WORTMANN, C. *What's Your Story*: Using Stories to Ignite Performance and Be More Successful. Nova York: Kaplan, 2006; CLARK, E. *Around the Corporate Campfire*: How Great Leaders Use Stories to Inspire Success. Tennessee: Insight, 2004; HEATH, C.; HEAT, D. *Made to Stick*. London: Penguin, 2007; ADAMS, M. *Seven Stories Every Salesperson Must Tell*. Melbourne: Kona Press, 2018; SILVERMAN, L. *Wake Me Up When the Data Is Over*: How Organizations Use Stories to Inspire Success. São Francisco: Jossey-Bass, 2006; ANÔNIMO. Storytelling that Moves People. *Harvard Business Review*, p. 5-8, jun. 2003.

Podemos até aprender como construir histórias que mudam a cultura com pessoas que o fizeram em suas próprias organizações. De fato, esse é o pressuposto fundamental deste livro.

No entanto, este livro *não* fala sobre usar essas histórias para tentar mudar a cultura de sua organização, nem esperamos que as histórias contadas neste livro sirvam para esse fim. Você pode recontá-las, caso deseje, para exemplificar o processo de construção de histórias. Entretanto, para mudar uma cultura, você precisa construir suas próprias histórias. Podemos dizer-lhe – com base em nossa pesquisa – quais atributos as histórias que você constrói precisam ter para que elas mudem a cultura. Mas, ao final, elas precisam ser histórias que você constrói. Em resumo:

> A mudança cultural precisa que você seja a cultura que deseja criar, ao agir de maneira condizente com a cultura nova e inconsistente com a cultura atual.

Você constrói essas histórias, mesmo que não saiba com exatidão como será a cultura futura e mesmo que quase todos os outros membros da organização achem que você talvez tenha enlouquecido. A mudança cultural envolve construir histórias que ilustram a cultura que você está tentando criar.

Um exemplo de construção de história

Considere o seguinte exemplo.

> **História 1.1: Manoel Amorim, na qualidade de CEO da Telesp (Telefônica) – "Como usar um fracasso no serviço de atendimento ao cliente para mudar a cultura de uma organização"**
>
> Antes de eu me tornar CEO da Telesp, uma empresa brasileira de telecomunicações, o empreendimento era altamente regulado pelo governo. Nossos únicos

objetivos eram atender aos padrões de serviço exigidos pelo governo e fazê-lo da forma mais eficiente possível. E fomos bem-sucedidos em alcançar esses objetivos. Por exemplo, atendemos aos padrões de serviço estabelecidos pelo governo antes de qualquer outra empresa de telecomunicações brasileira e nunca fomos tão lucrativos.

Durante esse tempo, a empresa havia desenvolvido uma cultura muito forte de comando e controle, de cima para baixo. O governo dizia aos principais executivos o que precisavam fazer, a alta administração dizia aos funcionários o que eles precisavam fazer, e os funcionários faziam o que lhes era mandado fazer. Embora muito eficiente em permitir que a Telesp atingisse os objetivos estabelecidos pelo governo, essa cultura havia criado uma equipe de alta gestão muito isolada, até mesmo elitista. Um exemplo dessa cultura elitista: nenhum funcionário podia estar no mesmo elevador que o CEO.

Em algum momento, ficou claro que a situação competitiva na Telesp estava prestes a mudar. Nosso monopólio protegido pelo governo no mercado paulista estava prestes a acabar, e teríamos que passar a competir pela clientela. Era óbvio para mim que precisávamos mudar de uma cultura de comando e controle focada em atender aos requisitos de serviço estabelecidos pelo governo para uma cultura voltada para o atendimento, focada em atrair e manter clientes com novos produtos de telecomunicações e um alto nível de atendimento ao cliente.

Um de nossos primeiros produtos não regulamentados foi um serviço de internet residencial chamado Speedy. Era uma tecnologia nova para nós, e o Speedy enfrentou algumas dificuldades. Antecipando esses problemas, criamos uma linha telefônica de atendimento ao cliente para a qual eles poderiam ligar e obter assistência com o uso do Speedy. Eu desconhecia na época que também havíamos criado uma segunda linha telefônica de atendimento ao cliente exclusiva para os principais executivos da Telesp – pela qual eles poderiam obter a "ajuda extra" que talvez precisassem para fazer o Speedy funcionar.

Assim que tomei conhecimento dessa segunda linha, eu a cancelei. Se os principais executivos tivessem dificuldades com o Speedy, teriam que recorrer ao mesmo suporte disponível para os clientes regulares.

Ao mesmo tempo, eu me inscrevi no Speedy e enfrentei algumas dificuldades. Então, liguei para a central de atendimento ao cliente. O jovem do outro lado da linha foi prestativo e muito esforçado, mas mesmo depois de duas horas não tinha conseguido fazer o Speedy funcionar para mim.

Finalmente, disse a ele: "Só quero que saiba que sou o CEO da Telesp e que fiquei muito impressionado com seus esforços para resolver meus problemas".

Ele não acreditou em mim.

Demorou um pouco, mas finalmente o convenci de que era o CEO Em seguida, perguntei: "Que tipo de suporte da Telesp você precisaria para resolver o meu problema?".

Esse jovem de 19 anos descreveu, de forma articulada, 14 coisas que ele precisaria para conseguir resolver meus problemas. Falei: "Você parece saber muito sobre como resolver problemas com o Speedy. Você estaria disposto a comparecer à próxima reunião do comitê executivo da empresa e compartilhar a lista que acabou de me passar?".

Demorou um pouco para convencê-lo, mas ele finalmente concordou em ir. Duas semanas depois, esse jovem – um funcionário horista de nossa afiliada da central de atendimento ao cliente – fez uma apresentação ao comitê executivo sobre as 14 coisas que precisávamos fazer para ajudar os clientes do Speedy a usar o produto. Agradeci a ele e pedi que deixasse a reunião.

Então, virei-me para o gerente sênior responsável pelo Speedy e perguntei: "Quantos desses 14 problemas você conhecia?". Ele respondeu: "Cerca de metade". Depois, virei-me para o restante da equipe executiva e disse: "A partir de hoje, as vendas do Speedy estão suspensas. Não vamos continuar a vender um produto se não sabemos como auxiliar as pessoas no uso dele. Além disso, espero que, em nossa próxima reunião, a equipe do Speedy apresente um plano que explique como vamos resolver os 14 problemas que precisam ser resolvidos para ajudar nossos clientes. Quando esse plano for implementado, comercializaremos o Speedy novamente. E vou convidar o jovem que vocês acabaram de ver – e alguns de seus colegas da central de atendimento ao cliente – para comparecerem à próxima reunião, de modo a garantir que o plano que vocês propuserem aborde as questões por ele levantadas".

Duas semanas mais tarde, um plano foi apresentado. Pouco depois, foi totalmente implementado e voltamos a comercializar o Speedy. Contratei o jovem da central de atendimento ao cliente para ocupar o cargo de *trainee* de gerência na empresa, e o Speedy se tornou um produto muito bem-sucedido.

Essa é uma ótima história, que engloba todos os elementos importantes de uma boa narrativa: cenário, personagens, enredo, conflito e resolução. Na verdade, é quase uma história prototípica de "do lixo ao luxo" – a de um jovem retirado do anonimato de uma central de atendimento ao cliente para ensinar à "elite" da organização um pouco sobre o que realmente acontece na empresa.[12] É divertida. É inspiradora. Quase parece um esboço para um roteiro de filme.

Mas essa história foi muito mais do que isso. Ela iniciou o processo de mudança cultural na Telesp. Ela foi contada e recontada por toda a empresa. Por fim, ela foi selecionada pela principal revista de negócios do Brasil e publicada como o artigo principal. Ainda, toda vez que era contada e recontada, enviava uma mensagem clara para aqueles que trabalhavam na Telesp: "A antiga cultura de comando e controle na Telesp está morta. Estamos desenvolvendo uma cultura nova em que todos precisamos trabalhar juntos para servir nossos clientes". Isso deu aos funcionários – pessoas que, por anos, nunca haviam sido consultadas sobre como as operações da empresa poderiam ser melhoradas – a esperança de que suas ideias pudessem realmente ser levadas em consideração.

E não foi apenas essa história que causou impacto. Ela deu início a uma "cascata de histórias" – em que pessoas em toda a organização começaram a se sentir capazes de repensar a cultura no setor da empresa em que trabalhavam e, à medida que o faziam, construíam suas próprias histórias, que levavam a outras histórias, e assim por diante.

---

12 Christopher Booker argumenta que existem sete tramas básicas: vencer o monstro, do lixo ao luxo, a busca, viagem e regresso, comédia, tragédia e renascimento – cf. BOOKER, C. *Seven Basic Plots*. Nova York: Continuum, 2006.

Além disso, Manoel não parou nessa única narrativa – ele construiu outras, e todas elas reforçavam uma mensagem simples: "A antiga cultura da Telesp acabou; a cultura nova, focada no envolvimento dos funcionários e no atendimento ao cliente da Telesp, veio para ficar".

Assim, a cultura da Telesp mudou. A organização foi transformada. Como resultado, ela não apenas conseguiu enfrentar a tempestade criada pela nova concorrência e pelas novas tecnologias de telecomunicações, mas também prosperou em meio à tormenta. Tornou-se a empresa de telecomunicações mais bem-sucedida do Brasil, enquanto o desempenho de outros do mesmo ramo, os quais mantiveram suas culturas de comando e controle, claudicou.

Observe também o que o início desse processo de mudança cultural *não* incluiu: uma lista bem definida de valores que o líder queria que a cultura nova tivesse, um plano para numerosos programas de treinamento que explicariam quais eram esses valores e como eles deveriam ser implementados e diversos tipos de incentivos consistentes com esses novos valores. Alguns desses programas e políticas vieram em um momento posterior,[13] mas somente após o líder haver mostrado, por meio das próprias ações, que estava irreversivelmente comprometido com a mudança cultural.

A elaboração de um banco de dados de histórias de mudança cultural

Apesar de a história de Manoel na Telesp ser interessante, ela é apenas um exemplo. Já existem outros exemplos desse tipo de construção de histórias na literatura. Se quiséssemos documentar o efeito da "construção de histórias" na mudança cultural de maneira a generalizar para além de alguns casos especiais, precisaríamos construir um banco de dados muito mais robusto com histórias desse tipo. Então, foi o que fizemos.

---

13 Eles serão discutidos mais tarde, no capítulo 9.

O banco de dados que construímos reúne mais de 150 histórias extraídas de entrevistas com mais de 50 líderes empresariais. Esses líderes incluíam muitos CEOs – como Manoel Amorim – de empresas de grande e médio porte. No entanto, foram também incluídos gerentes-gerais de divisão em grandes empresas transnacionais; líderes em vendas, produção, cadeia de suprimentos e outras funções em empresas de grande e médio porte; gerentes de fábrica; empreendedores de pequenas empresas; reitores de universidades; e assim por diante.

Alguns dos líderes que entrevistamos perceberam uma discordância entre a cultura de suas organizações e as estratégias que desejavam seguir, então construíram histórias que mudaram a cultura de modo a alinhá-la com essas estratégias. Outros não achavam que essa discordância existia, ou tentaram mudar a cultura sem construir histórias. Outros ainda tentaram mudar a cultura por meio da construção de histórias, mas fracassaram nesse esforço. Essa variação nos resultados de nossa amostra tornou possível identificar os tipos de histórias que os líderes empresariais precisam construir para mudar a cultura de suas organizações.[14] Os resultados são apresentados neste livro.

Os atributos das histórias de mudança cultural bem-sucedida

Os seis atributos das histórias construídas por líderes empresariais que têm a maior probabilidade de mudar a cultura de uma empresa são apresentados no Quadro 1.1. A forma como eles aparecem na primeira história que Manoel Amorim construiu para mudar a cultura na Telesp é brevemente resumida aqui. Grande parte do restante deste

---

14 Em suma, não "selecionamos a nossa variável dependente", uma fraqueza metodológica que limita as implicações de muitos livros de negócios populares, incluindo o de Thomas Peters e Robert Waterman Jr. (*Vencendo a crise*. São Paulo: Harbra, 1986). Os detalhes completos de como construímos e analisamos a nossa base de dados são apresentados na seção sobre metodologia neste capítulo.

livro examina como as histórias de mudança cultural construídas por diferentes líderes empresariais incorporaram esses seis atributos.

QUADRO 1.1 Atributos de histórias de mudança cultural bem-sucedida

1. As ações que constroem as histórias são autênticas.
2. As histórias têm o líder como protagonista.
3. As ações que constroem as histórias sinalizam uma ruptura evidente com o passado e apontam um caminho claro rumo ao futuro.
4. As histórias apelam para o "cérebro" e para o "coração" dos funcionários.
5. As ações que constroem as histórias são, muitas vezes, teatrais.
6. As histórias são contadas e recontadas por toda a organização.

As ações que constroem as histórias são autênticas

Um dos maiores desafios para mudar a cultura de uma organização é o fato de que seus funcionários e outras partes interessadas muitas vezes não têm certeza do grau de compromisso de um líder empresarial com a mudança cultural. Por causa disso, eles observarão de perto cada ação do líder e analisarão cada um de seus discursos, procurando os limites de seu compromisso com a mudança cultural. Aqueles que perceberem uma discrepância entre a retórica de mudança cultural e o comportamento real do líder, com frequência optarão por "ficar de fora" de seus esforços em prol da mudança cultural, sabendo que eles talvez não sejam duradouros.

Portanto, para ser verossímil, as ações tomadas pelos líderes que constroem histórias de mudança cultural precisam refletir suas convicções pessoais mais profundas – quem são como pessoas, o que mais valorizam na organização e como pensam a relação entre a cultura da organização e sua capacidade de desempenho. Em outras palavras, para ser bem-sucedido, o seu compromisso com relação à mudança cultural e com as histórias que constrói para facilitar essa mudança precisa ser autêntico.

Felizmente, como descreveremos no capítulo 3, você não precisa ser "perfeito" na modelagem de uma cultura nova para liderar a mudança cultural. Na verdade, às vezes sua incapacidade de viver de acordo com seus próprios valores mais elevados pode ser a fonte de uma história de mudança cultural.

No entanto, embora você, de vez em quando, talvez não viva de acordo com seus próprios valores, seus funcionários ainda precisam acreditar que – em sua essência – você está comprometido com a mudança cultural. Isso significa que as histórias que você constrói para mudar a cultura de sua organização precisam ser autênticas para quem você é como pessoa, o que você valoriza e como entende a relação entre cultura e estratégia.

Não surpreende, como veremos no capítulo 3, que esse tipo de construção de história quase sempre aumenta sua vulnerabilidade pessoal na organização.

Então, antes de construir uma história para começar o processo de mudança cultural na Telesp, Manoel precisava ter certeza de que uma cultura voltada para o cliente, não hierárquica, seria uma necessidade competitiva para sua empresa. Precisava ter certeza de que estava disposto a ter as conversas difíceis e necessárias com seus subordinados para fazer esse tipo de mudança cultural acontecer. Precisava se sentir confortável com o fato de que alguns de seus funcionários – até mesmo alguns dos melhores funcionários (na cultura antiga) – talvez precisassem ser demitidos como parte dessa mudança cultural. E precisava se sentir confortável com seu compromisso em mudar a cultura da empresa antes que as limitações de da cultura atual se manifestassem em sua extensão máxima, mesmo sabendo que os benefícios do desempenho da cultura nova que ele tentava construir poderiam demorar algum tempo para se materializar.

Se Manoel não estivesse totalmente confortável com essas e outras implicações da mudança cultural na Telesp, então sempre haveria a chance de que ele não permanecesse comprometido com ela, sobretudo se essa mudança demorasse mais ou enfrentasse contratempos mais fortes do que o esperado. Os funcionários poderiam ter percebido esse compromisso ambíguo com a mudança cultural e simplesmente esperado até que o "falso compromisso" de Manoel diminuísse e a antiga cultura se reafirmasse.

Uma vez que o compromisso de Manoel com a mudança cultural era autêntico, então as histórias que ele construiu para facilitá-la foram aceitas como autênticas por seus funcionários e por outras partes interessadas.

As histórias têm o líder como protagonista

Já sugerimos que histórias sobre atletas famosos, políticos abnegados e empreendedores que saíram do nada podem ser interessantes e motivadoras. Contudo, as histórias de mudança cultural não são sobre outra pessoa. São sobre você – o líder da empresa. Se você pretende construir histórias para mudar a cultura organizacional, precisa ser o protagonista dessas histórias. A única maneira de as histórias que você constrói revelarem seu compromisso irreversível com a mudança cultural é suas ações serem centrais para a construção dessas histórias.

Isso não significa que você seja o único protagonista nelas. Os melhores construtores de histórias frequentemente envolvem outros funcionários como participantes ou observadores para testemunhar a construção delas. Isso facilita a comunicação da história em toda a sua empresa e ajuda a criar a "cascata de histórias" mencionada anteriormente, permitindo que esses e outros membros da organização construam as próprias histórias.

Embora Manoel não tenha sido o único protagonista da história que construiu, ele foi o ator principal. Sem suas ações, não haveria história, e sem essa história pode ser que não tivesse havido a mudança cultural necessária. Mas Manoel não estava sozinho quando construiu essas histórias – alguns de seus elementos-chave surgiram em reuniões da equipe executiva. Isso ajudou a criar uma "cascata de histórias" dentro da Telesp, a qual foi fundamental para mudar a cultura da organização.

As ações que constroem as histórias sinalizam uma ruptura evidente com o passado e apontam um caminho claro rumo ao futuro

A mudança cultural não é o "mesmo de sempre". Na verdade, trata-se de "chega do mesmo de sempre". Portanto, a história que você constrói precisa estar fundamentada em ações tomadas por você, as quais, de maneira visível, violam os valores, as crenças e as normas que dominam a cultura de sua organização naquele momento. Essas ações precisam ser intencionalmente, até mesmo enfaticamente, radicais.

Suas ações também precisam apontar um caminho claro rumo ao futuro. Esse caminho não precisa ser detalhado – na verdade, como será mostrado adiante (no capítulo 9), ter uma visão muito detalhada da futura cultura de uma empresa pode dificultar sua implementação. Muitas vezes, "alimentar à força" seus funcionários com uma cultura nova não levará à mudança cultural. Mas sua história deve mostrar um caminho para uma cultura nova que será diferente, em determinados aspectos importantes, da cultura atual.

Por essas razões, é raro que uma única história construída por um líder empresarial seja suficiente para mudar uma cultura – sobretudo se essa cultura estiver profundamente enraizada. Portanto, não apenas sua primeira história precisa criar uma ruptura clara com o passado e apontar um caminho rumo ao futuro, mas isso também precisa ocorrer com a segunda, a terceira, a quarta e as muitas outras histórias que você construir.

O momento certo de sua primeira história também é crucial. Você talvez tenha ouvido a frase "Não conserte o que não está quebrado". No entanto, se você esperar para construir sua primeira história de mudança cultural quando o impacto da cultura atual sobre o desempenho da empresa estiver neutralizado, pode ser tarde demais para mudá-la. As culturas organizacionais e sua relação com o desempenho de uma empresa precisam ser constantemente avaliadas e, conforme apropriado, ajustadas. As histórias que você constrói o ajudarão a alcançar esse objetivo.

Manoel tornou-se CEO de uma organização excessivamente centralizada e hierárquica – e ainda assim muito bem-sucedida. Ele precisou mostrar que a cultura antiga, que enfatizava a tomada de decisões de cima para baixo a fim de atender a metas de desempenho impostas pelo governo, precisaria ser substituída por uma cultura colaborativa que se concentrasse na satisfação dos clientes. E precisou fazê-lo antes que a cultura hierárquica começasse a impedir a empresa de atender às necessidades dos novos clientes. Fez isso ao solicitar aos funcionários horistas que apresentassem sua análise dos problemas da empresa aos executivos mais graduados – virando, essencialmente, a cultura da Telesp de cabeça para baixo. Essa atitude foi uma ruptura com o passado e a tomada de um caminho em direção a um novo futuro cultural.

As histórias apelam para o "cérebro" e para o "coração" dos funcionários

Uma história de mudança cultural precisa demonstrar uma conexão clara entre uma cultura nova e o desempenho financeiro da empresa. Precisa ser construída com base na premissa de que a mudança cultural não é apenas uma moda passageira, mas uma exigência racional e pragmática para a sobrevivência e o sucesso econômico da empresa. Em outras palavras, as histórias de mudança cultural precisam apelar para o "cérebro" dos funcionários.

No entanto, uma vez que mudar a cultura também significa mudar a maneira como os funcionários e outras partes interessadas sentem e pensam, uma história de mudança cultural também precisa apelar para o "coração" deles – suas emoções, seus valores mais elevados, aquilo que Abraham Lincoln chamou de "os melhores anjos de nossa natureza". Dessa forma, seus esforços em prol de mudar a cultura não devem constituir uma jogada puramente econômica, mas sim ser um clamor para que os funcionários se envolvam em um empreendimento nobre.

A análise de Manoel sobre a concorrência em um ambiente desregulamentado demonstrou uma lógica convincente de que havia uma incompatibilidade fundamental entre a antiga cultura da empresa e suas novas realidades competitivas – um argumento que apelava para o "cérebro". Ao escolher um funcionário subalterno para liderar uma revolução no setor de atendimento ao cliente, Manoel também estava apelando para o "coração" de seus funcionários.

As ações que constroem as histórias são, muitas vezes, teatrais

Essas histórias são divertidas. Elas são dramáticas – têm heróis e vilões. As ações usadas para construir essas histórias são impactantes o suficiente para que sejam discutidas repetidamente ao redor dos bebedouros reais e virtuais na empresa – da mesma maneira que discutimos um filme ou jogo bom. Muitas vezes, construir histórias envolve líderes empresariais fazendo coisas que "líderes empresariais da empresa apenas não devem fazer", ou pelo menos o que líderes anteriores nunca teriam feito – fantasiar-se, cantar músicas, representar um papel em peças cômicas e assim por diante. Por esses motivos, é pessoalmente arriscado.

Às vezes, um líder empresarial pode se sentir bastante tolo ao se envolver nessas encenações teatrais. Mas trata-se de teatro com um propósito – o de ilustrar uma cultura nova de forma pública e envolvente. Ele também envia uma mensagem sobre o grau de seriedade do compromisso desse líder com a mudança cultural.

Manoel construiu uma história clássica "do lixo ao luxo" – um gênero de popularidade duradoura. Seja Pip se tornando um cavalheiro rico no clássico de Dickens, *Grandes esperanças*, seja Rocky Balboa saindo dos guetos da Filadélfia para se tornar campeão mundial dos pesos pesados no filme *Rocky*, seja um operador de uma central de atendimento ensinando aos executivos mais graduados da Telesp a consertar os problemas de um produto, é tudo a mesma coisa. Entretanto, histórias como a que Manoel construiu são ainda mais poderosas, porque são autênticas. E, nesse caso, tudo começou com o CEO permanecendo ao telefone, por mais de duas horas, na tentativa de resolver um problema de um produto de tecnologia – algo muito "pouco típico de um CEO".

As histórias são contadas e recontadas por toda a organização

A mudança cultural não acontece atrás de portas fechadas de salas reservadas. Ela envolve a maioria dos funcionários e outras partes interessadas da empresa. Portanto, as histórias construídas para facilitar a mudança cultural também precisam ser públicas. As grandes histórias de mudança cultural são recontadas com frequência, e líderes criteriosos encontrarão muitas oportunidades e locais para recontá-las.

Recontá-las também permite que os funcionários construam as próprias histórias. Isso ajuda a criar a "cascata de histórias" que, em última análise, ajudará a transformar a cultura.

A história de Manoel foi construída no comitê executivo da empresa – um local público –, e as notícias sobre esse evento se espalharam como um incêndio florestal. Mais tarde, ela foi veiculada no boletim interno da empresa. Além disso, os resultados da reunião – uma revisão da função de atendimento ao cliente – também se tornaram muito públicos. Em seguida, essa história virou o artigo principal na revista de negócios mais importante do Brasil – assim, não apenas os funcionários da Telesp souberam dela, mas também todas as outras partes interessadas da empresa.[15]

Nossa pesquisa mostra que essas seis características das histórias de mudança cultural aumentaram dramaticamente a probabilidade de que os líderes empresariais que as construíram fossem capazes de liderar suas organizações em meio a uma mudança desse tipo. De fato, grande parte das histórias de mudança cultural bem-sucedidas que identificamos apresentam a maioria desses atributos, ou até mesmo todos eles.

Um livro sobre mudança cultural, não sobre cultura ideal

Antes de apresentar os resultados de nossa pesquisa com mais detalhes, é importante entender um dos motivos pelos quais este livro difere da maioria dos anteriores sobre cultura organizacional e desempenho empresarial. Grande parte deles tenta identificar algum tipo de cultura organizacional ideal à qual a maioria das empresas, senão todas, deveriam aspirar. Implicitamente, esses livros convidam você a comparar sua cultura com esse ideal e a mudá-la conforme necessário.

Esse foco na identificação de uma cultura ideal remonta ao início dos trabalhos sobre a relação entre cultura organizacional, estratégias empresariais e desempenho empresarial, citados no começo deste capítulo. Embora reconheçamos a importância desses trabalhos anteriores, este livro *não* se destina a descrever tal cultura ideal. Parece-nos que o que torna uma cultura organizacional ideal depende de como ela se alinha com as estratégias que a empresa está implementando. Estratégias diferentes exigirão culturas diferentes para sua implementação. Portanto, na medida em que as empresas buscam estratégias

---

15 É claro que o uso excessivo de histórias como essa para fins de *marketing* pode minar a sua autenticidade, tanto na organização como entre as partes interessadas externas. Essas questões serão discutidas em mais detalhes no capítulo 8.

diferentes, é improvável que haja uma cultura ideal à qual todas as organizações devam aspirar.

Em vez disso, este livro aborda como você pode mudar a cultura organizacional quando ela está desalinhada com sua estratégia. Estudamos empresas que mudaram com sucesso suas culturas – de profundamente hierárquicas para muito mais participativas, e vice-versa. Estudamos empresas que mudaram o foco de suas culturas – de voltadas para tecnologia ficaram voltadas para o consumidor, e vice-versa. Estudamos empresas que mudaram suas culturas de uma ênfase em custos baixos e eficiência para uma ênfase em diferenciação de produtos e inovação, e vice-versa. Este não é um livro que identifica uma cultura ideal para sua empresa. É um livro sobre como mudar sua cultura para que ela se alinhe com sua estratégia, independentemente do que essas mudanças sejam em sua essência.[16]

Nossas principais suposições ao escrever este trabalho foram que você, um líder em sua organização, está mais bem posicionado para saber: (1) as estratégias que precisa seguir para melhorar o desempenho de sua organização; (2) o tipo de cultura que precisará para explorar o potencial pleno dessas estratégias; e (3) se sua cultura atual

---

16 É claro que, como nem todas as estratégias que uma organização pode seguir são eticamente neutras, nem todas as histórias de mudança cultural são eticamente neutras. Para dar um exemplo extremo: o partido nazista na Alemanha, antes da Segunda Guerra Mundial, utilizou ferramentas muito poderosas de construção de histórias – incluindo comícios gigantescos, ação coletiva de multidões e símbolos poderosos – para construir histórias que ajudaram a transformar a cultura daquele país. A descrição clássica desses eventos pode ser encontrada em: SHIRER, W. L. *Ascensão e queda do Terceiro Reich*. São Paulo: Civilização Brasileira, 1964. v. 4. Existem também muitos exemplos de construção de histórias para alinhar a cultura de uma empresa com a implementação de estratégias profundamente antiéticas, incluindo o uso de fraude contabilística na Enron, cf. MCLEAN, B.; ELKIND, P. *The Smartest Guys in the Room*. Nova York: Portfolio, 2013; sobre a venda de carros poluentes pela Volkswagen, cf. EWING, J. *Faster, Higher, Farther*: The Volkswagen Scandal. Nova York: Norton, 2017; sobre os escândalos das admissões em muitas das melhores universidades dos Estados Unidos, cf. KORN, M.; LEVITZ, J. *Unacceptable*: Privilege, Deceit, and the Making of the College Admissions Scandal. Nova York: Portfolio, 2020. Como qualquer ferramenta, a construção de histórias pode ser usada para o bem ou para o mal.

precisará mudar para se alinhar com essas estratégias. Nossa tarefa é ajudá-lo a construir histórias para mudar sua cultura, caso necessário.

Nossa metodologia

Os seis atributos de histórias eficazes de mudança cultural foram desenvolvidos por meio de uma análise de mais de 150 histórias dedicadas ao tema, extraídas de mais de 50 entrevistas realizadas em 18 meses. Essas entrevistas foram realizadas com diversos tipos de liderança empresarial – incluindo presidentes, CEOs, vice-presidentes funcionais, fundadores empreendedores, e assim por diante –, alguns dos quais haviam tentado mudar a cultura de suas organizações.

Conforme sugerido anteriormente, nem todos os líderes empresariais que entrevistamos para este estudo tentaram mudar a cultura de suas organizações. Além disso, nem todos aqueles que tentaram mudar a cultura de suas organizações construíram histórias para fazê-lo. E nem todos os líderes que tentaram mudar a cultura de suas organizações por meio da construção de histórias foram bem-sucedidos nessa mudança. Em resumo, nossa coleta de dados não incluiu apenas casos em que os líderes construíram, com sucesso, histórias para mudar suas culturas. Isso nos permitiu identificar os atributos de histórias que se correlacionam positivamente com a mudança cultural bem-sucedida.

Os líderes empresariais que entrevistamos foram identificados de três maneiras. Primeiro, os três autores têm uma longa trajetória profissional junto a líderes empresariais, trabalharam em muitos níveis diferentes dentro das organizações e em uma ampla variedade de ramos ao redor do mundo. Muitos desses líderes foram contatados e lhes foi perguntado se estariam dispostos a ser entrevistados. Em segundo lugar, dois dos autores (Manoel Amorim e Carlos Júlio) são membros da Young President's Organization (YPO) e convidaram muitos de seus contatos nessa organização para serem entrevistados. Em terceiro lugar, Manoel Amorim é membro do Comitê Consultivo

Nacional da Faculdade de Administração Marriott e do grupo de ex-alunos da Faculdade de Administração Harvard; ambas as instituições foram fontes de entrevistas. Ao serem convidados, os entrevistados foram informados de que o tópico da conversa seria o modo como eles, na qualidade de líderes empresariais, tentaram mudar suas culturas organizacionais.

As entrevistas foram conduzidas via Zoom e duraram, em geral, uma hora. O objetivo do estudo foi reiterado, e os entrevistados foram questionados se estariam dispostos a ter seus nomes e os nomes de suas empresas revelados no livro. A maioria deles concordou em revelar seu nome e o nome de sua empresa, embora, às vezes, tenha-nos sido solicitado que certos fatos específicos, mencionados na entrevista, não fossem compartilhados. Atendemos a todas essas solicitações, bem como aos poucos pedidos adicionais de anonimato.[17]

As entrevistas foram gravadas e transcritas. Essas transcrições foram então organizadas em diferentes histórias de mudança cultural que um líder específico construiu ao longo de sua carreira. Em média, os líderes que haviam construído histórias para tentar mudar a cultura de suas organizações compartilharam cerca de quatro histórias cada um.

Os seis atributos das histórias de mudança cultural eficazes foram desenvolvidos após uma análise de cerca de metade das histórias no banco de dados. Essas categorias foram então usadas para analisar a segunda metade das entrevistas, como uma maneira de testar a aplicabilidade geral de nossa lista de atributos. Determinadas histórias no banco de dados não continham mais do que um ou dois dos atributos

---

17 A maioria das histórias deste livro cita diretamente os gestores entrevistados e revela o nome da empresa na qual a história foi construída. No entanto, quando os gestores nos solicitaram para não revelar quem eram eles ou as suas empresas, essas histórias foram disfarçadas. Na nossa base de dados, a substância de uma história como essa é comunicada sem a linguagem específica que foi utilizada para compartilhar essa história, sem o nome da pessoa que a compartilhou ou sem o nome da empresa envolvida.

identificados. Algumas dessas histórias miscelâneas eram muito interessantes, mas não contribuíam para nossa compreensão mais ampla do processo de mudança cultural. Ao mesmo tempo, nem todas as histórias que continham cinco ou seis desses atributos levaram a uma mudança cultural bem-sucedida. Porém, a preponderância das evidências encontradas nos resultados de nossa análise foi consistente com a ideia de que esses seis atributos de uma história contribuíram para uma mudança cultural bem-sucedida.

Não fizemos nenhuma tentativa de verificar os fatos narrados nessas histórias. Esses tipos de história são contados e recontados em organizações, e muitas vezes mudam a cada vez que são repetidas. Logo, concluímos que as tentativas para descobrir de maneira objetiva o que realmente havia sido feito para construir uma história em uma empresa seriam fúteis. Isso foi exemplificado por uma das histórias que surgiu em nossas entrevistas:

História 1.2: Andy Theurer, na qualidade de CEO da ARUP Laboratories – "Era queijo ou uma rosquinha doce?"

Quando eu era CFO da ARUP, estabeleci uma política de tolerância zero para desonestidade e fraude. Por trabalharmos no ramo de exames laboratoriais médicos, nossa capacidade de realizar exames precisos e rápidos de maneira segura e ética, e de manter a confidencialidade de nossos clientes, era essencial. Desonestidade e fraude eram inaceitáveis nesse cenário.

Uma das primeiras vezes em que esse problema surgiu foi anos atrás, quando uma funcionária me contou a seguinte história. Ela trouxe um pacote de queijo em tiras para o escritório, colocou-o na geladeira da sala de convivência e, quando voltou para pegar o queijo, ele havia sumido. Alguns dias depois, ela trouxe outro pacote de queijo em tiras – acho que ela gostava desse tipo de queijo – para o escritório, colocou-o na geladeira comunitária, e quando voltou – mais uma vez – ele tinha sumido. Ela fez isso uma terceira vez com exatamente o mesmo resultado. Parecia que alguém estava roubando o queijo dela!

Decidimos instalar uma câmera muito simples na sala de convivência para ver quem poderia estar fazendo aquilo. Então, após instalarmos a câmera, ela trouxe outro pacote de queijo em tiras e, como previsível, ele também foi roubado. No entanto, dessa vez tínhamos as provas gravadas em vídeo de quem tinha roubado o queijo. Era alguém que trabalhava no setor de tecnologia da informação.

Chamei o culpado à minha sala, contei-lhe sobre o queijo que havia sido roubado e dei-lhe todas as oportunidades para confessar. Ele não confessou. Então, eu disse que tínhamos provas em vídeo sobre quem havia roubado o queijo – e ainda assim ele não confessou. Por fim, mostrei-lhe o vídeo, e ele permaneceu em silêncio.

Imediatamente eu o demiti por justa causa – não porque roubar queijo em tiras fosse algo muito grave, mas porque precisávamos de uma política de tolerância zero em relação ao comportamento antiético na empresa, e porque ele não quis assumir seus erros. Não poderíamos tolerar esse tipo de comportamento.

Mais tarde, descobrimos que ele roubava computadores portáteis do laboratório e os vendia. Portanto, o incidente do roubo de queijo em tiras era apenas a ponta do iceberg. Contudo, por meio dessa história, tornei-me conhecido pela minha intolerância com relação a comportamentos desonestos ou antiéticos na empresa.

No entanto, aconteceu algo curioso. Muitos anos depois, após eu me tornar CEO, um de meus assistentes diretos me contou como ficou sabendo que eu tinha tolerância zero para desonestidade ou comportamento antiético na empresa. Ele me contou que ouviu dizer que eu havia demitido alguém, sumariamente, por surrupiar uma rosquinha doce de uma caixa deixada no balcão da sala de convivência.

Caí na gargalhada. Como a história evoluiu de alguém que roubou, repetidamente, queijo em tiras – e computadores portáteis – para uma sobre alguém que surrupia uma rosquinha doce, nunca saberei. Embora fosse muito improvável que eu demitiria alguém por afanar uma rosquinha doce de uma caixa deixada no balcão de uma sala de convivência, ambas as histórias – a do queijo em tiras e a da rosquinha doce – comunicam um valor organizacional fundamental que continua sendo importante na ARUP: somos 100% comprometidos com a honestidade e com o comportamento ético.

Assim, o mais importante nessas experiências não é o que aconteceu ou não quando uma história foi construída, mas quais foram as implicações dessa história para a mudança cultural da empresa. Nesse sentido, as histórias em nosso banco de dados podem ser consideradas "mitos organizacionais" da mesma forma que os antropólogos usam o termo "mito": reflitam ou não o que realmente aconteceu em uma organização, o que mais importa nessas histórias são as mensagens que enviam sobre quais valores, crenças e normas devem predominar em uma cultura nova.[18]

Logo, não temos dúvida de que o resultado dessas entrevistas, incluindo as avaliações sobre a mudança cultural realmente ter ocorrido em uma organização, refletem as preferências e os preconceitos dos líderes que entrevistamos. No entanto, o padrão de nossos resultados, obtido nas várias entrevistas e nas várias histórias, torna-nos confiantes em nossas conclusões, apesar dessas preferências e desses vieses individuais.

Para tornar as histórias mais legíveis, elas foram fortemente editadas em relação à forma como nos foram transmitidas nas entrevistas. Por cortesia, passamos essas versões editadas para os líderes que as haviam contado para nós. Pedimos que eles garantissem que os fatos essenciais em cada história estivessem consistentes com o que nos haviam dito. Isso levou a algumas pequenas edições das histórias, mas, em geral, os líderes que entrevistamos estavam dispostos a vê-las sendo contadas novamente, com todos os detalhes favoráveis e desfavoráveis, para ajudar outros a aprender como liderar a mudança cultural em suas próprias organizações.

Por fim, nem todas as histórias que coletamos e analisamos estão incluídas neste livro. Havia um número simplesmente excessivo de his-

---

18 CAMPBELL, J. *The Hero with a Thousand Faces*. Novato: New World Library, 1949; CAMPBELL, J.; MOYERS, B. *O poder do mito*. São Paulo: Palas Atena, 1993; MURDOCK, M. *A jornada da heroína*: a busca da mulher para se reconectar com o feminino. Rio de Janeiro: Sextante, 2022.

tórias para incluir. No entanto, todas as que coletamos tiveram um impacto substancial na lista dos seis atributos de histórias de mudança cultural bem-sucedidas que desenvolvemos e, portanto, foram essenciais para nosso processo de pesquisa.

2

Por que a mudança de cultura é diferente?

A gestão de mudança é uma das responsabilidades mais importantes dos líderes nas organizações modernas. Portanto, não surpreende que o processo de gestão de mudança organizacional tenha sido amplamente estudado, documentado e descrito. Com base nesse extenso corpo de trabalhos, foi desenvolvida uma ampla variedade de modelos, os quais descrevem como implementar com sucesso a mudança organizacional.

No entanto, existe um problema com esses diferentes modelos de como gerenciar com sucesso a mudança organizacional: muitas vezes eles não concordam entre si.

Por exemplo, alguns modelos encaram a mudança organizacional principalmente como um processo "de cima para baixo" – a qual, para ser bem-sucedida, precisa começar com um líder empresarial poderoso ou carismático que tenha uma visão clara das mudanças que precisam ser feitas e influência suficiente para implementá-las. Outros modelos encaram a mudança organizacional sobretudo como um processo "de baixo para cima" ou "da raiz" – que, para ser bem-sucedida, precisa começar quer com funcionários avaliando e mudando a si mesmos, quer com grupos pequenos dentro de uma organização mudando comportamentos e seus valores. Nesse modelo, a mudança organizacional ocorre quando essas mudanças em nível individual e em grupos pequenos se acumulam até o ponto em que alteram o que a organização como um todo valoriza e a maneira como ela se comporta.[1]

Ainda outros modelos encaram a mudança organizacional como um processo pessoal e profundamente emocional – a saber, a mudança bem-sucedida envolve necessariamente alterar como os envolvidos em uma empresa se sentem sobre si mesmos e sobre suas interações com a empresa. Nesse modelo, a mudança organizacional é avaliada, entre outras coisas, por mudanças no envolvimento emocional dos funcionários com a empresa. Alguns outros modelos encaram a mudança organizacional como um processo lógico e racional – ou seja, a mudança bem-sucedida requer comunicação eficaz sobre os problemas que existem, a razão por que eles são importantes para o desempenho da empresa, como as soluções propostas os abordarão, e assim por diante. Nesses modelos, a maneira como os funcionários se *sentem* a respeito de uma determinada mudança é menos relevante do que suas conclusões sobre se uma solução proposta realmente abordará problemas organizacionais significativos.[2]

---

1 Exemplos de modelos de gestão de mudança mais orientados "de cima para baixo" incluem o "Modelo de Oito Estágios de Mudança", de John Kotter – cf. KOTTER, J. *Liderando a mudança*. Rio de Janeiro: Campus, 1997; a teoria de mudança *nudge* ou teoria do incentivo de Thaler e Sunstein – cf. THALER, R.; SUNSTEIN, C. *Nudge*: Improving Decisions about Health, Wealth, and Happiness. Nova York: Penguin, 2008; e o trabalho sobre liderança transformacional – BASS, B. *Transformational Leadership*. Nova York: Psychology Press, 1998. Exemplos de modelos de gestão de mudança mais orientados "de baixo para cima" incluem o de Kegan e Lahey sobre desenvolvimento individual e mudança organizacional – cf. KEGAN, R.; LAHEY, L. *How the Way We Talk Can Change the Way We Work*. São Francisco: Jossey-Bass, 2001; KEGAN, R.; LAHEY, L. *An Everyone Culture*: Becoming a Deliberately Developmental Organization. Boston: Harvard Business Review Press, 2016; e a abordagem de mudança cultural baseada em grupos de Coyle (COYLE, D. *O código do talento*. Rio de Janeiro: Agir, 2010).

2 Exemplos de modelos de mudança organizacional que se baseiam mais na mudança pessoal e emocional incluem aplicações da teoria do luto de Kubler-Ross às respostas à mudança organizacional – cf. KUBLER-ROSS, E. *Sobre a morte e o morrer*. São Paulo:

Por fim, outros modelos de mudança não se concentram nem nas dimensões verticais do processo de mudança – se ele é mais "de cima para baixo" ou "de baixo para cima" –, nem nas dimensões afetivas desse processo – se a mudança foca os sentimentos dos funcionários ou suas conclusões racionais. Em vez disso, eles se concentram na necessidade de alinhar múltiplos atributos de uma organização de maneira que, coletivamente, permitam que a empresa consiga alcançar seus objetivos de forma eficiente. Diferentes modelos baseados em "sistemas" de gestão de mudança identificam diferentes elementos organizacionais que precisam ser coordenados para gerar eficácia organizacional, e esses elementos podem ser encontrados no nível organizacional ou no individual. Mas o ponto essencial desses modelos de mudança é que as organizações precisam ser entendidas como sistemas, e não é possível mudar uma parte de um sistema como se ela estivesse isolada de outras partes do mesmo sistema.³

É provável que cada um desses modelos de gestão efetiva da mudança organizacional contenha alguma dose de verdade. Talvez cada um se aplique a diferentes cenários, a diferentes tipos de mudanças organizacionais. Talvez as pesquisas em curso ajudem a identificar

---

Martins Fontes, 2005; o trabalho de Sinek sobre como encontrar um propósito no trabalho – cf. SINEK, S. *Comece pelo porquê*. Rio de Janeiro: Sextante, 2020; e o trabalho de Judith Glaser sobre a criação de pensamento cooperativo nas organizações – cf. GLASER, J. *Creating We*. Avon: Platinum Press, 2005). Exemplos de trabalhos que se concentram mais na racionalidade e na lógica na criação de mudanças organizacionais incluem: GARVIN, D.; ROBERTO, M. Change Through Persuasion. *Harvard Business Review*, p. 26-34, fev. 2005; KIM, W. C.; MAUBORGNE, R. Tipping Point Leadership. *Harvard Business Review*, p. 60-69, abr. 2003; SIRKIN, H.; KEENAN, P.; JACKSON, A. The Hard Side of Change Management. *Harvard Business Review*, p. 99-109, out. 2005.

3 Exemplos de abordagens sistêmicas para gestão de mudança incluem o modelo ADKAR de Hiatt – cf. HIATT, J. *ADKAR*: A Model for Change in Business, Government, and Community. Loveland: Prosci Leaning Center, 2006; o modelo 7-S de mudança organizacional da McKinsey, aplicado pela primeira vez por Tom Peters e Robert Waterman – PETERS, T.; WATERMAN, R. *Vencendo a crise*. São Paulo: Harbra, 1986; e o trabalho de Will Scott sobre mudança cultural – SCOTT, W. *The Gift of Culture*. Chicago: Culture Czars, 2002.

esses cenários e os conflitos entre esses diferentes modelos possam ser resolvidos.

Ou talvez não.

De qualquer forma, a abordagem de nossa pesquisa para entender como é possível mudar a cultura organizacional não estava "casada" com nenhum desses modelos de gestão de mudança. Nosso objetivo não era testar um modelo em comparação com outro. Em vez disso, simplesmente perguntamos a um grupo de líderes empresariais como eles haviam tentado mudar suas culturas.

Do ponto de vista dos processos por meio dos quais haviam tentado mudá-las, o que descobrimos é que a mudança cultural bem-sucedida quase sempre aplicava vários modelos de mudança organizacional – mesmo quando eles pareciam contraditórios. Verificamos que a gestão de mudança cultural é tanto de cima para baixo quanto de baixo para cima; foca tanto a emoção quanto a razão; concentra-se em sistemas individuais e organizacionais. E às vezes implementa, ao mesmo tempo, esses recursos aparentemente contraditórios da gestão de mudança.

Chamamos essa abordagem à gestão de mudança de *modelo eclético de mudança organizacional*. Os líderes empresariais com quem conversamos adotaram essa abordagem eclética porque achavam que mudar a cultura de sua organização exigia fazê-lo. Acima de tudo, concluíram que havia algumas características da mudança cultural que tornavam impraticável a aplicação de apenas um modelo ou uma abordagem à mudança. Então, eles aplicaram elementos de uma ampla gama de modelos de gestão de mudança.[4]

---

4 Segue-se que os esforços para mudar outros elementos de uma organização que partilham alguns destes atributos com a cultura organizacional também poderiam ser geridos de forma eficaz utilizando essa abordagem eclética. Para ler uma discussão das vantagens e desvantagens de uma abordagem eclética à mudança organizacional, cf. BEER, M.; EISENSTAT, R.; SPECTOR, B. Why Change Programs Don't Produce Change. *Harvard Business Review*, p. 112-121, nov./dez. 1990.

De fato, nossa pesquisa sugere que os líderes empresariais que se concentraram em usar apenas um processo para mudar a cultura organizacional – digamos, por exemplo, "de cima para baixo" ou "de baixo para cima", mas não ambos – tendiam a obter menos sucesso na implementação dessas mudanças do que aqueles que haviam adotado uma abordagem eclética. Além disso, esses resultados adversos não dependiam do modelo de mudança por eles enfatizado. Não importava se eles se concentraram apenas na mudança de cima para baixo ou de baixo para cima, ou apenas nas dimensões emocionais ou racionais da mudança, ou se só se concentraram na natureza sistêmica da mudança cultural – em todos esses casos, os esforços em prol da mudança cultural que aplicaram apenas um modelo de mudança organizacional foram menos eficazes do que os que aplicaram elementos de múltiplos modelos de mudança organizacional.

Por que a mudança cultural requer uma abordagem eclética para a gestão de mudança?

Então, o que há de tão especial em mudar a cultura de uma organização que exige uma abordagem eclética para a gestão de mudança? Nossa pesquisa indica cinco atributos da cultura – resumidos no Quadro 2.1 – que podem tornar menos eficaz a aplicação de qualquer abordagem única de gestão de mudança.

QUADRO 2.1	Por que a mudança de cultura requer uma abordagem eclética para ser efetiva?

1. A cultura está difundida por toda a organização.
2. A cultura é um ativo intangível.
3. A mudança cultural ameaça o *status quo*.
4. A mudança cultural é tanto rápida quanto lenta.
5. A mudança cultural pode colocar à prova o compromisso dos líderes empresariais.

A cultura está difundida por toda a organização

Em primeiro lugar, as culturas organizacionais costumam ser difundidas amplamente por toda a organização. Assim, a resposta para a pergunta "Quem é responsável pela cultura de uma organização?" é, em geral, que *todos* na empresa são responsáveis. A cultura de uma organização quase nunca reside na mente de uma única pessoa ou dentro de um pequeno grupo de executivos influentes. Pelo contrário, ela é compartilhada por muitos, senão pela maioria, dos funcionários. Faz parte da identidade coletiva da empresa e, portanto, é um ativo compartilhado. De fato, uma razão pela qual a cultura pode ter um impacto tão profundo na capacidade de implementar estratégias é precisamente porque ela passa por um compartilhamento muito amplo com os funcionários.

No entanto, quando todos são responsáveis pela cultura de uma organização, ninguém é responsável pela cultura dela. Quando você tem um problema de qualidade na fabricação em sua empresa, você sabe quem chamar – o vice-presidente de produção. Se o público não lhe dá o reconhecimento do produto que você precisa, você chama o vice-presidente de *marketing*. Se você não consegue contratar o tipo de funcionário que deseja, você sabe quem é responsável por resolver esse problema – o vice-presidente de recursos humanos. Mas quem você chama quando precisa mudar a cultura da organização para poder implementar suas estratégias de maneira mais efetiva? Os caça-fantasmas?[5]

Talvez alguns líderes empresariais pensem que são responsáveis pela cultura de suas organizações, e é claro que você – na qualidade de líder empresarial – pode ter um impacto importante na cultura de sua empresa e em como ela evolui. Nesse sentido, as tentativas de

---

5 Algumas organizações têm "vice-presidentes de cultura". No entanto, embora as pessoas que desempenham essas funções tenham, muitas vezes, a responsabilidade de descrever e manter a cultura de uma empresa, raramente estão em posição de assumir a liderança na mudança da cultura de uma empresa, para alinhá-la com as suas estratégias.

mudança cultural – por muitas vezes serem iniciadas pela liderança da empresa – são definitivamente de natureza "de cima para baixo".

No entanto, se a cultura de sua organização permanecer exclusivamente "sua" e não for difundida entre os funcionários, ela terá um impacto limitado na capacidade da empresa de implementar suas estratégias. Você precisa encontrar maneiras de envolver seus funcionários no processo de mudança cultural para que compreendam e apreciem a cultura nova e possam usá-la para ajudar a implementar suas estratégias. Nesse sentido, os esforços em prol da mudança de uma cultura não são apenas "de cima para baixo", são igualmente "de baixo para cima" por natureza.

Em nossa pesquisa, descobrimos que muitos líderes empresariais iniciaram o processo de mudança cultural "de cima para baixo", mas deixaram vários detalhes dela em aberto – incluindo a natureza exata da cultura que desejavam criar. Em vez de especificarem a cultura que queriam implementar, essas lideranças convidaram seus funcionários para criar essa nova cultura em parceria com elas – um processo que tinha um caráter decididamente "de baixo para cima" ou "da raiz". De fato, como veremos, uma maneira de você saber que seus esforços em prol da mudança cultural "de cima para baixo" estão sendo bem-sucedidos é quando ele começa a adquirir uma natureza "de baixo para cima".

Assim, uma vez que você, na qualidade de líder empresarial, pode iniciar uma mudança cultural em sua organização e ter um impacto significativo sobre ela, o processo para obtê-la precisa ser "de cima para baixo". No entanto, na medida em que seus funcionários precisam criar essa nova cultura juntamente com você, o processo de mudança cultural também precisa ser "de baixo para cima". Um modelo de mudança que é apenas "de cima para baixo" *ou* "de baixo para cima" parece ter menos probabilidade de conseguir mudar a cultura de uma organização.

A cultura é um ativo intangível

Em segundo lugar, ao contrário de muitos outros recursos importantes para o sucesso financeiro de uma empresa, a cultura organizacional é um ativo intangível. São os valores, normas e crenças que orientam o comportamento dos funcionários quando regras formais e políticas não existem ou não fornecem orientação. Assim, uma cultura organizacional é uma construção social – a cultura é real em seus efeitos, mas existe principalmente no cérebro e nos pensamentos de seus funcionários.[6] Portanto, embora a cultura possa ter um efeito profundo na capacidade de sua empresa de implementar suas estratégias, ela é, no entanto, um "ativo invisível".[7]

Uma vez que a cultura está no cérebro e nos pensamentos de seus funcionários, não surpreende que a mudança dela envolva, em geral, modificar o cérebro e os pensamentos deles. Dessa forma, a mudança cultural pode alterar as crenças e os valores mais preciosos de seus funcionários com relação ao trabalho na empresa – como eles se identificam com ela, o senso de engajamento deles, até mesmo a lealdade a você como líder empresarial e à empresa como um todo. Tudo isso faz parte de dimensões profundamente emocionais e pessoais da mudança organizacional e sugere que os processos de mudança cultural precisam ser atraentes para o "coração" de seus funcionários.

Ainda assim, ao mesmo tempo, mudar esse "ativo invisível" pode ser vital para sua capacidade de implementar estratégias comerciais. A implementação bem-sucedida de estratégias é essencial se sua empresa pretende gerar vantagens competitivas. Os vínculos entre cultura, implementação de estratégias, vantagem competitiva e desempenho empresarial têm uma orientação decididamente racional

---

6 A ideia de que fenômenos socialmente criados, como a cultura de uma organização, ainda podem ter efeitos reais foi explorada na filosofia, entre outros, por John Searle – cf. SEARLE, J. *The Construction of Social Reality*. Nova York: Free Press, 1997.

7 Este conceito foi introduzido pela primeira vez por Hiroyuki Itami e Thoms Roehl (*Mobilizing Invisible Assets*. Cambridge: Harvard University Press, 1991).

e voltada para a geração de lucros. A mudança cultural que apela apenas para o "coração" dos funcionários não promete crescimento econômico, estabilidade no emprego ou melhores oportunidades de carreira, como o faz a mudança cultural que também apela para o "cérebro" dos funcionários.

Assim, conforme será sugerido no capítulo 6, uma mudança cultural bem-sucedida precisará impactar tanto as emoções e os sentimentos dos funcionários em relação à empresa quanto a capacidade deles para gerar vantagens competitivas como resultado da implementação das estratégias. Portanto, ela deve apelar tanto para o "coração" quanto para o "cérebro" dos funcionários. Abordagens de gestão de mudança que focam apenas as emoções e os sentimentos de seus funcionários, *ou* apenas em sua tendência racional para maximizar lucros, são menos propensas a ser bem-sucedidas na busca por mudar a cultura de uma organização.

A mudança cultural ameaça o *status quo*

Em terceiro lugar, mudar a cultura de sua organização tem, com frequência, o efeito de desestabilizar muitas práticas e políticas estabelecidas associadas à cultura antiga. Os "vencedores" na cultura antiga podem virar "perdedores" na cultura nova; pessoas que estavam "fora" na cultura antiga podem se tornar importantes e ficar "dentro" na cultura nova; indivíduos que eram amigos e aliados próximos na cultura antiga podem passar a ser meros conhecidos e até mesmo adversários na cultura nova. Nesse sentido, a mudança cultural "muda o roteiro" que os funcionários conheciam e usavam na organização.

Pesquisas anteriores indicam que a maioria das pessoas não gosta de qualquer tipo de mudança – sobretudo as que podem afetar o próprio *status* e o de seus amigos na organização. Esse tipo de mudança cria medo. Mesmo pessoas que gostam de mudanças não gostam de mudar o fato de que gostam de mudanças.[8] E quase toda mudança organizacional perturba o *status quo* e força as pessoas a alterar sua compreensão de como seu ambiente de trabalho funciona. Portanto, pelo menos alguns de seus funcionários resistirão a quase qualquer mudança organizacional.

Contudo, mudar a cultura de sua organização pega essa resistência e a turbina! Mudança cultural não significa apenas mudar práticas e políticas de trabalho – embora mudar essas dimensões economicamente racionais de uma organização possa ser bastante ameaçador para alguns funcionários. Ela também pode significar mudar a identidade e o propósito da empresa, e, portanto, a maneira como seus funcionários se envolvem emocionalmente com ela. Uma mudança que ameaça não apenas a *maneira* como você faz seu trabalho, mas também a *razão* pela qual o faz, pode provocar mais resistência do que quase qualquer outro tipo de mudança organizacional.

Assim, para mudar a cultura de uma organização, é preciso uma abordagem à mudança capaz de reconhecer que a resistência a ela tem raízes tanto pessoais e emocionais quanto racionais e econômicas. É menos provável que a adoção de um modelo de gestão de mudança que não permite a você responder a essas duas fontes de resistência seja bem-sucedida.

A mudança cultural é tanto rápida quanto lenta

Algumas mudanças organizacionais – a aprovação de um orçamento, a promoção de um funcionário, mudanças na política de recursos humanos – podem acontecer rapidamente. Outras – construir uma fá-

---

8 KEGAN, R.; LAHEY, L. *Immunity to Change*. Boston: Harvard Business Review Press, 2009; KANTER, R. M. Ten Reasons People Resist Change. *Harvard Business Review*, 2012. Disponível em: https://hbr.org/2012/09/ten-reasons-people-resist-chang.html. Acesso em: 21 jul. 2022.

brica nova, ajustar a cadeia de suprimentos, reformular um produto – podem levar mais tempo.

No entanto, muitas vezes, mudar a cultura de uma organização é algo rápido *e* lento. Isso cria desafios incomuns quando você está tentando gerenciar a mudança cultural.

A mudança cultural pode ser rápida quando determinadas partes da organização – por exemplo, uma filial ou fábrica específica ou um grupo de trabalho – conseguem mudar sua cultura rapidamente. Às vezes, os líderes empresariais dessas partes da organização conseguem comunicar sua visão cultural e contar com a ajuda de seus funcionários para criar essa nova cultura de forma mais eficiente do que acontece na organização como um todo. Esses tipos de mudanças "de baixo para cima" podem dar aos esforços em prol da mudança cultural uma série de "vitórias rápidas" e criar um clima positivo na mudança cultural geral da empresa.

Entretanto, muitas vezes, essas "vitórias rápidas" precisam ser acompanhadas de "vitórias lentas" na esfera da cultura organizacional geral, se elas pretendem desaguar em uma verdadeira mudança. Considere a experiência de Frank Pipp, gerente de montagem de uma fábrica da Ford Motor Company no final da década de 1960. Pipp deu instruções à sua equipe para comprar uma caminhonete Toyota, a qual sua equipe de montagem se incumbiria de desmontar e remontar, para aprender, em primeira mão, sobre a qualidade da montagem final desse produto.

Na Ford, se duas partes conectadas podiam ser acopladas sem o uso de um martelo de borracha, elas eram consideradas "encaixe perfeito". O encaixe perfeito era o padrão ouro na montagem de automóveis na época. Para surpresa de Pipp, quando a caminhonete Toyota que haviam desmontado foi remontada, 100% de suas peças tinham encaixe perfeito. Ele não acreditou que isso fosse possível, então pediu à sua equipe para repetir o exercício. Chegaram à mesma conclusão – 100% das peças Toyota tinham encaixe perfeito.

Pipp entendeu instantaneamente a importância desses resultados para a qualidade dos produtos da Ford em comparação com os da Toyota. Então, convidou vários membros importantes da alta administração da Ford para sua fábrica, onde fez a equipe demonstrar a qualidade da montagem final da Toyota. Segundo Pipp, o que aconteceu foi o seguinte:

> Todos ficaram em silêncio, até que o gerente-geral da divisão pigarreou e comentou: "Os clientes nunca perceberão". E então todos assentiram com entusiasmo e exclamaram: "Sim, sim, é isso mesmo. Os clientes nunca perceberão". E todos foram embora felizes.[9]

Obviamente, Pipp estava a ponto de criar uma transformação cultural em sua área de montagem – uma "pequena vitória na mudança cultural" que poderia ter tido um impacto significativo na cultura de qualidade da Ford. Mas esse potencial foi perdido quando um gerente-geral da divisão rejeitou seu trabalho ao afirmar que "os clientes nunca perceberão".

Agora sabemos, é claro, que esse gerente-geral de divisão estava errado – o cliente realmente percebeu. No entanto, foram necessárias muitas pequenas vitórias culturais e muitos esforços heroicos dos gerentes de fábrica, ao longo de muitos anos, até que finalmente, em 1981 – cerca de vinte anos mais tarde –, a Ford aceitou que construir uma cultura de qualidade precisava ser sua maior prioridade e usou esse compromisso como bordão de *marketing*: "Na Ford, a qualidade é prioridade máxima". Mais recentemente, essa empresa precisou continuar a aprimorar seu compromisso com a criação e a manutenção de uma cultura de qualidade.[10]

---

9 Essa história é de David Kearn (*Prophets in the Dark*. Nova York: Harper Collins, 1993. p. 82).
10 ECKERT, N. At Ford, Quality is Now Problem 1. *Wall Street Journal*, 6 ago. 2022.

O exemplo da Ford mostra que as "vitórias rápidas" podem ser importantes na mudança da cultura geral de uma organização; no entanto, mudar essa cultura geral pode ser um processo lento. Isso é mais verdade ainda no caso de organizações tão grandes e complexas como a Ford Motor Company. Como líder empresarial, você talvez tenha uma ideia clara de como deseja que a cultura de sua empresa mude. Mas pode demandar bastante tempo alinhar todos e engajá-los com o que você deseja que essa cultura seja e com os motivos que o levam a desejar que seja dessa forma.

Claro, o ritmo lento da mudança da cultura geral de uma organização pode testar os limites da paciência até do líder empresarial mais paciente. No entanto, até que a cultura geral em sua empresa mude, as "vitórias rápidas na mudança cultural" correm o risco de ser apenas experimentos de curta duração. Como ervas daninhas em um jardim, essas "vitórias rápidas" podem brotar com entusiasmo em solo fértil, apenas para serem arrancadas por um "jardineiro" todo-poderoso – a cultura bem enraizada de sua empresa.

De fato, dentro de sua empresa, os "empreendedores" culturais que estão criando essas "vitórias rápidas na mudança cultural" podem estar, inconscientemente, assumindo riscos pessoais significativos se a levarem além do ponto em que outros integrantes da organização se sentem confortáveis. Embora você possa ficar entusiasmado com essas "vitórias rápidas", outros em sua empresa podem olhar para elas com suspeita e desconfiança. Nesse cenário, aquilo que começou como "vitórias rápidas" pode se transformar em "derrotas dolorosas" ou apenas em "experimentos interessantes", à medida que os esforços "de baixo para cima" para criar mudanças culturais são "esmagados" pela pressão glacial de uma cultura corporativa bem enraizada.

Em uma organização que conhecemos, o gerente de uma pequena unidade de negócios ajudou a implementar uma cultura nova e cooperativa, a qual levou ao desenvolvimento de vários serviços novos. No entanto, a organização mais ampla, na qual essa unidade estava inserida, era muito hierárquica, quase ditatorial. Os experimentos culturais desse gerente de unidade de negócios foram considerados, pela organização mais ampla, uma ameaça ao *status quo* cultural, e ele acabou sendo demitido – mesmo sua operação tendo sido mais bem-sucedida e mais inovadora e tivesse obtido um grau de engajamento inédito por parte dos funcionários.[11]

Assim, embora as "vitórias rápidas" sejam emocionantes e uma parte importante de qualquer processo de mudança cultural, muitas vezes elas são insustentáveis sem a ocorrência de mudanças mais amplas na cultura organizacional. Por outro lado, tais mudanças culturais mais amplas não são possíveis sem, pelo menos, o estabelecimento de um clima positivo por meio de "vitórias rápidas".

A conclusão é que os modelos de mudança que se concentram em criar "vitórias rápidas" *ou* "mudanças organizacionais em grande escala" são menos propensos a ser bem-sucedidos quando aplicados à mudança cultural da organização do que os modelos de mudança que reconhecem a relevância das dimensões rápida *e* lenta da mudança cultural.

A mudança cultural pode colocar à prova o compromisso dos líderes empresariais

Vistos em conjunto, esses atributos da cultura sugerem que a mudança cultural será, com frequência, desafiadora e difícil. Em geral, ela não se resume à aplicação, com eficiência, de apenas um modelo de mudança organizacional. Na maior parte das vezes, trata-se de combinar diversos modelos de forma complexa e em constante evolução. Consiste em operar tanto por meio de processos "de cima para baixo" quanto "de baixo para cima", apelando tanto para o "coração" quanto para o "cérebro" dos funcionários, e de avançar tanto rápida quanto lentamente

---

11 PERRY, L.; BARNEY, J. Performance Lies are Hazardous to Organizational Health. *Organizational Dynamics*, p. 68-80, 1981.

enquanto você cria "vitórias rápidas na mudança cultural", ao mesmo tempo que tenta alterar a cultura geral de sua empresa.

Nossa! Não é à toa que a mudança cultural muitas vezes fracassa.[12]

Muitos desses desafios surgem porque a cultura é um sistema complexo de elementos inter-relacionados. Esses elementos da cultura de uma organização incluem seus valores e suas crenças pessoais, os diversos valores e crenças de seus funcionários, as estratégias da organização, sua estrutura formal, suas normas sociais, suas políticas e práticas formais, sua história e assim por diante. Mudar qualquer um desses elementos culturais pode criar conflitos com outros elementos do sistema. Por outro lado, mudar todos esses elementos culturais de uma só vez também é desafiador.

Dada a complexidade desse processo de mudança, é razoável esperar que o compromisso de um líder empresarial com a mudança cultural oscile ao longo do tempo. Nos primeiros dias da mudança cultural, os líderes podem expressar seu compromisso com a criação de uma cultura nova, podem financiar treinamentos culturais e outras iniciativas de mudança e podem criar uma ampla variedade de forças-tarefa de mudança cultural. Porém, tudo isso é o que os economistas chamam de "conversa fiada".[13] Os funcionários em toda a empresa sa-

---

12 Embora 70% de todos os esforços em prol da mudança organizacional não consigam satisfazer as expectativas, a taxa de insucesso nos esforços em prol da mudança cultural é muito mais elevada: 81%. Um estudo mais recente mostrou que 96% das transformações em toda uma organização não conseguem satisfazer as expectativas e que isso se deve principalmente ao fato de essas organizações não terem conseguido mudar a sua cultura. A taxa de fracasso de 70% foi citada pela primeira vez por Michael Hammer e James Champy (*Reengineering the Corporation*. Nova York: Harper Business, 1993) no contexto dos esforços de reengenharia de processos. As taxas de fracasso para diferentes tipos de mudanças organizacionais foram estimadas por Martin Smith (Success Rates for Different Types of Organizational Change. *Performance Improvement*, v. 41, n. 1, p. 26-33, 2002). Os dados sobre a taxa e a causa dos esforços de transformação em toda a empresa que não atendem às expectativas são de um estudo de 2018 conduzido pela McKinsey and Company, citado em Siobhan McHale (*The Insider's Guide to Culture Change*: Creating a Workplace that Delivers, Grows, and Adapts. Nova York: HarperCollins, 2020. p. 2).

13 A ideia de "conversa fiada" foi introduzida pela primeira vez por Vincent Crawford e Joel Sobel (Strategic Information Transmission. *Econometrica*, v. 50, n. 6, p. 1431-1451, 1982).

bem – ou pelo menos suspeitam – que o compromisso de seu líder com a criação de uma cultura nova pode mudar repentina e drasticamente.

Por exemplo, os líderes podem parecer muito comprometidos em mudar a cultura de uma empresa – até que haja um problema com o desempenho financeiro dela. Então é "mãos à obra" para melhorar os números, independentemente do impacto dessas ações na mudança cultural. No mínimo, quando o desempenho financeiro está em questão, todos sabem – ou pelo menos suspeitam – que a "mudança cultural" será rebaixada na lista de prioridades do líder.

Os funcionários também sabem – ou pelo menos suspeitam – que, se a mudança cultural levar a situações que deixem o líder desconfortável com a "cultura nova", qualquer compromisso com os "valores novos" de uma "cultura nova" pode ser facilmente revertido. Esse pode até ser o caso se o líder empresarial foi fundamental na criação dos valores novos da cultura nova. Se você começar a se sentir vulnerável em relação a uma mudança cultural, ou incerto sobre se pode, autenticamente, continuar a apoiar tal mudança, é provável que seus funcionários saibam – ou pelo menos suspeitem – que seu compromisso com a mudança cultural talvez não seja confiável.

Quando os funcionários acreditam que o compromisso dos líderes da empresa com a mudança cultural é apenas "conversa fiada", eles sabem – ou pelo menos suspeitam – que tais esforços não serão bem-sucedidos. Claro, eles farão tudo que lhes for pedido, participarão dos treinamentos, assinarão os compromissos e farão todas as outras coisas que constituem artefatos para mudar a cultura tradicional. Eles fazem tudo sabendo que – da mesma forma que um cálculo renal – "isso também passará". Após algum tempo, os esforços em prol da mudança cultural se dissiparão e, por fim, desaparecerão, e a cultura antiga ressurgirá inalterada e talvez até fortalecida.

Nada disso sugere que o que você diz, na qualidade de líder empresarial, não seja relevante para mudar a cultura da organização. Na verdade, sua linguagem pode ser muito importante para inspirar os funcionários em toda a empresa a se tornarem parte do processo de mudança cultural. Suas palavras são uma forma proeminente de você começar a se conectar com o "coração" de seus funcionários.

No entanto, um modelo de gestão de mudança que foca apenas nas palavras que você diz, em geral, não será bem-sucedido – por si só. Suas palavras são apenas uma parte da mudança daquele sistema complexo que é a mudança cultural. Assim, além das palavras, você precisa aplicar um modelo de gestão de mudança que reconheça todos esses elementos da mudança cultural e assegure a seus funcionários que você está irreversivelmente comprometido com ela, mesmo quando as coisas ficarem difíceis e os ventos desfavoráveis começarem a soprar.

Como a construção de histórias facilita a mudança cultural

Dados os atributos das culturas organizacionais listados no Quadro 2.1, não nos surpreendeu que nossa pesquisa tenha descoberto que os líderes empresariais – desde CEOs até reitores de faculdades de administração, gerentes de fábrica, gerentes de projetos e empreendedores – tivessem sido mais bem-sucedidos na implementação da mudança cultural quando adotaram elementos de diversos modelos de mudança organizacional. A mudança cultural bem-sucedida é tanto "de cima para baixo" quanto "de baixo para cima", foca as emoções e a tomada racional de decisões e trata de mudar o sistema cultural da empresa. Portanto, pode-se dizer que a mudança cultural bem-sucedida adota uma abordagem mais eclética para a gestão de mudança.

No entanto, em meio a essas abordagens ecléticas da mudança cultural, nossa pesquisa encontrou um elemento notável de consistência: não importa como esses líderes empresariais misturavam e combinavam diferentes modelos de mudança organizacional, quase todos construíram histórias como parte do processo de modificação da cultura da empresa.

De certa forma, isso faz todo sentido. Conforme sugerido no capítulo 1, o mecanismo pelo qual as culturas são difundidas e mantidas em uma organização é por meio das histórias que os funcionários contam sobre a empresa, como ela conduz seus negócios, no que ela acredita, e assim por diante. As histórias são o sangue da cultura. Portanto, faz sentido que, se você estiver decidido a mudar sua cultura organizacional, precise mudar as histórias que seus funcionários contam uns aos outros.

É claro que nem todas as histórias que você construir serão igualmente bem-sucedidas na criação da mudança cultural. Nossa pesquisa identificou seis atributos de histórias que aumentam a probabilidade de que elas mudem a cultura de uma organização. Esses seis atributos foram resumidos no capítulo 1 e são discutidos com mais detalhes no restante deste livro.

QUADRO 2.2	Como a construção de histórias contribui para a superação dos desafios associados à mudança cultural (cf. o Quadro 2.1)
A cultura está difundida por toda a organização.	Histórias bem elaboradas atravessam barreiras horizontais e verticais em uma empresa e podem unir líderes empresariais e funcionários em torno dos esforços em prol da mudança cultural.
A cultura é um ativo intangível.	Histórias bem elaboradas tornam ativos intangíveis e invisíveis mais tangíveis e visíveis.
A mudança cultural ameaça o *status quo*.	Histórias bem elaboradas identificam os heróis da mudança cultural em toda a organização, o que pode inspirar outros integrantes a apoiar a mudança cultural.
A mudança cultural é tanto rápida quanto lenta.	Histórias de mudança cultural "lenta" podem viabilizar vitórias "rápidas" de mudança cultural, enquanto as vitórias "rápidas" de mudança cultural podem viabilizar mais construção de histórias para a mudança cultural geral.
A mudança cultural pode colocar à prova o compromisso dos líderes empresariais.	A construção de histórias autênticas torna difícil para os líderes empresariais recuarem com relação ao seu compromisso com a mudança, mas também pode permitir que eles introduzam esses compromissos gradualmente.

Mas também descobrimos que a construção de histórias ajuda a superar os desafios associados à mudança cultural da organização, identificados no Quadro 2.1. A forma como a construção de histórias atinge esse objetivo está resumida no Quadro 2.2.

Como a construção de histórias aborda o problema da "cultura difusa"

Sim, sua cultura organizacional está difundida por toda a organização, mas as histórias que você constrói, se tiverem os seis atributos identificados por nossa pesquisa, terão um impacto grande sobre sua empresa. Elas atravessarão as barreiras entre as áreas funcionais da empresa e entre seus diferentes negócios, fábricas e localizações – o pessoal de *marketing* em uma divisão compartilhará as mesmas histórias que o de produção em outra divisão. Elas também transcenderão as distinções verticais da empresa – sua equipe de alta gestão compartilhará essas histórias juntamente com os trabalhadores horistas.

De fato, é por meio da ampla difusão dessas histórias por toda a empresa que acontece o processo pelo qual as histórias antigas que definem a cultura são substituídas por novas que definem a nova cultura.

Dessa forma, a construção de histórias bem elaboradas pode ajudar a unir toda a empresa em prol da mudança cultural. Elas podem ajudar a inculcar um sentimento de orgulho, à medida que os funcionários, em todos os níveis e em todos os grupos, compartilham histórias que ilustram a nova cultura, a qual ajudará a organização a implementar suas novas estratégias.

E aqui está o aspecto mais incrível desse processo: se você construir histórias autênticas em que você, o líder empresarial, é o protagonista e se elas possuírem todos os outros atributos descritos neste livro, então elas se espalharão por toda a organização por conta própria.

De graça!

Feito um incêndio florestal!

Isso acontecerá quase automaticamente, quando os funcionários se reunirem – seja no mundo real ou virtual – para compartilhar o que ouviram sobre o que você fez.

Alguns de seus funcionários balançarão a cabeça incrédulos ao saber da história ou das histórias que você construiu. Outros questionarão sua sanidade. Outros sussurrarão, baixinho: "Estava na hora". Alguns até verão você como o salvador da empresa.

E alguns construirão suas próprias histórias de mudança cultural.

É claro que você pode aumentar esse processo de comunicação ao compartilhar as histórias que construiu nos meios de comunicação formais da empresa. Você até pode recrutar meios de comunicação fora da empresa para ajudar no compartilhamento dessas histórias – as vantagens e desvantagens de fazê-lo são discutidas com mais detalhes no capítulo 8. Além disso, essas histórias podem se tornar uma parte importante do treinamento que compõe o processo de integração.

Uma das razões pelas quais a construção de histórias bem elaboradas é uma forma tão eficaz de mudar a cultura de uma organização é que tais histórias se difundem tão amplamente quanto a cultura e, assim, começam a substituir as histórias antigas.

Como a construção de histórias lida com o problema do "ativo intangível"

Sim, a cultura é um ativo intangível. Mas as histórias que os funcionários compartilham sobre o trabalho em uma empresa podem tornar a cultura dela mais tangível e mais visível. Os funcionários talvez não entendam exatamente o que significa "pensar de forma criativa", de maneira abstrata, mas a história de como os blocos autoadesivos *post-it* foram desenvolvidos pela 3M exemplifica a inovação nessa empresa.[14] Gerentes talvez não entendam de maneira abstrata o que significa "valorizar o trabalho em equipe dos funcionários", porém uma história de como os funcionários – desde os horistas responsáveis pelo manuseio de bagagens até os pilotos – da Southwest Airlines trabalham juntos para colocar a bagagem em um avião torna real essa ideia abstrata.[15] Vendedores podem não compreender o que significa "atendimento ao cliente de classe mundial" de maneira abstrata, entretanto, quando ouvem uma história sobre fazer o que for necessário para satisfazer um cliente na Nordstrom, eles entendem.[16]

Da mesma forma, os funcionários podem não entender o tipo de cultura que você está tentando criar se a única forma de comunicá-la for por meio de discussões áridas sobre listas dos valores da empresa. Essa é uma das razões pelas quais tantos funcionários zombam dessas listas quando elas são afixadas às paredes da empresa.

Mas é aqui que as histórias que você constrói podem ser de grande utilidade. Elas transformam algo abstrato em concreto. Tornam possível um futuro e apontam um caminho para esse futuro. Transformam o intangível e invisível em tangível e visível. Os funcionários da Telesp não precisaram recorrer a nenhuma lista de valores que definisse uma cultura "voltada para o atendimento ao cliente". Tudo o que precisaram fazer foi compartilhar a história do funcionário da central de atendimento.

---

14 History Timeline: Post-it Notes. *Post-it.com*. Disponível em: https://www.post-it.com/3M/en_US/post-it/contact-us/about-us/. Acesso em: 21 jul. 2022.

15 THOMSON J. Company Culture Soars At Southwest Airlines. *Forbes.com*, 2018. Disponível em: https://www.forbes.com/sites/jeffthomson/2018/12/18/company-culture-soars-at-southwest-airlines/?sh=20d5dfa7615f. Acesso em: 21 jul. 2022.

16 CONTE, C. Nordstrom customer service tales not just legend. *Bizjournals.com*. Disponível em: https://www.bizjournals.com/jacksonville/blog/retail_radar/2012/09/nordstrom-tales-of-legendary-customer.html. Acesso em: 21 jul. 2022.

Como a construção de histórias aborda o problema do "viés do *status quo*"

É absolutamente verdade que a construção de histórias de mudança cultural pode alterar o *status quo* em uma empresa. E aqueles que tiveram sucesso na cultura antiga podem resistir aos esforços de migração para a cultura nova.

Mas lembre-se de que a mudança cultural nesse contexto não envolve alterar os valores culturais de uma organização apenas pela mudança em si, nem consiste em refazer a cultura de uma empresa à "semelhança" de um líder empresarial. De fato, se essas forem as motivações de um líder empresarial que constrói histórias de mudança cultural, então os executivos responsáveis precisam resistir a essas mudanças. E resistir com vigor.

No entanto, se uma empresa precisa mudar suas estratégias para manter ou melhorar seu desempenho, e se a implementação dessas novas estratégias requer uma cultura nova, então a mudança cultural não é opcional. Na verdade, ela pode ser existencial. Nesse contexto, você realmente tem a responsabilidade de mudar o *status quo*.

Nesses cenários, os funcionários que constroem histórias para ajudar a mudar uma cultura podem ser legitimamente considerados heróis organizacionais. Claro, o termo "herói" é tão amplamente usado hoje em dia, que quase perdeu seu significado. Contudo, se um herói é um indivíduo (ou grupo) que faz algo que precisa ser feito – como mudar a cultura de uma organização para que ela possa implementar suas estratégias – e essas ações embutem riscos pessoais – como muitas vezes pode ser o caso em relação à mudança da cultura de uma organização –, então essas pessoas, em nossa opinião, são heróis. Um herói no exército coloca sua vida em risco para salvar a vida de outros; os heróis da mudança cultural arriscam suas carreiras para ajudar uma organização a sobreviver e prosperar.

Tais atos heroicos muitas vezes inspiram as pessoas em uma organização a aderirem a um esforço em prol da mudança cultural, mesmo que essas mudanças possam ser difíceis para elas.

Claro, alguns dos funcionários podem resistir à mudança cultural, mesmo diante dos esforços heroicos dos integrantes de sua organização. Pode ser uma escolha difícil para você, mas tais funcionários – sobretudo quando ocupam posições visíveis e influentes – em geral não podem permanecer na organização. Isso pode ser verdade até mesmo se essas pessoas tiverem tido alguns dos melhores desempenhos na cultura antiga, e mesmo que sejam amigos pessoais próximos.

Como a construção de histórias aborda o problema da "rapidez e lentidão"

A construção de histórias funciona tanto para a mudança cultural "rápida" quanto para a "lenta". Como já sugerimos, nossa pesquisa mostra que a mudança cultural frequentemente começa com o líder empresarial responsável – a pessoa que está mais bem posicionada para enxergar a necessidade de implementar novas estratégias e a falta de correspondência entre elas e a cultura atual da organização. No entanto, apenas anunciar a necessidade de uma nova cultura, ou desenvolver listas de novos valores culturais, ou implementar qualquer uma dessas outras abordagens puramente "de cima para baixo" pode não obter sucesso nesse contexto.

Em vez disso, esses líderes empresariais constroem uma história.

Uma história bem elaborada, com os seis atributos descritos neste livro, iniciará o processo geral de mudança cultural da organização. Essa é a parte "lenta" da mudança cultural. Mas essa história inicial abre espaço para os executivos em toda a organização construírem suas próprias histórias de mudança cultural. Essa é a parte "rápida" da mudança cultural, e esse é o processo de "cascata de histórias", discutido brevemente no capítulo 1 e em mais detalhes no capítulo 8.

Essas vitórias "rápidas" de mudança cultural, por sua vez, permitem que um líder empresarial construa histórias adicionais – seja a respeito dessas vitórias rápidas, seja construindo histórias inteiramente novas. Assim, a construção de histórias no processo de mudança cultural "lenta" permite construir histórias no processo de mudança cultural "rápida", e a construção de histórias no processo de mudança cultural "rápida" pode permitir a construção de histórias adicionais no processo "lento".

Como a construção de histórias lida com o problema do "compromisso do líder empresarial"

Por fim, com cada história construída, você transmite aos seus funcionários a mensagem de que seu compromisso com a mudança cultural está se tornando cada vez mais irreversível. Dependendo do tipo de história que você começa a construir, seus funcionários podem se mostrar um pouco céticos no início. Mas, à medida que suas histórias passam a ser mais autênticas, mais pessoais e mais públicas, seu compromisso com a mudança cultural fica mais verossímil – apesar dos desafios que tal mudança necessariamente enfrenta. E isso torna mais provável que pelo menos alguns de seus funcionários saiam da inércia e realmente ajudem a criar a cultura junto com você.

Nesse sentido, a construção de histórias de mudança cultural é um indicador de seu grau de compromisso com a mudança cultural em sua organização.

Se você está inseguro em relação à sua capacidade de se comprometer, a longo prazo, com a mudança cultural, então adotar uma abordagem de construção de histórias em prol da mudança possui algumas vantagens óbvias. Em primeiro lugar, você não precisa se comprometer com todo o processo de mudança cultural de uma vez. Tudo o que você precisa fazer para começar esse processo é construir a primeira história. Depois, observe como as coisas evoluem. Se você seguir as diretrizes postuladas neste livro, é provável que tudo corra bem. Você começará a encontrar mais facilidade para implementar suas estratégias. E então poderá construir outra história, e mais outra. Depois de um tempo, seus funcionários acreditarão em seu compromisso com a mudança cultural. Em seguida, começarão a construir as próprias histórias. À medida que sua cultura começa a mudar, você pode alinhar o restante de sua organização com ela. Após algum tempo, você poderá olhar para trás e perceber que criou uma cultura nova junto de seus funcionários.

Parabéns!

Mudança cultural, não destruição de cultura

Claro, ao longo deste livro, não defendemos a mera *destrui*ção da cultura de uma organização. Todos sabem que pode demorar anos para que uma cultura se desenvolva e amadureça e que um líder empresarial impetuoso pode destruí-la em uma tarde. Em vez disso, a mudança cultural sobre a qual estamos falando envolve o engajamento em ações que modifiquem – às vezes radicalmente – a cultura existente de uma empresa para alinhá-la de modo mais íntimo com suas estratégias. Esse tipo de mudança cultural é intencional e estratégico. Sim, ele pode envolver mudanças fundamentais nos valores, crenças e normas de uma organização, mas não é imprudente por natureza.

Um político dos Estados Unidos observou certa vez: "Qualquer asno pode dar patadas e derrubar um celeiro, mas é preciso um carpinteiro habilidoso para construir um".[17] Muitos dos líderes empresariais que estudamos eram "carpinteiros habilidosos" cuja ferramenta preferida era a construção de histórias de mudança cultural, que permitiram às suas empresas implementarem mais efetivamente suas estratégias.

---

17 Sam Rayburn, antigo presidente da Câmara dos Representantes dos Estados Unidos, foi o autor desta citação.

Você está pronto para a mudança cultural?

Muito bem, aqui está o que aprendemos com nossa pesquisa. Primeiro, você *pode* mudar a cultura de sua organização, e isso pode permitir que você implemente mais efetivamente suas estratégias. No entanto, você não pode mudar essa cultura por meio da aplicação de apenas um modelo de gestão de mudança – é preciso adotar elementos de vários desses modelos. Em outras palavras, você não precisa de um martelo de gestão de mudança, ou de uma chave de fenda de gestão de mudança, mas de um estojo de ferramentas de gestão de mudança completo. A mudança cultural eficaz é de cima para baixo, de baixo para cima, foca as dimensões emocionais e racionais da mudança e trata a cultura como um sistema de elementos inter-relacionados.

Segundo, ao adotar uma abordagem eclética para a gestão de mudança em sua tentativa de mudar a cultura, o único elemento da mudança cultural que parece ser constante é a construção de histórias – histórias autênticas, que colocam você como um líder protagonista, criam uma ruptura com o passado e apontam um caminho rumo ao futuro, apelam para o cérebro e o coração de seus funcionários, bem como são frequentemente teatrais e contadas e recontadas em toda a organização. A construção desses tipos de histórias está no cerne da mudança cultural bem-sucedida.

Porém, em qualquer grande mudança que você esteja idealizando, antes de iniciar o processo de mudança cultural por meio da construção de sua primeira história, é preciso ter certeza de duas coisas. Primeiro, você precisa ter certeza de que *precisa* mudar a cultura; segundo, você precisa ter certeza de possuir a *vontade* necessária para mudá-la.

É preciso mudar a cultura quando fazê-lo permite que você implemente suas estratégias de maneira mais efetiva. Qualquer outra motivação para mudar a cultura de sua organização – deixar um legado, satisfazer seu ego ou simplesmente preferir trabalhar em uma cultura organizacional diferente – pode não soar convincente para seus funcionários e, portanto, não resultar em mudança cultural. Logo, antes de se envolver na mudança cultural, certifique-se de que existem razões estratégicas e de desempenho convincentes para empreendê-la.

Porém, mesmo que existam razões estratégicas convincentes para mudar a cultura organizacional, você talvez, mesmo assim, não queira se envolver nesse trabalho. Talvez se sinta desconfortável com a autenticidade pessoal que a mudança cultural requer. Talvez não queira participar das conversas difíceis que são quase sempre provocadas pela mudança cultural. Talvez não ache que tem as habilidades necessárias para conduzir esse tipo de mudança.

É claro, conduzir uma mudança cultural não é para todos. E existem muitos cargos para líderes empresariais que não exigem mudança cultural. No entanto, se houver razões estratégicas convincentes pelas quais você precisa se envolver com a mudança cultural, mas evita fazê-lo porque não se sente confortável com esse tipo de processo de mudança, então os resultados apresentados neste livro serão especialmente valiosos para você.

No final, você verá que o "segredo" da mudança de cultura que descrevemos neste livro é o fato de não existir "segredo" para ela. Construir histórias de mudança cultural é uma habilidade, algo que pode ser aprendido, um conjunto de técnicas que podem ser aprimoradas. Suas primeiras histórias de mudança cultural podem não ser tão profundas quanto algumas das que compartilharemos com você neste livro, mas isso não significa que elas não terão impacto na cultura de sua organização. E, à medida que você fica mais experiente na construção de histórias de mudança cultural, elas se tornarão mais profundas e mais impactantes.

Por fim, este livro apresenta um conjunto de habilidades que você pode aprender e utilizar para construir histórias de mudança cultural. Ele pode ensinar essas habilidades, mas não pode lhe dar a vontade de se envolver com a mudança cultural. Essa parte é sua. É por isso que a mudança cultural sempre deve começar com a introspecção, a fim de entender se as mudanças que você contempla são autênticas para você e condizem com seus valores pessoais, e, assim, saber se você tem a força de vontade necessária para se envolver com a mudança cultural. Essas questões são abordadas no próximo capítulo.

3

Como construir histórias autênticas

A mudança cultural começa com a construção de histórias autênticas. Elas são autênticas quando refletem valores e crenças profundamente arraigados, os quais revelam quem você é na qualidade de líder, seu compromisso com o bem-estar de seus funcionários e de outras partes interessadas e como isso tudo se relaciona à capacidade de sua empresa de implementar suas estratégias. Nesse sentido, histórias autênticas transmitem algo fundamental sobre quem você é e o que deseja realizar para seus funcionários.

Por essa razão, histórias autênticas asseguram a seus funcionários que seu compromisso com a mudança cultural é real e inalterável. Eles sabem que seus esforços em prol da mudança cultural da organização não são um capricho, fruto de egoísmo ou um compromisso passageiro, mas uma manifestação de quem você é como pessoa. Quando ouvem as histórias autênticas que você construiu, ficam mais propensos a se juntar a você e a ajudar a criar a nova cultura da organização.

Entretanto, quando as histórias que você constrói não são autênticas, elas podem ter o efeito exatamente oposto. Seus funcionários conseguem sentir a hipocrisia de longe. E se as histórias não refletirem quem você é como pessoa, serão rejeitadas por seus funcionários, devido a serem manipuladoras e desonestas. Esses funcionários não colaborarão com você para criar a nova cultura da organização.

No entanto, construir histórias autênticas pode ser arriscado. Tais histórias podem revelar mais sobre quem você é para seus funcionários do que você necessariamente gostaria. Além disso, apesar de sua autenticidade, as histórias que você constrói ainda podem ser rejeitadas por seus funcionários se forem consideradas vazias e insinceras. Elas podem mostrar-lhes a lacuna que existe entre aonde você quer chegar e onde de fato está – nenhum de nós vive conforme nossos valores mais elevados. As histórias que você constrói podem ser consideradas desonestas e manipuladoras.

Contudo, em última análise, construir histórias autênticas deixa uma marca no "terreno da mudança cultural" e reafirma seu compromisso com esse processo. Com essa garantia, os funcionários podem se unir a você para criar sua nova cultura.

Considere como a construção de histórias autênticas afetou a capacidade de vários líderes empresariais para mudar a cultura de suas organizações.

A construção de histórias autênticas começa com autoconhecimento

Inicialmente, considere a experiência de um jovem gerente de fábrica em uma empresa transnacional que questionou a própria capacidade de liderança de uma maneira que o levou a alterar completamente sua abordagem ao assunto.

História 3.1: Diretor de produção de uma empresa transnacional enorme – "E se este avião caísse?"

Fui encarregado para chefiar uma grande fábrica na América do Sul. Havia vários anos, esse negócio não vinha dando lucro. O problema era tão crônico, que o CEO da empresa nos visitou e disse que, se não conseguíssemos resolvê-lo, ele avaliaria o fechamento do negócio.

Eu era apenas o gerente de uma das fábricas desse segmento, mas fui encarregado de liderar a equipe responsável por resolver o problema. Eles nos concederam 18 meses para desenvolver um plano para acabar com os prejuízos. Eu era responsável por tudo que precisávamos – finanças, *marketing*, fornecimento de produtos – para atingir o ponto de equilíbrio. A cada três a quatro meses, o CEO se reunia conosco para avaliar nosso progresso.

Para chegar a uma dessas reuniões, usamos um avião da empresa. Foi minha primeira viagem em um jatinho corporativo. Eu era a pessoa menos graduada no avião. Também não conhecia muitas pessoas da empresa. Então, peguei um assento na parte de trás, na janela, e fiquei quieto. Pensei: "Esta será uma ótima oportunidade para resumir minha apresentação em um número pequeno de páginas que revelem um cenário realmente viável". Essa era minha esperança.

Na verdade, as pessoas começaram a conversar umas com as outras. Mas elas não me envolviam na conversa, mesmo eu sendo o responsável por apresentar o plano ao CEO. Em vez disso, a conversa ficava cada vez mais superficial, sem qualquer entendimento do que de fato precisaria ser feito para virarmos o jogo.

Depois de mais de uma hora ouvindo-os, fiquei bastante frustrado com aquele grupo de pessoas. Estava ficando claro que a conversa deles não ajudaria nem a mim nem a avaliação pela qual estávamos prestes a passar. Em um determinado momento, lembro-me de olhar pela janela, para a enorme floresta que sobrevoávamos, e um pensamento interessante passou pela minha cabeça: "Se este avião caísse, não sei exatamente o que faria para sair da selva, mas uma coisa eu saberia com certeza: não seguiria nenhuma dessas pessoas".

Em seguida, outro pensamento me ocorreu: "E se eu estivesse em um avião com meu pessoal e ele caísse? Os que trabalham para mim me seguiriam?".

> Lembro-me de, certa vez, ter ouvido um discurso em West Point. O título da apresentação da palestrante era algo como "A liderança quando a vida de outros depende de suas decisões". O primeiro ponto levantado era que, nesse tipo de contexto, não há tempo para desenvolver listas detalhadas de questões, muitas apresentações, *brainstorming*, e assim por diante. As decisões precisam ser tomadas, precisam ser tomadas rápido e precisam ser seguidas automaticamente.
>
> Para que isso aconteça, os líderes precisam demonstrar três coisas aos subordinados antes de as decisões serem tomadas. Em primeiro lugar, demonstrar que são competentes – ou seja, que têm as habilidades necessárias para tomar decisões corretas e realizar o trabalho. Em segundo lugar, demonstrar que têm caráter – que são confiáveis e colocarão os interesses da equipe à frente de seus interesses pessoais. E terceiro, demonstrar que se importam com os membros da equipe como pessoas.
>
> Desde aquele dia no jatinho corporativo, tenho tentado colocar em prática esses três atributos de um líder em todas as minhas decisões e ações.

Esse líder empresarial precisou ser honesto consigo mesmo. Claro, ele estava irritado com os outros executivos no avião, por serem incapazes ou por sua falta de disposição para resolver os grandes desafios que ele enfrentava. Mas, em um momento de claro autoconhecimento, ele se perguntou se seu próprio grupo também estaria disposto a confiar nele, a confiar em sua competência, em seu caráter e em sua preocupação com eles.

Tal momento de autoconhecimento acabou influenciando o restante da carreira desse líder.

Como revelei minha inexperiência aos meus funcionários

Não é preciso ser um gerente de fábrica para ter esse tipo de autoconhecimento, nem é preciso acumular anos de experiência para tê-lo. Considere a seguir o caso de Michael Schutzler, que aprendeu sobre seu estilo de liderança – e o usou para construir uma história que ajudou uma equipe de projeto a ser bem-sucedida – quando era um gerente muito jovem.

> **História 3.2: Michael Schutzler, na qualidade de gerente de projetos da Harris Corporation – "Eu era apenas um novato e precisava mudar a conversa"**
>
> Eu me formei em engenharia na Universidade Estadual da Pensilvânia. Fui ágil e estava no lugar certo na hora certa – ajudei a fechar um contrato importante para meu primeiro empregador –, e então eles disseram: "Ele não é apenas um engenheiro, ele tem potencial de liderança". Assim, tornei-me um *trainee* de gerência.
>
> Após um curto período, fui incumbido de meu primeiro projeto. Lá estava eu. Tinha 23 anos. Era bom em matemática e planilhas, mas nunca havia gerenciado alguém ou algo em minha vida. Entrei na primeira reunião da equipe do projeto e lá havia mais de uma dezena de pessoas – e a mais jovem tinha quarenta anos. Claro, todos naquela sala estavam recostados em suas cadeiras, olhando para mim e pensando: "Ah, sim. Claro. Seja lá o que for".
>
> Então, comecei a reunião falando com muito entusiasmo sobre o projeto em que íamos trabalhar juntos. Mas, enquanto eu falava, também observava a sala. A linguagem corporal que via era rígida e pouco entusiasmada. Algumas pessoas balançavam a cabeça – seja em discordância ou incredulidade, não conseguia definir.
>
> Esse foi o momento mais transformador da minha carreira. Naquele instante, percebi com clareza: "Michael, você não tem credibilidade com essas pessoas e está dizendo a elas o que fazer. Por que não para e pergunta a elas o que fazer?".
>
> Então, parei de falar.
>
> Respirei fundo e disse: "Vou recomeçar. Peço desculpas. Fui encarregado deste projeto e nunca gerenciei um projeto antes. E todos vocês têm muito mais experiência do que eu. Quero que o projeto seja bem-sucedido e tenho certeza de que vocês também querem fazer parte de um projeto bem-sucedido. Quero aprender com vocês. Digam-me o que precisam que eu faça para que este projeto seja bem-sucedido, para que vocês sejam bem-sucedidos, e meu compromisso com vocês é que farei o que disserem".

Isso mudou completamente a dinâmica da conversa, e várias ideias surgiram. Aprendi naquela primeira hora tudo o que precisava saber sobre gestão de projetos, porque todos me disseram o que fazer, e eu fui lá e fiz aquilo a que havia me comprometido: consegui os recursos, as autorizações e as aprovações. Consegui todas as coisas que eles queriam.

Na reunião de equipe seguinte, eu disse: "Muito bem, fiz tudo que vocês me pediram para fazer. E agora?". E assim, criamos um projeto juntos que foi muito bem-sucedido para a empresa. Recebi uma série de promoções como resultado.

O que aprendi naquele momento em que a equipe estava me ignorando foi que, se uma equipe quiser ter sucesso como tal, então ela precisa exercer um papel de liderança. Você precisa dar às pessoas, na sala, o poder de decidir para onde vão. Nesse cenário, meu trabalho é apenas garantir que a direção que a equipe decide seguir faça sentido. E tenho liderado dessa maneira desde aquele dia.

Eu lidero na retaguarda. Incentivo outras pessoas a correr riscos. Eu as incentivo a aprender, a crescer e faço sugestões ao longo do caminho. Faço isso há tanto tempo que – com certeza, sei bastante coisa, e posso fazer recomendações logo no início de um projeto. Mas, mesmo agora, eu meio que me calo no início de um projeto e digo: "O que vocês acham que devemos fazer? Para onde devemos ir? O que é possível fazer?".

Claro, foi preciso coragem para Michael assumir o cargo de gerente de projetos, sobretudo com tantos executivos mais experientes se reportando a ele. Mas, de muitas maneiras, foi preciso ainda mais coragem para reconhecer sua falta de experiência e a necessidade de recorrer aos colegas mais experientes em busca de ajuda. Coragem e humildade. Construir essa história na primeira reunião da equipe não apenas mudou a cultura daquela equipe de projeto, mas também, por fim, levou Michael a desenvolver uma abordagem para liderança e gestão que influenciou toda a sua carreira.

Será que minhas histórias autênticas serão rejeitadas por meus funcionários?

Por estarem cientes de que as histórias autênticas são muito íntimas, os líderes empresariais que entrevistamos sabiam que as construir em suas organizações aumentaria sua vulnerabilidade pessoal. Eles tinham consciência de que algumas pessoas na empresa os amariam por sua honestidade, enquanto outros os odiariam por sua ousadia em desafiar o *status quo*. Eles sabiam que alguns os enxergariam como um herói organizacional que assume riscos pessoais ao tentar resgatar a empresa de seus próprios becos sem saída culturais, enquanto outros os enxergariam como um vilão interesseiro e astuto tentando deixar uma marca na empresa apenas para satisfazer seu orgulho e aplacar seu ego insaciável. Construir histórias autênticas implica que um líder exponha suas crenças mais profundamente arraigadas "na vitrine" para receberem comentários e o escrutínio públicos.

Claro, a mitologia na imprensa pública e em muitas organizações é que os líderes empresariais são protegidos por seu poder organizacional e, portanto, invulneráveis às vicissitudes emocionais que podem surgir pela revelação de seus "eus" mais pessoais por intermédio das histórias que constroem. Nesse mito, a forma como as pessoas de uma organização julgam os valores e as crenças de um líder é irrelevante – e não importa se elas concluem que o líder é um vilão e passem a detestá-lo. Tudo o que importa é que essas pessoas façam aquilo que o líder lhes manda fazer. Como diz o ditado, se um líder empresarial quer um amigo, ele deveria adotar um cachorro.

A realidade entre os líderes empresariais que entrevistamos foi mais sutil. Por um lado, eles entendiam que sua posição na organização lhes conferia uma certa proteção contra os julgamentos dos outros com relação aos seus valores e crenças pessoais. Para alguns, essa proteção facilitava a abertura e a autenticidade, bem como a construção de histórias de mudança cultural eficazes. De fato, por um lado, pode-se argumentar que, por esses motivos, os líderes empresariais estão singularmente bem posicionados para, de fato, criarem a mudança cultural em uma organização.

Por outro lado, esses líderes também sabiam que não estavam totalmente separados dos desafios que a mudança cultural criaria em sua empresa. Eles sabiam que tais mudanças seriam angustiantes para, pelo menos, alguns dos funcionários e algumas das partes interessadas. Eles sabiam que alguns funcionários reagiriam muito negativamente a essas mudanças e julgariam os líderes e suas motivações de forma muito severa. Eles não estavam contentes por serem julgados dessa maneira – não era algo que apreciavam ou pelo qual ansiavam –, mas o aceitavam como parte necessária do processo de mudança cultural.

Considere a experiência de Stefano Rettore, enquanto ele tentava construir uma nova cultura em um negócio bem estabelecido no setor do agronegócio.

> **História 3.3: Stefano Rettore, na qualidade de presidente da ADM Origination e membro do conselho executivo da ADM na Archer Daniels Midland Corporation – "É por isso que eu sou quem sou"**
>
> Poucos meses após minha chegada à ADM, fui encarregado de liderar o setor agrícola global. Eu era novo na empresa e não fazia parte da cultura da ADM, nem sequer era estadunidense, e eles me pediram para liderar a divisão principal de uma empresa muito estadunidense. Senti que enfrentava uma curva de aprendizado íngreme e precisava construir um relacionamento com minha equipe de gestão. Mas eu não conhecia aquelas pessoas – sabia seus nomes e conhecia suas experiências profissionais, mas na verdade não os conhecia profundamente, e eles não me conheciam. Por exemplo, eu não sabia nada sobre as histórias de suas famílias, eu não sabia quem eles eram como pessoas. E eu não tinha muito tempo. Eu era novo, precisávamos começar a operar em um nível mais elevado, e havia uma pressão tremenda para obter resultados positivos.

Então, decidi passar dois dias com minha equipe – para discutir nosso plano de operações e como melhorá-lo. Isso era tudo muito básico e normal, mas eu estava convencido de que isso não bastaria para construir o tipo de espírito de equipe que precisávamos. Assim, decidi que começaríamos a reunião de forma diferente.

Portanto, em nossa primeira sessão juntos, comecei com a seguinte observação: "Olhem, vou fazer algo que não sei se vai dar certo, mas sinto que é a coisa certa a fazer. Vocês não me conhecem, eu não os conheço muito bem, e vamos trabalhar juntos. Acredito que a segurança psicológica é fundamental na dinâmica da equipe, e isso será importante porque cometeremos erros ao tentarmos melhorar nosso desempenho. Se confiarmos uns nos outros, poderemos admitir e corrigir esses erros. Mas, se não confiarmos uns nos outros, continuaremos a cometê-los, e nosso desempenho não melhorará. Assim sendo, para começarmos a nos conhecer, eu gostaria que todos compartilhassem uma história sobre como nos tornamos quem somos como pessoas e líderes".

Eu sabia que teria que ser o primeiro, então pensei muito sobre que história contar sobre mim mesmo. Não poderia ser algo tolo. Precisava revelar alguns aspectos fundamentais de quem eu era como pessoa e como havia chegado àquela posição. Assim, comecei a falar sobre minha ambição pessoal, minha motivação e a origem delas.

"Perdi meu pai quando tinha 19 anos. Ele recebeu um diagnóstico em 15 de dezembro, e morreu 20 dias depois, em 5 de janeiro. Essa experiência me ajudou a perceber como as coisas podem mudar rapidamente na vida – passei de 'ter um pai' para 'não ter mais um pai' no espaço de poucas semanas. Aceitei a perda como uma simples parte da vida. E então, dez anos depois, minha irmã mais nova faleceu. Ela estava grávida de nove meses, e o filho que esperava não sobreviveu. Mais uma vez minha vida mudou da noite para o dia. Essas experiências me fizeram acreditar que o tempo é precioso. Não sabemos quando vamos ficar sem tempo. Então, essas experiências me tornaram quem sou hoje. Não quero perder tempo fazendo coisas nas quais não acredito. Não quero perder tempo com joguinhos políticos bobos. Quero ser transparente. Quero aproveitar a convivência com as pessoas com quem estou. Quero trabalhar muito, mas também aproveitar a vida. Espero que todos ao meu redor queiram a mesma coisa. E sim, estou focado no crescimento mais do que na redução de custos, porque acho que temos a oportunidade de fazer algo diferente, e a vida é curta. E é por isso que acredito e ajo da maneira que faço."

Não sabia como essa história influenciaria os membros da equipe, mas eles começaram a compartilhar suas histórias. Contaram coisas sobre si mesmos que até colegas de mais de 20 anos não sabiam. Explicaram de onde vinham seus valores e objetivos gerenciais. E tudo isso ocorreu em um ambiente onde realmente não nos conhecíamos. Foi muito emocionante, muito real. Muito vulnerável.

Acredito que essa reunião colocou em movimento uma dinâmica muito positiva na equipe. Claro, discutimos nosso plano de operações e como melhorá-lo, mas fizemos isso em um contexto de abertura e confiança. Depois que saí, um ano e meio após aquela reunião, vários colegas me ligaram e disseram: "Aqueles foram os melhores 18 meses que tive na empresa". Alguns desses executivos tinham décadas de experiência. Foi o melhor reconhecimento que poderia ter em uma das maiores empresas do mundo. Um executivo graduado me ligou para dizer que eu havia trazido transparência e uma abordagem mais humana para a empresa e que isso tinha feito uma enorme diferença. E isso ficou aparente no resultado final, porque crescemos mais rápido e fomos bem mais lucrativos.

Acredito que tudo começou naquela primeira reunião. Não lhes pedi que qualquer coisa que eu dissesse naquela reunião fosse mantida em sigilo. Na verdade, imagino que minha história pessoal tenha sido contada e recontada por toda a organização. Era importante compartilhar as experiências que me tornaram quem sou. Continuei tentando fazer isso de muitas outras maneiras, mas foi crucial assumir o risco, na primeira reunião, de fazer algo que poderia dar muito errado. Mas, como disse à equipe: "Prefiro estar errado sendo quem sou a estar certo fazendo o que é seguro fazer. Prefiro construir sobre a base de quem realmente sou. Se fracassar, terei fracassado fazendo aquilo em que acreditava". Foi uma escolha difícil, mas deu muito certo.

Ao começar a primeira reunião de sua equipe com uma história muito pessoal, Stefano estava construindo uma história que afetaria fundamentalmente a cultura dessa parte da ADM. Mas compartilhá-la foi um "salto de fé". Ele não sabia ao certo como seus funcionários responderiam. Porém, quando responderam compartilhando as próprias histórias, Stefano já avançara bastante no caminho para criar uma nova cultura.

Todos fracassamos em viver de acordo com nossos próprios valores

Criar uma cultura organizacional nova é sempre ambicioso. É ambicioso para sua organização, pois você está pedindo aos membros dela para trocar o familiar pelo desconhecido. Mas também é ambicioso para você, porque você talvez não entenda completamente todos os valores e crenças que farão parte dessa nova cultura. E talvez, mesmo que entenda esses valores, você nem sempre age de acordo com eles.

Se a mudança cultural exigisse que você entendesse por completo e vivesse perfeitamente conforme os valores da cultura nova que está tentando criar, então a mudança cultural nunca ocorreria. Todos os líderes empresariais, em todos os níveis de uma organização, mais cedo ou mais tarde não compreendem em sua plenitude qual é a nova cultura que estão tentando construir e não vivem conforme os valores dela, mesmo quando os entendem.

Devido a essas limitações pessoais, histórias construídas por você e que simulam que você entende e vive conforme os valores de uma nova cultura são, por definição, inautênticas. Seu pessoal não acreditará nelas. Eles as rejeitarão como manipuladoras e desonestas.

No entanto, essas fraquezas não o desqualificam para liderar a mudança cultural. Na verdade, a maneira como você responde às suas deficiências pessoais pode ajudá-lo a construir uma história que realmente facilite a mudança cultural. Seus erros podem ser usados para demonstrar sua autenticidade porque aumentam sua vulnerabilidade. Isso parece contraintuitivo, mas considere o exemplo de Carl Thong, um empreendedor contumaz e atualmente diretor-executivo da Momenta. biz, uma empresa de treinamento de liderança sediada em Singapura.

> **História 3.4: Carl Thong, na qualidade de diretor-executivo na Momenta.biz – "Não sou tudo o que quero ser"**
>
> Duas coisas são centrais em meu estilo de liderança: honrar o que eu digo e ser respeitável. Mas nem sempre consigo pô-las em prática.
>
> Há seis meses, um dos meus líderes me procurou com um documento que resumia o trabalho que ele vinha fazendo. Eu estava saindo do escritório após um longo dia quando ele me entregou o papel. Estava muito cansado. Olhei para o documento e logo apontei uma dezena de erros. Disse a ele: "John, você precisa parar de me entregar esse tipo de bobagem!". Em seguida, devolvi o documento, antes de pegar meu carro. Dirigi para casa e, ainda no carro, imediatamente percebi que não tinha lidado bem com aquela situação. Fiquei pensando naquilo.
>
> Quando cheguei em casa, jantei com minha família. Depois, recebi uma mensagem de texto de John. Ele escreveu: "Caro Carl, gostaria de lhe informar a definição do dicionário da palavra 'bobagem': significa 'escrita sem sentido'. Não acho que lhe entreguei uma bobagem. Fiz o melhor que pude. Se não está bom, você pode me dizer, mas por que usou a palavra 'bobagem'? Só queria dizer que não me sinto bem com isso, e peço desculpas por chateá-lo, mas senti que era importante compartilhar esse pensamento com você".
>
> Vi a mensagem dele e tive um momento de epifania. Eu não estava agindo conforme meus próprios padrões. Não estava me comportando de maneira respeitável. Imediatamente mandei uma mensagem de volta e escrevi: "John, obrigado por me corrigir. Obrigado por me chamar a atenção. Não estou vivendo os valores que estabelecemos para todos na empresa. Esse é um lembrete incrível de que tenho muito que melhorar em mim mesmo".
>
> Ele respondeu: "Ah, que bom. Eu estava rezando o tempo todo para que você não ficasse com raiva". Respondi: "Não, não estou com raiva e sou muito grato a

você por me apontar esse problema. Você pode fazer um favor para mim? Compartilhe esse encontro que teve comigo com toda a empresa".

Então, essa história se tornou um exemplo de um de nossos valores-chave: honrar o que dizemos e sermos respeitáveis. Esse é um dos nossos padrões culturais, embora muitas vezes não consigamos segui-lo. Mas, se reconhecermos nossos erros e depois nos comprometermos a tentar fazer o melhor para voltar a viver conforme nossos padrões, está tudo bem. Essa história foi recontada muitas vezes pelo meu pessoal e por outros funcionários em toda a empresa e se tornou importante para criar uma cultura de respeito em nossa organização.

Alguns CEOs acreditam que, se eles deixarem de viver conforme os valores culturais que estão tentando criar, sua hipocrisia será descoberta e seus esforços terão sido em vão. Alguns concluem que, dada essa ameaça, é melhor nem tentar mudar uma cultura de forma alguma, em vez de tentar e fracassar.

No entanto, esses tipos de erros são inevitáveis. A questão não é fingir que eles não acontecerão, a questão é minimizá-los – é claro –, mas, quando ocorrerem, usá-los como uma oportunidade para reforçar a mudança cultural que você está tentando criar. Seus erros podem se tornar histórias que dão a todos autorização para tentar e errar, mas depois tentar novamente viver conforme um novo conjunto de valores.

Como deixar sua marca

No fim das contas, uma das coisas mais importantes que a construção de histórias autênticas faz é deixar claro para seus funcionários seu grau de compromisso com a mudança cultural. Seu compromisso pode gerar compromisso por parte dos funcionários, o qual, por sua vez, pode levar à criação coletiva de uma cultura nova.

Considere o exemplo de autenticidade de Dan Burton, CEO de uma empresa em rápida expansão no setor de saúde.

> **História 3.5: Dan Burton na qualidade de CEO da Health Catalyst –**
> **"Se queremos que os membros de nossa equipe tenham humildade, eu preciso ser humilde; se queremos que os membros de nossa equipe tenham transparência, eu preciso ser transparente"**

Dois dos aspectos mais relevantes da cultura da Health Catalyst são a humildade e a transparência. Mas é muito difícil incutir esses valores em uma organização que cresce – sobretudo uma que cresce rapidamente. Passamos de um punhado de membros de equipe para mais de 1.500 membros de equipe e terceirizados em pouco mais de dez anos.

Esses valores precisam começar comigo. Por exemplo, a cada ano sou objeto de uma avaliação 360 graus anônima. Desde o início, decidi compartilhar os resultados dela com toda a empresa. Acho que a vulnerabilidade é uma parte incrivelmente importante da liderança servidora. Isso ajuda a desmistificar a ideia de que os líderes são perfeitos, ou mesmo que precisam ser perfeitos. Nenhum de nós é. Acho que é um empoderamento incrível para os membros de uma equipe verem seus líderes reconhecerem – com humildade – que sempre existirão oportunidades para melhorar. Então, compartilho os resultados da minha avaliação 360 graus anual.

Além disso, em nossas reuniões de equipe com toda a empresa a cada duas a quatro semanas, temos um item da agenda chamado "Pergunte qualquer coisa à liderança". Em média, recebemos cerca de 30 a 40 perguntas, as quais são enviadas em tempo real para a liderança da empresa, além de 10 a 20 perguntas que são enviadas com antecedência. Essas perguntas podem ser anônimas ou incluírem o nome do remetente. Eu participo das reuniões, é claro, com mais três ou quatro integrantes da equipe de liderança sênior. Um de nós responderá, ou tentará responder, a cada uma dessas perguntas. E se não soubermos a resposta, teremos de apresentá-la na próxima vez que nos reunirmos em algumas semanas.

Vejo todas essas ações da minha parte como oportunidades para demonstrar humildade e transparência. Isso é verdadeiro, em especial, quando as avaliações são severas. Por exemplo, há pouco precisamos reduzir um benefício devido à covid-19. Alguns membros da equipe enviaram comentários ácidos a respeito dessa mudança, alguns com elementos bastante pessoais direcionados diretamente à minha pessoa. Comentei todos eles em uma reunião de equipe com a empresa inteira.

Às vezes, preciso pedir desculpas à minha equipe, reconhecer que cometi um erro. Por exemplo, um membro da equipe expressou frustração com relação ao nosso compromisso com a diversidade e a inclusão – na opinião dele, talvez estivéssemos dando uma atenção exagerada a essas questões. Em minha resposta por escrito, expliquei por que tínhamos esse compromisso, mas reconheci que talvez a maneira como havíamos abordado o tema poderia ter sido mais eficaz. Pedi à equipe que tivesse paciência, porque ainda estávamos aprendendo nessa área.

No entanto, outra integrante da equipe leu minha resposta e entrou em contato comigo. Ela escreveu que eu não deveria ter pedido desculpas por nossos esforços nessas áreas. Li atentamente seus comentários e fiquei convencido de que ela estava certa. Então, editei minha resposta inicial e depois entrei em contato com ela e agradeci por compartilhar suas ideias e percepções comigo.

Não tenho todas as respostas e nem sempre faço as coisas certas na primeira vez. Ou na segunda. E preciso aceitar que está tudo bem todos saberem disso.

Ao viver os valores da humildade e da transparência, Dan Burton constrói histórias que tornam difícil para ele deixar de cumprir seu compromisso com esses valores. E ele constrói essas histórias não apenas anualmente – quando compartilha suas avaliações 360 graus –, mas também a cada duas semanas, em suas reuniões gerais.

Não surpreende que as histórias que Dan Burton constrói tenham ajudado a criar uma cultura notável – uma que é consistentemente avaliada como tendo alguns dos funcionários mais engajados do seu país. Ele afirma que essa cultura foi fundamental para ajudar a empresa a aumentar as vendas anuais de menos de 1 milhão de dólares dez anos atrás para uma capitalização de mercado superior a 2 bilhões de dólares dez anos mais tarde.

O que acontece se seus valores não são condizentes com a cultura nova

Conforme demonstrado por essas histórias, a mudança cultural necessariamente envolve a construção de histórias autênticas por um líder empresarial. Mas e se os valores e as crenças mantidos por um líder empresarial forem inconsistentes com a mudança cultural necessária para implementar as estratégias da empresa? Construir histórias autênticas nesse contexto não promoverá a mudança cultural, e sim a tornará menos provável. Se seus valores e crenças fundamentais forem inconsistentes com a cultura que você precisa criar para implementar suas estratégias, o que você deve fazer?

Nesses casos, você só tem duas opções. Primeiro, pode começar a empreender a transformação pessoal necessária para mudar seus valores, crenças e expectativas sobre como sua empresa deve operar. Isso pode demandar tempo e envolver esforço, mas você precisa iniciar esse processo antes de começar a mudar a cultura. Se for honesto com seus funcionários e mostrar que está mudando seus valores pessoais, muitas vezes eles lhe darão o benefício da dúvida. Quando cometer erros e retornar ao padrão, assuma, admita seu erro – como já sugerido –, pois ele pode, na verdade, construir uma história para ajudar a implementar a mudança cultural.

Segundo, você pode se afastar. Sabemos que essa pode ser uma escolha difícil. No entanto, se seus valores fundamentais realmente forem inconsistentes com a cultura que precisa ser criada para implementar sua nova estratégia, permanecer como líder da empresa pode se tornar uma experiência de profunda insatisfação. Considere a maneira como Steve Young, ex-*quarterback* profissional de futebol americano, que hoje atua no setor de capital privado (*private equity*), trabalhou com o ex-CEO de uma das empresas que sua empresa havia adquirido há pouco tempo.

História 3.6: Steve Young, na qualidade de presidente e cofundador da Huntsman Gay Global Capital – "Ele atirou uma cadeira em mim!"[1]

Deixe-me contar sobre uma experiência que tive com um empresário que chamarei de Michael. Minha empresa de capital privado comprou o negócio dele, e tivemos algumas conversas muito difíceis sobre controle. Essencialmente, minha opinião era que apenas uma pessoa poderia exercer controle. Se não houvesse um *quarterback*[2], as coisas iriam regredir – e o *quarterback* precisava ser o novo CEO que havíamos contratado. Depois que compramos o negócio, Michael concordou em ser o presidente do conselho e em não se envolver mais nas operações do dia a dia. Mas ele continuou marcando presença na empresa. Finalmente, o CEO me ligou e disse: "Veja bem, esse cara está me deixando louco". Eu tive que ligar para o Michael e pedir a ele que recuasse e desse à nova administração algum espaço para respirar.

Michael respondeu: "Bem, o que você quer que eu faça? Não devo nem chegar perto da empresa?".

Respondi: "Olha, em última análise, é uma questão de dar espaço para as pessoas".

Michael respondeu: "Está bem, está bem". No entanto, cerca de um mês depois, o CEO me ligou e disse: "Olha, é ele ou eu!".

Liguei para Michael e disse: "Precisamos nos encontrar. Vamos nos reunir". Fomos para a sala de reuniões sem o CEO. Comecei com uma declaração forte: "Michael, você precisa cair fora". E isso provocou uma discussão. A discussão subiu de tom até o ponto em que Michael pegou uma cadeira e a atirou em mim. Ele não necessariamente mirou em mim, e não queria me machucar, mas jogou a cadeira por frustração e raiva.

No final das contas, foi apenas uma incapacidade de entendermos o ponto de vista um do outro. Eu sabia que uma cadeira atirada não era como eu queria

---

1 Essa história foi extraída de Steve Young (*The Law of Love*. Salt Lake City: Deseret Book, 2022. p. 111-114).
2 Principal jogador de uma equipe de futebol americano, no qual todas as jogadas são centralizadas. (N.T.)

que a conversa terminasse. Nossa discussão poderia ter interrompido a conversa e deixado tudo em um impasse. De outra forma, eu poderia ter escolhido subir o tom ainda mais. Mas eu queria encontrar um terreno comum. Quando a situação ficou dramática, percebi que era hora de baixar o tom e entender a raiz do problema.

Quando a cadeira voou, inicialmente fiquei surpreso. Mas, depois, minha reação chegou a ser divertida: "Sério? É só isso que você tem para me dar?". Michael deu um suspiro profundo e esboçou um leve sorriso. Olhamos um para o outro, então eu disse: "Tudo bem, o que vamos fazer? Vamos tentar descobrir o que provocou tudo isso".

Durante a conversa, eu ouvi e Michael falou. Após um certo tempo, ele disse: "Ao ter essa troca de ideias com você, acabei de perceber que preciso comandar a empresa ou sair dela. Eu sou assim. Esse sou eu. Não posso ser o presidente do conselho. Preciso de controle total sobre a empresa, ou preciso sair".

No final, Michael percebeu que estar totalmente fora do negócio era de fato a melhor opção para ele, assim como para a empresa. Mesmo agora, dez anos mais tarde, Michael e eu continuamos em contato constante. Ele me liga dos quatro cantos do mundo, enviando fotos em que ele segura a neta no colo. Ele com frequência diz: "Steve, sair da empresa foi a melhor coisa que já me aconteceu. Sou muito grato".

É claro que há muito a aprender com essa história. Mas do ponto de vista da mudança cultural que a empresa de capital privado de Steve estava implementando naquela que havia adquirido, a verdade essencial era que, se Michael tivesse permanecido na empresa, não apenas a teria destruído, ele próprio teria acabado em uma situação muito pior. Quem Michael era, como indivíduo, era simplesmente incompatível com o que a empresa precisava se tornar sob a nova direção. Nesse contexto, a decisão de sair não foi uma manifestação da fraqueza de Michael, mas de sua grande força, e até coragem.

Ser autêntico com todas as partes interessadas

Ser autêntico com os funcionários é obviamente importante. Mas, cada vez mais, muitas das outras partes interessadas da organização também avaliarão sua autenticidade. E as decisões que eles tomam sobre trabalhar com sua empresa podem depender da avaliação que eles fazem de sua autenticidade.

Considere a experiência de Richard Stad, CEO da empresa brasileira de moda masculina Aramis.

> **História 3.7: Richard Stad, na qualidade de CEO da Aramis – "Até o reposicionamento de nossa marca precisava ser autêntico"**
>
> Estávamos saindo da pandemia e precisávamos reposicionar a marca. Não éramos mais aquela marca que os consumidores conheciam, que vendia bem, com um estilo mais tradicional em camisas e alfaiataria. Estávamos nos tornando algo diferente. Precisávamos mudar nossa logomarca, nosso posicionamento, a variedade de nossos produtos, a comunicação, o leiaute das lojas – e tudo ao mesmo tempo. Precisávamos de um novo embaixador para a marca.
>
> Com o tempo, percebi que as pessoas se preocupam menos com quem é o embaixador da marca e mais com a verdade, a autenticidade dessa parceria. As pessoas querem conhecer a história por trás de uma marca, não apenas a campanha à sua frente. Quando Cauã Reymond entrou em cena, marquei uma videochamada com ele e começamos a conversar. Contei-lhe a história da Aramis, para onde estávamos indo e o que eu esperava dele. Não procurava um garoto-propaganda – não precisava de um. Precisava de alguém que validasse a marca nova com uma história verdadeira. Queria que ele trouxesse sua visão, sua perspectiva para a marca, de modo a colaborar no reposicionamento dela.
>
> Depois de compartilhar minhas expectativas, perguntei-lhe quais eram as expectativas dele. Cauã disse que queria ser empreendedor, que tinha sido modelo por muitos anos e queria ir além das fotos e levar sua perspectiva para a empresa.

> Estamos trabalhando juntos agora há três anos. Ele ainda brinca comigo hoje dizendo que fui a única pessoa que o entrevistou antes de assinar um contrato. Isso criou uma conexão muito forte, porque ele entendeu como poderia contribuir para a marca nova.
>
> Criar essa história autêntica para nossos clientes ajudou a nos recuperarmos da pandemia. Antes dela, nosso crescimento era a uma taxa de 14% ao ano, como um relógio; com nossa nova estratégia, estamos crescendo a uma taxa muito mais alta. Três anos após a pandemia, agora temos o dobro do tamanho que tínhamos antes dela.

Conclusão

A autenticidade tem sido importante na construção e na mudança de cultura organizacional ao longo da história. Considere, por exemplo, a tarefa de construir uma cultura cooperativa dentro do Quartel-General Supremo das Forças Expedicionárias Aliadas (SHAEF, na sigla em inglês) – o grupo designado para planejar e executar a invasão da Europa Ocidental durante a Segunda Guerra Mundial.

Raramente um grupo mais heterogêneo, com interesses pessoais e políticos mais conflitantes, havia sido reunido para executar uma missão tão importante do ponto de vista histórico. O SHAEF era composto por 14 líderes militares de quatro países (Estados Unidos, Grã-Bretanha, França e União Soviética), os quais representavam operações de terra, mar e ar. Além disso, ele era assessorado por sete assistentes (para suprimentos, inteligência etc.) e cinco representantes políticos do Reino Unido e dos Estados Unidos.

Essa "equipe", liderada pelo comandante supremo aliado general Dwight D. Eisenhower[3] dos Estados Unidos, comandava, em última análise, dois milhões de soldados, marinheiros e aviadores vindos de

---

3 Cf. AMBROSE, S. E. *Eisenhower*: Soldier and President. Nova York: Simon and Schuster, 1991.

oito países aliados, a maioria dos quais estava concentrada em acampamentos no Reino Unido. Conhecida como Operação Overlord, esta seria a maior operação terrestre, marítima e aérea já tentada na história da guerra.

No entanto, os membros do SHAEF discordavam sobre quase tudo em relação à invasão da Europa: quando ela deveria acontecer (a União Soviética defendia, há vários anos, uma invasão precoce para aliviar a pressão causada pela invasão da Rússia pelos nazistas, enquanto os Estados Unidos e o Reino Unido eram a favor de adiar a invasão até que as tropas aliadas estivessem bem preparadas), onde o desembarque deveria acontecer (alguns membros achavam que deveria ocorrer no Pas de Calais, na França; outros, na Normandia), quem deveria estar no comando das tropas de solo durante o ataque (essa responsabilidade acabou sendo atribuída ao marechal de campo britânico Montgomery) e os objetivos de curto e longo prazo da invasão (as lideranças dos Estados Unidos enfatizavam a importância de tomar o porto de Cherbourg, a oeste do local da invasão na Normandia; as lideranças britânicas concentravam-se na eliminação das bases de lançamento de mísseis, localizadas no norte da França, que os nazistas usavam para atacar o Reino Unido; e as lideranças francesas destacavam a relevância de recuperar Paris dos nazistas o mais rápido possível). Ao tomar essas decisões, Eisenhower precisou encontrar um equilíbrio entre os interesses de presidentes, primeiros-ministros, generais e marechais. Sua coalizão internacional estava eivada de conflitos, discordâncias e egos inflados – e ainda assim precisava se unir em torno de uma estratégia específica para invadir a Europa. Em resumo, Eisenhower precisava construir uma cultura cooperativa em um ambiente onde a cooperação parecia ser praticamente impossível.

Eisenhower acabou sendo uma escolha perfeita para esse trabalho. Nascido em Denison, Texas, e criado em Abilene, Kansas, terceiro de sete filhos, ele vinha de uma família modesta. Buscou e obteve um lugar na Academia Militar dos Estados Unidos em West Point, não em busca de uma carreira militar gloriosa, mas porque não tinha dinheiro para cursar uma faculdade não militar. Depois de uma carreira pré-guerra moderadamente bem-sucedida, Eisenhower subiu rapidamente na hierarquia durante a guerra, notado sobretudo por sua capacidade de construir consenso entre interesses conflitantes na busca de somente um objetivo: vencer a guerra.

Ao longo da vida, Eisenhower teve dois valores centrais em sua abordagem à liderança. Primeiro, ele definiu "liderança" como "a arte de fazer com que outras pessoas façam algo que você quer que seja feito porque elas desejam fazê-lo". Ele era conhecido por sua capacidade de ouvir atenta e sinceramente, e depois encontrar maneiras de transcender os conflitos entre os membros de sua equipe. Não era incomum para aqueles que se reportavam a Eisenhower acreditarem que eram eles que haviam desenvolvido alguma ideia ou sugestão importante para melhorar a Operação Overlord. Do ponto de vista dele, era surpreendente o quanto se pode realizar quando você não se importa com quem recebe o crédito.

Segundo, a abordagem de Eisenhower era sempre discreta, jamais adversarial. Isso se refletia em um peso de papel sobre sua mesa no Salão Oval, depois que ele se tornou o 34º presidente dos Estados Unidos. O peso de papel dizia: "Modos gentis; ações fortes". Ele via seus pares repreendendo seus subordinados e caracterizava aquilo como "agressão, não liderança".

Não se importar com quem recebia o crédito e buscar seus objetivos de forma gentil e discreta criou a possibilidade de cooperação dentro do SHAEF, mesmo quando forças centrífugas ameaçavam desfazer a aliança. Assim, e ao longo de sua carreira, as ações de Eisenhower foram totalmente autênticas em relação aos dois valores centrais de sua liderança. Isso foi verdade mesmo quando sua relutância em receber o crédito pode ter, na opinião de algumas pessoas, reduzido suas oportunidades profissionais.

Um exemplo particularmente revelador da maneira como Eisenhower mostrou seu compromisso autêntico com esses dois princípios de liderança na implementação de sua estratégia preferida gira em torno do uso do poderio aéreo durante as fases iniciais da invasão da Europa.[4] Eisenhower achava que a melhor maneira de assegurar o sucesso da invasão (e reduzir as baixas) era usar as forças aéreas aliadas para bombardear centros de transporte na França e na Alemanha nos dias e semanas que antecediam a invasão. A teoria de Eisenhower era que a implementação de uma "estratégia de transporte" impediria que os nazistas concentrassem suas tropas para repelir a invasão. Para implementá-la, ele queria que a força aérea aliada fosse colocada sob seu comando direto.

Os comandantes das forças aéreas aliadas dos Estados Unidos e do Reino Unido rejeitaram a "estratégia de transporte" de Eisenhower e afirmaram que, em vez disso, bombardear instalações fabris alemãs destruiria a capacidade da Alemanha de se envolver na guerra e afastaria os aviões de caça da costa da Normandia – ambos, em sua visão, ajudariam a apoiar a invasão de forma mais eficaz do que bombardear os centros de transporte. Não surpreende que esses comandantes também tenham resistido ferrenhamente ao pedido para colocar suas forças aéreas sob o controle direto de Eisenhower.

A discussão a respeito de qual dessas estratégias era superior não é o foco principal desse exemplo. O foco é a resolução desse conflito por Eisenhower e o processo de construção de uma narrativa, a partir disso, acerca de como a tomada de decisões aconteceria dentro do SHAEF. Esse processo – que demorou mais de quatro meses – envolveu consultas de Eisenhower e sua equipe a todos as principais partes interessadas na decisão e forçou esses interessados a debaterem as

---

4 Cf. FINNEGAN, M. J. *General Eisenhower's Battle for Control of the Strategic Bombers in Support of Operation Overlord*: A Case Study in Unity of Command. Carlisle: United States War College, 1999; TINGO, G. de. *Eisenhower's Pursuit of Strategy*: The Importance of Understanding the Influence of Leadership Styles on Strategic Decision Makers. Fort Leavenworth: School of Advanced Military Studies, 2013.

questões até que um consenso fosse atingido. Assim, quando chegou a hora, Eisenhower conseguiu implementar sua estratégia de transporte.

Primeiro, ele montou uma equipe de indivíduos respeitados, de diferentes países e diferentes serviços militares, que concordavam com sua análise estratégica. Depois, iniciou uma série de reuniões com as chefias de Estado-maior combinadas (as organizações dos Estados Unidos e do Reino Unido às quais o SHAEF se reportava), Winston Churchill, Franklin Roosevelt e sua equipe, para discutirem a importância da estratégia de transporte.

Ao mesmo tempo, ele e sua equipe começaram a conversar com os comandantes das forças aéreas dos Estados Unidos e da Grã-Bretanha – as pessoas que eram mais refratárias à implementação da estratégia de transporte. As discussões iniciais com esses "barões do ar" não resolveram o conflito. De fato, em resposta a essas reuniões, eles desenvolveram planos novos para usar seus bombardeiros a fim de destruir a produção de petróleo da Alemanha em vez de apoiar a estratégia de transporte de Eisenhower.

Mas Eisenhower e sua equipe continuaram suas conversas com as partes interessadas mais importantes. Churchill e seu Gabinete de Guerra expressaram suas preocupações a respeito do número de vítimas civis francesas que a estratégia de transporte causaria. Mesmo assim, Eisenhower e sua equipe prosseguiram com essas conversas com as partes interessadas.

Em janeiro de 1944, Eisenhower retornou aos Estados Unidos para consultas e para um descanso. Durante sua estadia, ele se encontrou várias vezes com o chefe do Estado-maior do Exército dos Estados Unidos, George Marshall, e enfatizou a importância da estratégia de transporte e a necessidade de unificar o comando da força aérea. Enquanto isso, de volta à Inglaterra, os "barões do ar" e os políticos britânicos continuavam a trabalhar para sabotar os esforços de Eisenhower. Ao retornar ao Reino Unido, Eisenhower e sua equipe tiveram sucesso em resolver muitos problemas logísticos e estratégicos da Operação

Overlord, mas ainda não haviam alcançado um acordo com relação à estratégia de transporte.

Em longas reuniões entre Eisenhower, Churchill e suas respectivas equipes, uma solução intermediária – em princípio – foi finalmente elaborada. No entanto, detalhes da implementação dessa solução continuaram a causar problemas: Eisenhower queria "comandar" as forças aéreas aliadas, e os comandantes das forças aéreas queriam que Eisenhower apenas "supervisionasse" o trabalho deles. No final, concordou-se que Eisenhower "dirigiria" a força aérea aliada.[5]

Em algum momento dessas últimas conversas, o paciente Eisenhower ameaçou renunciar: "Pelo amor de Deus, diga a esse bando que se eles não conseguirem se entender e parar de brigar como crianças, eu desisto. Vou dizer ao primeiro-ministro para arranjar outra pessoa para comandar essa maldita guerra! Vou renunciar".[6] No entanto, observe que, mesmo quando ameaçou renunciar, ele não especificou a seus subordinados como resolver o conflito, apenas disse a eles que precisavam resolvê-lo.

No final, ele conseguiu implementar sua estratégia de transporte com um comando em grande parte unificado.

Talvez o exemplo supremo da autenticidade de Eisenhower em relação aos seus valores centrais de liderança possa ser encontrado em dois discursos que ele escreveu pouco antes da invasão da Normandia, em junho de 1944.[7] O primeiro foi lido para os soldados, marinheiros e aviadores da Força Expedicionária Aliada na noite anterior ao início do ataque. Dizia, em parte:

> Vocês estão prestes a embarcar na Grande Cruzada, para a qual temos nos esforçado há muitos meses. Os olhos do mundo estão em vocês. As

---

5 Por trivialidades como esta é que são traçados os destinos das nações!
6 *Apud* D'ESTE, C. *Eisenhower*: A Soldier's Life. Nova York: Henry Holt, 2002. p. 499.
7 Cf. AMBROSE, S. E. *Eisenhower*: Soldier and President. Nova York: Simon and Schuster, 1991.

esperanças e orações dos amantes da liberdade em todos os lugares marcham com vocês [...] A tarefa não será fácil. O inimigo está bem treinado, bem equipado e é experiente. Ele lutará com ferocidade. Mas [...] tenho plena confiança em sua coragem, sua dedicação ao dever e sua habilidade na batalha. Não aceitaremos nada menos que a vitória completa. Boa sorte. E que todos nós imploremos a bênção do Todo-Poderoso sobre essa grande e nobre empreitada.

Eisenhower nunca proferiu o segundo discurso. Escrito à mão, em um pedaço de papel, era o discurso que ele proferiria se os desembarques não tivessem sido bem-sucedidos.

Nossos desembarques na área de Cherbourg-Havre não conseguiram conquistar uma posição satisfatória e eu retirei as tropas. Minha decisão de atacar naquele momento e local foi baseada nas melhores informações disponíveis. Os Exércitos, as Forças Aéreas e as Marinhas fizeram tudo o que a coragem e a dedicação ao dever poderiam fazer. Se alguma culpa ou responsabilidade está associada à tentativa, ela é inteiramente minha.

Fiel aos seus valores centrais, no primeiro discurso, Eisenhower antecipa uma "vitória completa" e a atribui integralmente à "coragem", à "dedicação ao dever" e à "habilidade" de suas tropas. No segundo discurso, autêntico até o fim, ele reconhece o fracasso e coloca toda a "culpa ou responsabilidade" em si mesmo.

Em seu esforço para mudar sua cultura, você está disposto a ser totalmente autêntico em relação aos seus valores e às suas crenças mais importantes?

4

Seja protagonista de sua própria história

Você provavelmente já percebeu aquilo que todas as histórias que compartilhamos até agora têm em comum: todas envolvem líderes empresariais fazendo algo que teve o efeito de construir uma história que muda a cultura. Para que uma história tenha o potencial de mudar a cultura de uma organização, ela precisa ter o líder empresarial como protagonista.

As razões para isso são bastante óbvias. No capítulo 2, vimos que um dos motivos pelos quais a mudança cultural é difícil é que os funcionários muitas vezes têm boas razões para questionar o compromisso de seu líder com essa mudança, sobretudo quando outros desafios empresariais começam a aparecer. Para muitos desses funcionários, algumas declarações, mesmo as que aparentam ser sinceras, sobre a importância da cultura e da mudança cultural simplesmente não parecem plausíveis. Eles viram como esse tipo de "conversa fiada" fracassou no passado, levando a compromissos rompidos, expectativas não atendidas e retorno a uma cultura historicamente dominante.

Nesse contexto, não surpreende que muitos funcionários – mesmo aqueles que acreditam na necessidade de mudar a cultura da organização – limitem seu envolvimento e seu compromisso com a mudança cultural. A jogada esperta é manter a discrição – fazer tudo que for pedido, participar dos treinamentos, assinar compromissos, seja lá o que for.

Suponha que sua empresa seja uma das poucas que realmente conseguem mudar a própria cultura. Esses funcionários cautelosos não ficarão em uma situação muito pior por ter uma atitude cautelosa em relação à mudança cultural. Se, por outro lado, a mudança cultural de fato acontecer, ótimo. Eles reforçam seus compromissos e se tornam parte da mudança quando ela ocorrer.

Mas e se um esforço para mudar a cultura de uma organização não der certo? De fato, os dados sugerem que essa é a "expectativa racional" da maioria dos projetos de mudança cultural. Os funcionários que apostaram todas as fichas em uma mudança cultural podem se encontrar em uma situação bastante desconfortável – a de ser um dos principais apoiadores de uma mudança cultural fracassada. Como consequência desse fracasso, podem ser convidados a sair da empresa. E, se não forem convidados, podem optar por sair por conta própria – para encontrar um lugar onde sua cultura preferida já exista.

A espiral da morte da mudança cultural

Nesse sentido, decidir se apoiaremos ou não uma mudança cultural pode significar, muitas vezes, decidir se vamos ou não mudar de emprego. Naturalmente, muitos funcionários – sobretudo diante das altas taxas de fracasso das iniciativas de mudança cultural – mostrarão cautela ao assumir tais compromissos.

Por ironia, essa cautela pode ser um dos motivos do fracasso de um esforço em prol da mudança cultural. Essa situação, então, torna-se a profecia autorrealizável apresentada na Figura 4.1: a falta de compromisso dos funcionários em mudar a cultura da organização pode reduzir a probabilidade de tal mudança ocorrer, o que, por sua vez, reduz a disposição dos funcionários em se comprometer com a viabilização da mudança, e isso reduz o sucesso provável do esforço em prol da mudança, e assim por diante.

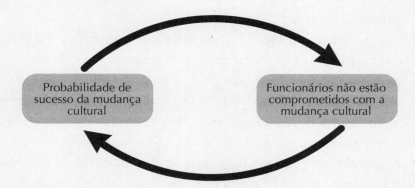

FIGURA 4.1. O compromisso dos funcionários com a mudança cultural e a probabilidade de sucesso dos esforços em prol da mudança cultural

Você pode desempenhar um papel vital para evitar o surgimento dessa "espiral da morte". Isso acontece quando você sinaliza de maneira plausível seu compromisso irreversível com a mudança cultural. No entanto, simples afirmações verbais de que você está "realmente muito comprometido com a mudança cultural" não bastam. Elas continuam sendo apenas "conversa fiada".

Como evitar a espiral da morte

Em vez disso, você precisa fazer como o dito popular: "Ajoelhou, tem de rezar". Uma maneira de fazê-lo é vincular, de forma bastante direta e custosa de reverter, uma história que você constrói para apoiar a mudança cultural com você mesmo no centro dela. Em resumo, você precisa ser o protagonista de sua própria história de mudança cultural. Portanto, essas histórias:

- não podem ser apenas sobre uma figura inspiradora da história ("Os princípios de liderança que aprendi com Abraham Lincoln");
- não podem consistir apenas em anedotas por meio das quais lições de gestão importantes podem ser aprendidas ("Três CEOs entram em um bar…");
- não podem ser histórias inspiradoras sobre outro funcionário da empresa ("Deixa eu contar sobre o atendimento ao cliente exemplar realizado por Jane Doe, da loja de Atlanta…");
- não podem ser apenas declarações enfáticas sobre seu compromisso com a mudança cultural ("Estou bastante comprometido com a mudança cultural. De verdade.");
- não podem ser apenas uma lista de sua visão ou de seus valores ("Meus valores fundamentais são honestidade, integridade e compromisso – igual a todas as outras lideranças empresariais no mundo").

Em vez disso, você precisa fazer algo que construa uma história de mudança cultural.

"Construir" na frase "construir uma história" é um verbo transitivo. Se você não estiver disposto a fazer algo que construa uma história para ajudar a mudar a cultura de sua empresa, então é muito improvável que seus funcionários acreditem que você esteja verdadeiramente comprometido com a mudança cultural. E sem esse compromisso o resultado é a espiral da morte.

Primeiro, analise a história construída por Annette Friskopp, quando ela era uma funcionária nova de uma pequena empresa de alta tecnologia – uma história que teve impacto não apenas na cultura dessa empresa mas também em muitas outras onde ela trabalhou ao longo de sua carreira.

Seja protagonista de sua própria história

História 4.1: Annette Friskopp, na qualidade de vice-presidente executiva de uma empresa de gestão de frotas (nome mantido em sigilo) – "Eu preciso entrar nos barcos"

Meu primeiro emprego depois da faculdade foi em uma empresa de gestão de frotas por satélite. Construíamos e vendíamos sistemas para rastrear e monitorar diferentes tipos de navios e barcos. Quando entrei na empresa, esta era muito nova. Algum investimento havia sido feito, mas as coisas não iam muito bem. Em uma reunião importante, eu estava sentada com o CEO e com outra pessoa que ele havia contratado. Ele proferiu aquele "discurso clássico": "Dê uma olhada para sua esquerda, dê uma olhada para sua direita. Não posso continuar pagando os dois, então um de vocês não estará sentado ao meu lado daqui a três semanas".

Eu imediatamente me levantei e me dirigi à porta. Ainda com a mão na maçaneta, o CEO me perguntou: "Aonde você vai?". Respondi: "Estou perdendo tempo sentada aqui conversando com vocês. Eu sei o que precisamos fazer. Precisamos atrair clientes, precisamos vender, então estou perdendo meu tempo sentada aqui". Caminhei pelo corredor até o departamento de viagens para reservar um voo. "Para onde você quer ir?" Boa pergunta. Eu não sabia ao certo para onde deveria ir para encontrar clientes, só sabia que precisava ir.

Por fim, eu disse: "Eu preciso ir para... para Nova Orleans". Escolhi Nova Orleans porque era o único lugar em que eu conseguia pensar que tinha frotas de barcos. Cresci em uma fazenda em Nebraska e, quando meu pai vendia sua colheita de grãos, ele ia em um grande caminhão até um barco, descia pelo rio Mississippi até Nova Orleans, e os grãos eram colocados em grandes navios e vendidos no mundo inteiro. Assim, eu sabia que havia embarcações lá. Além disso, minha concorrência tinha se concentrado na Costa Oeste, e aquele era um território praticamente virgem.

No voo para Nova Orleans, fiquei mais e mais animada ao olhar para baixo e ver o rio Mississippi, e pensei: "Tem barcos! Tem barcaças! Tem frota de navios!". Então, cheguei a um hotel dilapidado, atirei minhas malas no quarto e me perguntei: "E agora, o que faço?". As Páginas Amarelas! Não havia internet naquela época, então peguei o enorme e desgastado Guia das Páginas Amarelas de Nova Orleans e o coloquei em cima daquela colcha de cama horrível. Fui folheando e pensando: "B, barcos, barcos, barcos". Nos anúncios das Páginas Amarelas tudo que encontrei foram barcos de pesca, barcos de passeio e "Alugue um barco de pesca para o fim de semana".

Parei por um segundo. Não deveria estar procurando em barcos. Deveria estar procurando em barcaças. Folhei as Páginas Amarelas até chegar em barcaças e encontrei anúncios referentes a compra e venda de barcaças, limpeza de barcaças, reboque de barcaças e assim por diante. Então, entendi: meus clientes provavelmente eram as empresas que rebocavam barcaças no Mississippi.

Comecei a ligar para empresas de rebocadores em Nova Orleans. Eu conseguia falar com a telefonista da empresa, e ela perguntava: "Com quem você gostaria de falar?". Eu ficava tipo, hummm, "Quem é o supervisor de suas frotas? Seu gerente de frota?". Ela respondia: "Ah, é o Sr. Fulano. Aguarde um momento e vou transferir você".

Consegui falar com o gerente de frota de cerca de três empresas. Meu discurso foi o seguinte: "Sou da Califórnia e minha empresa tem uma tecnologia interessante para comunicações, que substitui os rádios VHF. Quero entender como vocês usam seus rádios VHF e quais são suas limitações". Lembro-me de um deles dizer: "Claro, minha jovem! Venha fazer uma visita! Adoraria bater um papo com você!". Essa foi minha primeira reunião.

Entrei na sala desse sujeito, em um prédio de escritórios todo envidraçado, e pensei: "Não vou aprender muito sobre como esses rebocadores são operados sentada em uma torre de vidro". Então, basicamente o entrevistei e disse: "Como você administra uma frota de barcos? Como você se comunica com eles para saber quando precisam de suprimentos? Como você fatura o trabalho deles?", perguntei brincando. "Você só fica plantado aqui em seu escritório, observando eles passarem no rio?" Ele perguntou: "Você já navegou no rio?". Respondi que não, e ele: "Você gostaria de navegar?". Respondi: "Claro". Assim, no dia seguinte, fui convidada para viajar em uma barcaça de Baton Rouge até Nova Orleans para ficar mais perto de nossos clientes em potencial.

Se você nunca esteve na cabine de comando de um rebocador no rio Mississippi, acredite em mim, é incrível. Empurramos 800 metros de barcaças amarradas ao nosso barco, que tinha mais de dez mil cavalos de potência em cada um dos motores. Descendo o rio, leva mais de três quilômetros para parar uma dessas massas flutuantes.

Enquanto eu estava com o capitão nessa viagem, comecei a bombardeá-lo com perguntas. "Que tipo de papelada você preenche?", e ele me mostrou uns enormes livros contábeis verdes com instruções diferentes para preencher formulários diferentes – para a entrega e retirada de barcaças. Apontando para uma dessas enormes planilhas verdes, talvez com dois metros de altura e três metros de largura, eu perguntei: "Mas então, o que você faz com todas essas informações? Quando você as envia para o escritório?". Ele respondeu me mostrando: "Bem, quando a planilha está completa, eu a envio para Houston". Aí perguntei: "Quanto tempo demora para completar uma planilha?". Ele falou: "Talvez umas quatro semanas ou algo assim, quando tenho um número suficiente de entregas e retiradas de barcaças". Eu disse: "Quando a cobrança é enviada aos clientes?". Por fim, a resposta foi: "Bem, só depois que a planilha é enviada para Houston".

Depois de alguns dias em Nova Orleans, dirigi até Houston, até a sede da empresa, para ver aonde iam aquelas enormes planilhas verdes. Visitei andares repletos de operadores de dados que digitavam as informações de chegada de barcaças em um sistema Unix antiquado. Em seguida, alguém no departamento de vendas comparava os dados digitados aos contratos de venda – para ver se o que havia sido entregue era o que deveria ter sido entregue e qual era o preço cotado para aquele serviço.

Podia levar até 90 dias entre o momento em que uma barcaça efetuava uma entrega e a emissão da fatura relativa ao pagamento do serviço.

Voltei para a Califórnia e construí um sistema de *software* para gestão de frotas – um sistema de rastreamento para controlar a logística de frota e o faturamento eletrônico. E construímos um *software* de bordo sensível ao toque para que os capitães pudessem arrastar e soltar ícones de barcaças na tela, e registrar entregas e retiradas no sistema ali mesmo, na cabine de comando. A partir daí, as informações eram enviadas por satélite para a sede da empresa e automaticamente comparadas ao contrato de venda apropriado para determinar o preço. Em seguida, uma fatura era gerada em 90 segundos e enviada por Intercâmbio Eletrônico de Dados para o cliente. Esse *software* mudou drasticamente o fluxo de caixa para o setor de barcaças.

Conquistei 90% desse mercado. Todo operador de rebocador e todo operador de barcaça precisavam do *software*, porque, no sistema antigo, grande parte de seu fluxo de caixa ficava presa, esperando pela cobrança. Assim, quando um operador implantava esse *software*, todos os outros precisavam adquiri-lo.

Compartilhei essa história muitas vezes ao longo de minha carreira. Eu a uso para criar expectativas sobre a necessidade de irmos a campo, encontrar os clientes, entender como eles trabalham e como podemos melhorar seus negócios. Quero estimular a curiosidade. Quero que todos os funcionários tenham esse senso de curiosidade para seguir o rastro de papel. O que fazem seus clientes? O que precisam realizar? Como funciona o negócio deles? Podemos melhorá-lo com nossas habilidades? Essa é a mentalidade que pretendo criar.

Então, quando entramos na indústria pesqueira, fiz algo semelhante com as frotas de pesca comercial ao longo da Costa Leste dos Estados Unidos. Passei um tempo nos barcos, por exemplo, para ver como a colheita de vieiras era monitorada. Substituímos os observadores de bordo – sim, pessoas no convés que contavam peixes e sacos – por um sistema de monitoramento de embarcações computadorizado que monitora as pescarias para o Serviço Nacional de Pesca Marinha e tem o benefício adicional de conectar todos os barcos da frota da empresa, por meio de satélites, à sede, para melhorar as comunicações e a logística. Dessa forma, a produtividade da frota como um todo podia ser monitorada, para que ela pudesse recolher tantas vieiras quanto permitido, de acordo com a cota governamental.

Isso é o que quero que meus representantes de vendas e engenheiros façam – não apenas vender o que temos, mas aprender sobre as necessidades e os desafios de nossos clientes e, em seguida, pensar em como podemos usar o que temos para resolver os problemas deles, ou o que podemos criar com o propósito de ajudá-los. Para fazê-lo, precisamos entender os problemas de nossos clientes – necessitamos ir a campo e experimentar o que nossos clientes estão experimentando.

No começo, tudo o que Annette queria era manter seu emprego. E ela sabia que isso significava que não podia ficar flanando pela sede da empresa na tentativa de adivinhar de que seus clientes poderiam precisar. Ela precisava ir a campo, estar com os clientes. E ao audaciosamente ir aonde nenhum homem jamais esteve, Annette começou a criar uma cultura de vendas, a qual lhe foi de grande valia em toda a sua carreira.

Annette poderia ter pedido a um associado de vendas para ir a campo – viajar para Nova Orleans, Baton Rouge, Houston. Mas ela estava protagonizando a própria história.

Cabe também notar que, quando Annette estava fazendo todo esse "ir a campo", ela fazia parte de um contingente muito pequeno de mulheres que trabalhava no setor de gestão de embarcações. Mas ela nunca deixou as suposições das outras pessoas impedi-la de fazer o que ela sabia que precisava ser feito. Sua coragem pessoal para "ir a campo" e encontrar os clientes tornou ainda mais poderosas as histórias que ela estava construindo sobre uma cultura de vendas.

Quando se trata de mudança cultural, ações falam mais alto do que palavras. Não nos entenda mal, suas palavras inspiradoras podem ajudar a explicar e motivar a necessidade de uma mudança cultural – algo que é discutido com mais detalhes no capítulo 8. Mas palavras sem ações são vazias e têm um impacto limitado. A partir do momento em que você começa a "ser a cultura" que está tentando criar, então a mudança cultural pode começar.

Ser protagonista quando as coisas não correm bem

Nem sempre é fácil ser protagonista de sua história de construção de cultura. Isso é muito verdadeiro quando seus esforços em prol da mudança cultural da organização não caminham bem. Considere a experiência de Michael Schultzler em uma *startup*.

História 4.2: Michael Schutzler, na qualidade de fundador e CEO da Freeshop – "Eu escrevi os valores na parede"

Eu tinha 35 anos e estava abrindo minha primeira *startup*. Eu havia lido em algum lugar que, se você quisesse que uma *startup* fosse bem-sucedida, precisava ter uma cultura organizacional forte, e ela precisava se basear em determinados valores. Isso não me pareceu muito difícil, então escrevi uma lista de valores. Anotei cinco e me senti muito alinhado com eles. Eu disse a mim mesmo: "Já dominei essa coisa de cultura; essa lista de valores é o que vamos fazer na empresa em termos de nossa cultura". Então, mandei escrever os cinco valores em uma parede para que fossem facilmente vistos pelos funcionários, ao entrarem pela porta da frente.

Contudo, mesmo nos primeiros dias da minha carreira, desenvolvi o hábito de buscar avaliações, para ver como as coisas estavam indo. Então, perguntei a vários funcionários o que eles achavam da minha lista de valores – confiante de que veriam a sabedoria do que eu tinha feito. Muitas das respostas me surpreenderam: "Você deve saber que essa lista de valores é uma piada". Fiquei chocado. E ofendido. Apontando para a lista, eu disse: "Não! É sincero. Esses são os valores em torno dos quais quero construir a cultura da empresa".

As respostas continuaram a me surpreender: "Tenho certeza de que você realmente quer essas coisas, Michael. Esses são os seus valores. Mas eles não representam nossa empresa. Não vivemos conforme esses valores. Eles não se parecem em nada conosco. Deveríamos escrever naquela parede aquilo que somos, não aquilo que você acha que deveríamos ser".

Esse último comentário foi como um soco no meu estômago – realmente me chamou a atenção. É claro, eles estavam certos. Minha lista de valores era apenas isso – uma lista dos meus valores. Então, começamos a ter algumas discussões sobre quais eram nossos valores reais e quais queríamos que fossem. Apagamos minha lista da parede e começamos a falar sobre "quem somos nós?", "o que nos tornará bem-sucedidos?" e "o que queremos ser para continuarmos a ter sucesso?".

Foram essas discussões que revelaram a verdade sobre onde realmente estávamos e o que pensávamos que precisávamos melhorar para sermos bem-sucedidos no ano seguinte e nos subsequentes.

Essa foi uma lição importante para mim. Por exemplo, um dos valores que coloquei em minha lista era que nos divertiríamos no trabalho. Olha, todos trabalhávamos muito – era uma *startup*. Todo mundo trabalhava cem horas por semana e estava exausto, então eu queria ter certeza de que sempre nos lembraríamos de que estávamos fazendo aquilo porque queríamos e tínhamos que encontrar uma maneira de tornar tudo aquilo divertido, mesmo que o trabalho fosse árduo.

Acontece que "divertir-se no trabalho" não estava no topo da lista de prioridades da maioria dos funcionários. O que eles disseram é que estavam fazendo tudo aquilo para levar nossa empresa a abrir o capital em bolsa. Eles queriam ganhar muito dinheiro. Sim, eles eram empreendedores e queriam mudar o mundo, mas queriam ficar ricos enquanto o faziam.

Além disso, cada um tinha uma maneira diferente de se divertir. Alguns gostavam de jogar basquete, outros de cozinhar com um amigo, e assim por diante. Então, para muitos de nossos funcionários, se divertir no trabalho não era muito importante. Eles não queriam que a empresa desperdiçasse tempo tentando inserir "diversão" em suas vidas em vez de se concentrar em abrir o capital.

O que eles disseram foi que vencer – definido como levar a empresa a abrir o capital – era muito importante para eles. Concordavam que ganhar dessa forma poderia ser divertido. Então, se vencer fosse um valor central da cultura da empresa, eles poderiam se comprometer com isso – e quando vencêssemos, seria divertido. Porém, o divertimento em si não era um valor central.

Ao reconhecer o próprio erro, Michael construiu uma história que mostrava humildade e disposição para aprender. Suponha que alguém que não fosse Michael, o CEO, tivesse elaborado essa lista de valores. Ela teria gerado o mesmo tipo de impacto criado pela lista de Michael? Provavelmente não. No entanto, foi Michael quem concebeu aquela lista, e foi ele quem descobriu seu erro, e foi ele quem rapidamente o corrigiu. E por Michael estar protagonizando a própria história, o impacto dela na cultura da *startup* foi substancial.

Como assumir a responsabilidade pelo fracasso de um produto

A experiência de Michael sugere que os erros de um líder empresarial podem ser uma fonte importante de histórias que mudam a cultura. De fato, vimos isso em outras histórias também, incluindo a de Manoel Amorim (História 1.1), em que um problema na prestação de um serviço foi usado para construir uma história, e a de Carl Thong (História 3.4), em que a reação precipitada de um líder empresarial a um subordinado foi usada para construir uma história de mudança cultural.

Outro líder empresarial que entrevistamos compartilhou uma história que mostrou como assumir a responsabilidade pelo fracasso de um produto ajudou a construir uma cultura de responsabilidade em sua fábrica.

> **História 4.3: Diretor de produção de uma empresa transnacional enorme –**
> **"Como assumi a responsabilidade por meus erros"**
>
> Eu era gerente de uma fábrica em uma das filiais da empresa na América Latina. Ela produzia um produto de limpeza – uma marca local – com grande penetração no mercado. Surgiu a ideia de estender essa linha de produtos por meio da incorporação de um benefício adicional a um deles. Uma equipe pequena concluiu que a mudança poderia ser feita de forma relativamente fácil e rápida. Todos concordaram, e lançamos um produto reformulado no mercado.
>
> Duas semanas após o lançamento, nossos distribuidores devolveram o produto novo. Ao abrir a garrafa, ele cheirava mal. Apesar da realização de testes de estabilidade e da validação da nova formulação, a fórmula estava errada. Estava claramente desequilibrada.
>
> Quando o produto começou a ser devolvido, e estava obviamente imprestável, passamos os primeiros dias tentando atribuir, e evitar, a culpa – havia sido a função comercial ou a função técnica que causara o problema; havia sido o custo e o momento de lançamento do produto ou a robustez da fórmula?

Depois de conviver algum tempo com essa mentalidade de acusação, eu estava em meu escritório, olhando para uma garrafa do produto. Virei-a e li, no rótulo de trás, que ele tinha sido produzido naquela fábrica. Minha reação imediata foi – quem é o gerente da fábrica? Sou eu! Então, quem é o responsável? Sou eu! Não importa quem tenha sido o culpado, quem cometeu o erro. A verdade é que aquela era a minha fábrica, e eu era o responsável.

Assim que percebi isso, decidi que precisava liderar a solução do problema. Então, peguei o telefone e liguei para nossa sede regional. Falei com os responsáveis comerciais e técnicos: "Temos um problema, o problema aconteceu em minha fábrica, e eu sou responsável. Precisamos retirar o produto das lojas, descartá-lo de forma ambientalmente correta, reformulá-lo e depois reintroduzi-lo. Nossas operações são muito pequenas e não temos os recursos para fazer tudo isso. Vocês podem nos ajudar? Podem nos enviar as pessoas de que precisamos?".

Continuei: "Depois de resolvermos isso e voltarmos a produzir um ótimo produto, vamos entender as causas mais importantes desse problema. Vamos aprender sobre elas para que isso nunca mais se repita. Mas não estou interessado em saber quem é o culpado pelo erro. E eu já sei quem é responsável por isso – sou eu. Então, vamos trabalhar e resolver o problema e garantir que nunca mais aconteça".

Assumir a responsabilidade que acompanha a gestão de uma organização é uma característica essencial de toda operação bem-sucedida com a qual já estive associado. Meu emprego mais recente envolveu coordenar as cadeias de suprimentos de todas as fábricas da empresa no mundo inteiro. Se, na organização, alguém fez uma previsão errada e acabamos ficando com um estoque inchado, não importa quem a fez – você é o dono do estoque, então a responsabilidade é sua. Se fizeram a previsão errada e você não tem tudo o que precisa para atender aos clientes, não importa quem a fez – você controla a capacidade, então a responsabilidade é sua.

Quando assumimos a responsabilidade, desperdiçamos menos tempo tentando descobrir quem é o culpado por um erro e mais tempo corrigindo-o e garantindo que ele nunca mais se repita.

Esse líder empresarial estava fazendo uma declaração clara sobre o tipo de cultura que desejava em sua fábrica: ele não toleraria mais uma cultura de colocar a culpa em outra pessoa e só aceitaria pessoas que assumissem a responsabilidade pelas próprias ações.

No entanto, a história tornou-se mais verossímil, porque, em vez de simplesmente pedir às pessoas que assumissem a responsabilidade por suas ações, ele assumiu a responsabilidade. Ao protagonizar a própria história, esse líder empresarial construiu uma narrativa que teve um impacto profundo na cultura de sua fábrica.

E, a propósito, a versão extrassuave do produto de lavagem de louças tornou-se um campeão de vendas naquele mercado.

Você é o protagonista, mas não faça tudo sozinho

Para você dar o exemplo de como a cultura nova pode ser, você precisa ser essa cultura nova. Isso inevitavelmente significa que você precisa protagonizar as histórias de mudança cultural que constrói. No entanto, ao mesmo tempo, você não pode construir essas histórias sozinho. Será útil se outros estiverem com você para verem o seu exemplo e entenderem as implicações de suas ações para a cultura que está tentando criar. Você é o protagonista, mas precisa ter coadjuvantes que possam contar e recontar a história que está construindo.

Alberto Carvalho, líder da divisão Gillette da Proctor & Gamble, entendeu isso quando tentou mudar a cultura de desenvolvimento de produtos naquela empresa.

> **História 4.4: Alberto Carvalho, na qualidade de vice-presidente de Negócios Globais Gillette na Procter & Gamble – "Estou indo para a Índia"**
>
> Quando comecei a trabalhar na Gillette, fiquei responsável pelos mercados emergentes – por todos os países da África, da América do Sul, da Ásia e assim por diante. Não demorou muito para perceber que, na verdade, nosso desem-

penho nesses mercados era bastante fraco. Em alguns países nossa participação no mercado era muito baixa, e a lucratividade bastante limitada. Para mim, recém-chegado à empresa, era fácil ver qual era o problema: nossa empresa estava voltada para a tecnologia. Estávamos muito distantes do consumidor, sobretudo nos mercados emergentes.

Por exemplo, nosso modelo de operações era produzir o melhor produto possível com nossa tecnologia mais atual. Isso demorava vários anos e, depois que o produto estava desenvolvido, cabia ao setor de *marketing* comercializá-lo. Às vezes, o *marketing* não sabia nada sobre o produto novo até seis meses antes de seu lançamento!

A forma como esses produtos novos chegavam aos mercados emergentes era a seguinte: primeiro, projetá-los para atender às exigências dos mercados mais desenvolvidos; depois, vendê-los lá e, após alguns anos, começar a vendê-los nos mercados emergentes – onde nossa experiência nos dizia que eles não vendiam muito bem. Para reverter essa situação, precisávamos desenvolver um produto voltado para os consumidores de baixa renda, o tipo de consumidores que víamos na Índia e em outros mercados emergentes. Quando sugeri essa abordagem à minha equipe, eles disseram que a empresa já havia feito isso, sem sucesso. Pedi mais informações.

A Gillette havia desenvolvido um produto especificamente dirigido ao mercado indiano chamado Vector. Ele não estava vendendo bem, e a avaliação dos compradores do produto era muito negativa. Por exemplo, eles reclamavam que o aparelho de barbear entupia com muita frequência, embora houvesse um dispositivo de plástico no produto para facilitar a limpeza.

Perguntei: "Como vocês testaram esse produto?".

"Fomos ao MIT em Cambridge, Massachusetts, onde há muitos estudantes indianos, e distribuímos uma grande quantidade desses produtos. Esses estudantes indianos então os testaram e conferiram notas de aprovação muito altas. Então, com base nesses resultados altamente positivos, decidimos lançá-lo na Índia. Mas ele nunca vendeu bem lá.

Em poucas semanas, reservei um voo para a Índia. Divulguei a decisão para toda a minha equipe executiva. "Vou para a Índia passar uma semana observando como os homens indianos se barbeiam."

Essa decisão causou um grande alvoroço na empresa. "Você é presidente desta divisão. Você não deveria ir. Deixe conosco. Podemos enviar nosso pessoal de P&D e desenvolvimento de mercado." Eu disse a eles: "Não. Eu quero ir até lá e ver com meus próprios olhos como eles fazem a barba. Então, entenderei nossas oportunidades de mercado".

Naturalmente, depois que decidi ir, várias pessoas quiseram me acompanhar. Então, no final, levei uma equipe grande nessa viagem – duas pessoas de P&D, duas de *marketing*, uma de engenharia, uma de suprimento de produtos e duas do laboratório de desenvolvimento no Reino Unido.

As pessoas do Reino Unido estavam especialmente confusas sobre a necessidade dessa viagem à Índia. "Não entendemos por que você precisa ir até lá. Há muitos indianos em Londres com quem podemos conversar".

Respondi: "Sabemos muito pouco sobre a Índia e sobre como os homens lá fazem a barba, e nunca saberemos se não sairmos de Londres". Então, viajamos para a Índia. Começamos a contatar possíveis consumidores, indo à casa deles às cinco da manhã para observar como faziam a barba e para fazer perguntas-chave relacionadas a esse momento. A maioria dessas visitas ocorreu em áreas de baixa renda.

O que descobrimos é que muitas dessas casas de baixa renda compartilhavam apenas um banheiro – talvez trinta ou mais casas compartilhavam um banheiro. Então, a maioria dos homens, nesses ambientes, não se barbeava no banheiro coletivo. Em vez disso, usavam cômodos em suas próprias casas para se barbear, e a maioria desses cômodos não tinha nem luz nem água corrente. Tudo o que tinham era um pequeno espelho pendurado na parede e um copo de água. Nem sequer tinham um lugar para guardar o aparelho de barbear.

Obviamente, esses homens não podiam gastar muito dinheiro em aparelhos de barbear. Contudo, já entendíamos isso de certa forma. Na verdade, algumas pessoas de engenharia e finanças nos disseram que nossa viagem para a Índia seria fútil: "Não adianta ir lá. Sabemos que precisam de um produto mais barato. Não somos capazes de fazer um produto assim. Não temos plataformas para fazer produtos tão baratos".

No entanto, a questão não era apenas o preço do produto que estávamos vendendo. Acontece que tínhamos o produto errado, independentemente do preço.

A maioria dos indianos que testaram nosso produto Vector nos Estados Unidos e em Londres se barbeava em seus próprios banheiros, com água corrente. Então, eles podiam usar a pressão da água corrente para limpar as lâminas. Mas muitos homens na Índia não tinham esse luxo e, em vez disso, sacudiam o aparelho para frente e para trás em um pequeno copo de água para limpá-lo. Não é de admirar que o Vector entupisse tão facilmente!

Os homens dos Estados Unidos e do Reino Unido gostavam de corte de barba muito rente e, portanto, buscavam um aparelho de barbear com várias lâminas para obter esse efeito. A maioria dos homens na Índia só queria se barbear para ficar com uma aparência boa durante a primeira metade do dia. Além disso, os homens dos Estados Unidos e do Reino Unido, em geral, tinham um espaço para guardar seus aparelhos, muitas vezes na caixa em que eram embalados e vendidos. Os homens na Índia não tinham um espaço desse tipo. Em vez disso, penduravam o aparelho em um pequeno prego, ao lado do espelho que usavam para se barbear. Mas o Vector não tinha um furo no cabo, o qual poderia ser usado para pendurá-lo na parede. Dá para acreditar? – não tinha um furo no cabo.

Em resumo, por não entendermos como os homens se barbeavam na Índia, não entendíamos o produto de barbear de que precisavam. Uma vez que não entendíamos o produto de que precisavam, tentamos vender o produto errado para eles. E por não achar que conseguiríamos fazer um produto que competisse com base no preço, tentamos vender o produto errado a um preço alto. Por todas essas razões, estávamos fracassando no mercado indiano e – o que é mais importante – não tínhamos ideia do tamanho da oportunidade que realmente existia naquele mercado.

Voltando da Índia, a equipe se reuniu no avião. Primeiro, concluímos que as oportunidades naquele país – com o produto certo vendido pelo preço certo – seriam enormes! Então, nos comprometemos a projetar um novo aparelho de barbear – apenas as partes essenciais, uma lâmina, fácil de limpar mesmo sem água corrente e com um furo no cabo – por um terço do custo do aparelho de barbear mais barato da Gillette. Precisávamos reduzir o custo tanto assim para chegar a um preço de varejo compatível com aquele mercado.

Para encurtar a história, começamos a desenvolver e testar um novo aparelho de barbear que seria vendido a um preço inferior ao de qualquer concorrente na Índia. Foi um grande sucesso. Em poucos anos, passamos de quase 0% de participação de mercado para 18%. Mais de 100 milhões de homens indianos compraram o produto nos primeiros dois anos após seu lançamento.

Mas essa história não dizia respeito apenas à venda de mais aparelhos de barbear na Índia. Ela pretendia transformar a forma como os produtos eram desenvolvidos na Gillette. A primeira viagem que fizemos para nos aproximarmos dos consumidores causou um grande alvoroço na empresa. Para nossa segunda viagem, a maioria das pessoas que foi na primeira realmente queria se envolver no processo. Na terceira viagem, dois vice-presidentes, cada um com responsabilidade por uma parte da Gillette, foram. Eles nunca haviam ficado tão perto de consumidores reais, e tiveram a chance de ver aqueles homens se barbeando.

Com o tempo, fui convidado a compartilhar essa abordagem centrada no cliente para o desenvolvimento de produtos em toda a empresa. Claro, o desenvolvimento tecnológico continua sendo importante na Gillette. Mas, hoje em dia, desenvolver uma compreensão dos consumidores e de suas preferências é o ponto de partida.

Claramente, Alberto protagonizou a própria história. Na verdade, em outra parte de sua entrevista, ele observou: "Poderíamos ter pedido a um estagiário para escrever um relatório com uma descrição da maneira como os homens indianos se barbeavam na realidade. Mas isso provavelmente não teria tido o mesmo impacto do que minha ida, junto de minha equipe, à Índia e nós mesmos termos experimentado aquilo". Para Alberto, a mudança cultural não era um esporte para espectadores.

Ele poderia ter ido à Índia sozinho, ou apenas com um grupo pequeno de pessoas que já apoiavam suas ideias. Em vez disso, escolheu ir com grande parte de sua equipe, incluindo várias pessoas que estavam céticas quanto à empreitada. Foi uma escolha arriscada da parte dele. Afinal, poderiam ter ido à Índia e não ter feito nenhuma descoberta útil sobre o mercado indiano e seus produtos. A viagem poderia ter se revelado improdutiva. Como tantas outras histórias de mudança cultural apresentadas neste livro, a de Alberto criou vulnerabilidade para ele pessoalmente.

No entanto, ao levar sua equipe consigo, e sobretudo ao integrar os céticos na comitiva, ele estava no processo de promover uma mudança fundamental na cultura da Gillette. Todos eles passaram a entender o consumidor indiano, e todos se tornaram agentes de mudança quando voltaram para casa e enfrentaram o ceticismo daqueles que ainda operavam de acordo com a cultura antiga, voltada para a tecnologia. No final, essa primeira viagem levou a outras viagens, que levaram a mais mudanças e desenvolvimentos até a cultura da Gillette ser transformada.

Como personificar a cultura

Conceitos como valores, crenças e normas – os elementos básicos da cultura organizacional – podem ser abstratos e difíceis de operacionalizar. Você pode dizer as palavras, mas o significado dessas palavras – como elas de fato afetam a tomada de decisão em sua organização – nem sempre é claro. Isso é verdade se você estiver mudando a cultura atual ou tentando construir uma da estaca zero.

Essa é outra razão pela qual os líderes empresariais precisam protagonizar as histórias que constroem. Seus funcionários observam o que você faz com muita atenção – provavelmente mais do que imagina. Quando você se envolve em atividades que personificam o que, de outra forma, poderia ser visto como aspectos abstratos da cultura, seus funcionários veem essas ações e passam a ter uma melhor compreensão do tipo de cultura que você está tentando criar.

Claro, outras pessoas em sua organização também podem estar envolvidas com tais comportamentos, e você pode chamar a atenção para as ações delas que também sejam consistentes com a cultura. Mas o maior impacto na mudança cultural ocorre quando você – o líder – envolve-se em ações que personificam a cultura que está tentando criar. Então, as pessoas prestarão atenção.

Jamie O'Banion – ex-modelo e fundadora de uma empresa bem-sucedida de cuidados com a pele – foi literalmente a protagonista das iniciativas de *marketing* de sua empresa. Ela participava pessoalmente de programas apresentados em redes de compras televisionadas ao redor do mundo para vender os produtos para os cuidados com a pele de sua empresa. Mas os valores essenciais que ela tentava incorporar à empresa – verdade, beleza e empoderamento – eram bastante abstratos, até a sua viagem ao Reino Unido.

História 4.5: Jamie O'Banion, na qualidade de CEO e fundadora da Beauty Biosciences LLC – "Sofri um corte no meio da sobrancelha"

Eu fui mesmo criada, desde criancinha, na indústria de cuidados com a pele na qual trabalho agora. Meu pai é médico. Ele era anestesista e ficou muito interessado em dermatologia e bioquímica; quando eu era muito jovem, tornou-se dono de um dos principais laboratórios de cuidados com a pele dos Estados Unidos. Eu sempre amei química. Sempre amei ciência. Adorava passar tempo com meu pai no laboratório, sentada atrás de um microscópio, observando.

Então, no final da minha adolescência, uma das minhas melhores amigas me inscreveu no concurso de Miss Texas Adolescente. Nem sabia que o evento existia, mas acabei vencendo. Isso me colocou numa trajetória de mais de uma década como modelo comercial de mídia impressa. Durante esse tempo, trabalhei com os principais maquiadores do país em diferentes sessões de fotos e sempre fazia perguntas do tipo "Por que você usa esse creme?" e "O que você gosta nesse produto e nessas técnicas diferentes?".

Assim, cheguei à indústria de cuidados com a pele com duas habilidades bastante distintas: um interesse e um amor profundos pela ciência dos cuidados com a pele e a experiência prática nesse setor que aprendi com esses maquiadores de excelência.

Com esse histórico, comecei a BeautyBio. Lançamos a empresa com um foco na verdade e na beleza. Há um letreiro néon com essas palavras em nossa sala de reunião principal – "verdade" e "beleza". E, na parede da entrada principal de nossos escritórios, há outra palavra que ajuda a definir nossa cultura: "empoderamento". Tudo na BeautyBio se resume a fornecer verdade e beleza – de fato, somos uma marca focada em educação. Existe tanta informação contraditória sobre os cuidados com a pele hoje em dia que, se pudermos ajudar os consumidores, de forma verossímil, a decifrar essas informações e ajudá-los a fazer escolhas informadas, eles passarão a confiar em nós, mesmo que não estejam procurando por nossa marca. Verdade e beleza ajudam a empoderar nossos consumidores e funcionários.

Uma grande parte de nossas vendas é feita nos canais de compras domésticas, como a Home Shopping Network (HSN) – onde começamos – e agora a QVC (que adquiriu a HSN). Eu represento a marca nesses programas, e temos alcançado um grande sucesso nesses canais em todo o mundo. Isso pode resultar em roteiros de viagem insanos para mim. Em uma viagem particularmente relevante, fui da Alemanha para o Reino Unido, para a Itália e para a França em três dias, com programas de televisão ao vivo em cada dia. Estávamos lançando produtos na QVC na Alemanha – em horário nobre, o que é muito importante para nós. Depois, fui para a QVC do Reino Unido, na manhã seguinte – um programa de 24 horas onde eu apresentaria nossos produtos a cada duas horas durante 24 horas.

Voltei para o hotel às 22h, trabalhei em algumas outras coisas e olhei para o relógio – eram 1h04min. O motorista chegaria para me buscar às 4h30min, então decidi que precisava dormir um pouco.

Eu estava de roupão e corri para verificar se a porta da frente da minha suíte estava trancada. A entrada do quarto estava totalmente escura. Eu não conseguia enxergar nada e, enquanto ia confirmar se tinha trancado a porta da suíte, esbarrei violentamente na lateral da porta do banheiro que estava parcialmente aberta. Fiz um corte no meio da sobrancelha. Assim que aconteceu, sabia que precisaria levar pontos – o sangue jorrava por toda parte.

Mas eu ia aparecer na televisão ao vivo mais tarde naquele dia. Para vender produtos de beleza. Com um corte gigantesco na sobrancelha e, imaginei, um olho roxo e um rosto machucado. Primeiro achei que não poderia aparecer na televisão ao vivo, vender produtos de cuidados com a pele parecendo que tinha perdido uma briga!

Então me lembrei das palavras que falamos tanto na empresa: verdade, beleza e empoderamento. A verdade é que coisas ruins acontecem com todo mundo – todos nos deparamos com portas reais ou metafóricas o tempo inteiro. Todos nós sofremos cortes nas sobrancelhas durante a vida. Mas nada disso afeta nossa verdadeira beleza interior. Nada disso muda nosso valor fundamental como seres humanos. Essas ideias me empoderaram – fizeram-me sentir que não havia problema em aparecer na televisão ao vivo – no dia seguinte.

Comecei cada segmento falando sobre meu acidente – embora estivesse óbvio que eu tinha tido um problema. Mas usei a oportunidade para falar sobre verdade, beleza e empoderamento – os valores fundamentais de nossa empresa. E claro, naquele dia, eu não parecia a porta-voz clássica de nossa marca de maquiagem. Mas eu estava modelando o que ela representa – verdade, beleza e empoderamento. E as vendas dispararam.

Até hoje, sempre que alguém pergunta sobre o que "verdade, beleza e empoderamento" significam para a BeautyBio, os funcionários contam essa história sobre como eu sofri um corte no meio da minha sobrancelha e mesmo assim vendi produtos de beleza na televisão ao vivo.

Conclusão

Se você deseja construir uma história que mude ou crie uma cultura organizacional, construa uma na qual você seja protagonista. Não se trata de alimentar o próprio ego. Trata-se de protagonizar a própria história, porque isso dá credibilidade a ela. Também ajuda os outros a construírem as próprias histórias, nas quais eles também serão protagonistas. Isso, por sua vez, ajuda a criar uma "cascata de histórias" em sua organização que, por fim, muda sua cultura.

Afinal, você não pode delegar o início da mudança cultural. Ela precisa começar com você. No entanto, ao virar protagonista da própria história, você aumenta as probabilidades de que ela ganhe importância e seja verossímil e passível de ser posta em prática. Nossa pesquisa mostra que protagonizar a própria história é um dos determinantes mais significativos para saber se ela gerará a mudança cultural que você busca.

Considere outro exemplo histórico.[1] Mohandas Gandhi nasceu em 2 de outubro de 1869, na cidade litorânea de Porbandar, na Índia. Formado em direito em Londres, mudou-se com a esposa e os filhos para a África do Sul para exercer sua profissão. Após 21 anos nesse país – onde desenvolveu seus métodos de não violência ativa –, mudou-se para a Índia. Lá, tornou-se um dos líderes do movimento pela independência indiana.

Enquanto estava na Índia, Gandhi participou de uma série de campanhas organizadas de "não cooperação". Tomadas em conjunto, elas tiveram um efeito muito pequeno sobre a política britânica com relação à Índia. Em meados da década de 1920, Gandhi buscou outra campanha por meio da qual pudesse motivar o povo indiano.

Durante a maior parte de seu domínio sobre a Índia, os britânicos detiveram o monopólio da produção e da venda de sal. Não surpreende que essa substância vital fosse cara e escassa – muitos indianos mais pobres não tinham como obter o sal necessário para uma dieta saudável. Gandhi decidiu fazer um desafio simbólico a esse monopólio e, dessa forma, um desafio ao domínio britânico sobre a Índia.

Para tanto, liderou uma marcha desde sua casa, em Ahmedabad, até o mar, em Dandi, no estado de Gujarat, onde fabricaria sal em desafio à proibição britânica. Em 12 de março de 1930, ele partiu com 78 voluntários – quando tinha 61 anos – em uma caminhada de 388 quilômetros. À medida que caminhava, multidões começaram a segui-lo. Em 6 de abril, milhares tinham se juntado a ele na praia em Dandi para vê-lo fabricar uma pequena quantidade de sal.

---

1 Cf. GUHA, R. *Gandhi*: The Years that Changed the World. Nova York: Knopf, 2018. Gandhi descreve sua abordagem à mudança social e cultural com as próprias palavras em: GANDHI, M. *Autobiografia*: minha vida e minhas experiências com a verdade. São Paulo: Palas Atena, 2005.

A Marcha do Sal de 1930 atraiu a atenção de milhões de cidadãos indianos e é amplamente reconhecida como tendo revitalizado o movimento pela independência indiana. Ela demonstrou de modo brilhante que o domínio britânico sobre a Índia tinha seus limites e como a não cooperação ativa e não violenta poderia colocar esses limites sob os holofotes. A independência indiana demorou muitos anos, mas acabou acontecendo. E a marcha de Gandhi para o mar foi um ponto de virada importante nesse processo.

Observe, no entanto, que mesmo aos 61 anos Gandhi percorreu os 388 quilômetros até o mar. Em média, ele andou um pouco menos de 15 quilômetros por dia, durante 26 dias. Ele não pediu para alguém caminhar por ele, embora tenha pedido a muitos para acompanhá-lo. A fim de construir uma história para ajudar a mudar a forma como a Índia era governada, Gandhi precisou protagonizar a própria história.

Você está disposto a "caminhar até o mar", da mesma maneira que Gandhi, para mudar a cultura de sua organização?

5

Histórias que rompem com o passado e apontam um caminho rumo ao futuro

Os dois primeiros atributos das histórias bem-sucedidas de mudança cultural que identificamos – autenticidade e ter o líder empresarial como protagonista – têm a ver com o contexto e a estrutura de uma história de mudança cultural. O contexto é: ela precisa refletir os verdadeiros valores e crenças básicos de um líder empresarial. A estrutura é: ela precisa ter o líder empresarial como protagonista. Em nossa pesquisa, não encontramos exemplos bem-sucedidas de mudança cultural que não incluíssem esses dois atributos essenciais.

No entanto, por mais importantes que sejam o contexto e a estrutura, a história que você constrói para mudar uma cultura também precisa ter conteúdo. A mudança cultural envolve, em essência, um rompimento com padrões de pensamento, ação e resposta profundamente enraizados e sua substituição por padrões novos. Assim, as histórias que você constrói para mudar a cultura de sua organização devem deixar claro quais padrões específicos de pensamento, ação e resposta não são mais aceitáveis e quais serão os padrões novos. Em outras palavras, sua história precisa identificar uma ruptura clara com o passado cultural e apontar um caminho rumo aos novos padrões culturais que você considera fundamentais dali para frente.

Como chamar a atenção de seus funcionários ao romper com o passado

Os valores, normas e crenças que compõem uma cultura podem ficar tão enraizados em uma empresa, que se tornam hábitos. Agimos de maneira condizente com uma cultura porque nem conseguimos pensar em nos comportar de maneiras inconsistentes com ela. Em sua expressão mais extrema, talvez até nos falte uma linguagem para descrever comportamentos que sejam inconsistentes com uma cultura enraizada.

Na História 4.4, por exemplo, os funcionários da Gillette não tinham uma linguagem para a elaboração de produtos que incluísse o desenvolvimento de uma compreensão clara do consumidor. Compreender nunca fez parte da conversa – até a primeira viagem à Índia. Na História 1.1, os executivos graduados da Telesp não sabiam o que significava o atendimento ao cliente na prática, até serem obrigados a usar a mesma central de atendimento que os clientes regulares. Já na História 3.3, a transparência gerencial era bastante desconhecida nessa divisão da ADM, até o novo líder modelar uma maneira inteiramente nova de interagir com seus colegas.

Na medida em que se comportar de maneiras condizentes com uma cultura estabelecida pode virar um hábito, até mesmo inconsciente, uma história de mudança cultural precisa chamar a atenção dos executivos para esse comportamento. Isso é feito por meio da emissão de uma declaração clara de que alguns aspectos da cultura enraizada deixarão de ser aceitáveis daquele momento em diante.

Às vezes, uma história que chama a atenção pode ser construída após um incidente pequeno – tão pequeno quanto trancar a porta para impedir a entrada de um colega que quase sempre se atrasa.

História 5.1: Dennis Robinson, na qualidade de CEO de um importante local para esportes e lazer – "Locaute de um executivo graduado"

Quando comecei a trabalhar como CEO, um dos membros mais graduados da minha equipe de gerência era especialista em suas funções, mas não era um bom líder ou comunicador. Ele sempre mantinha uma postura desafiadora e era regular e desnecessariamente argumentador, sempre contradizendo seus funcionários e nunca parando para ouvir. Para piorar, ele sempre se atrasava – parecia que queria se atrasar para fazer as pessoas esperarem por ele. Acho que ele pensava que chegar tarde mostrava a seus subordinados quem estava no comando.

Não surpreende que as pessoas não estivessem satisfeitas. Eu sabia que teria que trabalhar com ele para que aprimorasse suas habilidades de liderança e escuta, bem como sua inteligência emocional. Decidi começar com a questão da pontualidade. Eu lhe disse: "Minha expectativa é que todos cheguem às reuniões pontualmente. Se há dez pessoas em uma reunião e você chega cinco minutos atrasado, você está sendo desrespeitoso e acaba de desperdiçar 50 minutos do tempo de seus colegas". Ele concordou em chegar na hora.

Então, chega a primeira reunião do ano. Começa às 9h, e ele não está presente. Fechei a porta, tranquei-a e comecei a reunião. Cerca de cinco ou dez minutos depois, há uma batida na porta. Alguém falou: "Deve ser...". Eu disse: "Sim. Provavelmente é. Vamos continuar". Continuamos a reunião por cerca de dez minutos, enquanto ele esperava no corredor. Finalmente, abri a porta e o deixei entrar. Todos olharam ao redor da mesa com olhos arregalados, mas eu não disse uma palavra. Ele se sentou e continuamos a reunião. Foi a última vez que ele se atrasou.

Tenho um bordão simples quando se trata de construir uma equipe de liderança: "Não tolero imbecis". Eu disse aos meus funcionários: "Estamos aqui para colaborar na resolução de problemas. Quero suas melhores ideias. Quero que vocês discordem, mas queremos fazer isso de uma forma colaborativa, respeitosa, em que as pessoas ouvem e aprendem umas com as outras. E quero que vocês apreciem o trabalho e as pessoas com quem trabalham". Eu disse a eles diretamente: "Se vocês não puderem agir dessa forma, então devem encon-

> trar algum outro lugar para trabalhar". Foi simples assim. No final, tivemos uma equipe executiva sênior maravilhosa e dedicada, e realizamos alguns dos maiores eventos do mundo.

Suspeitamos que poucas pessoas tenham novamente se atrasado para uma das reuniões de Dennis. O simples ato de trancar a porta demonstrou uma ruptura clara com o passado e apontou um caminho rumo ao futuro – um futuro em que os funcionários valorizam o tempo uns dos outros.

Como apontar um caminho rumo ao futuro

A forma como essa e as outras histórias que já vimos criam uma ruptura tão clara com o passado sugere uma razão por que, às vezes, a mudança cultural é tão difícil. Claro, alguns de seus funcionários verão as mudanças culturais que você está sugerindo como "uma baforada de ar fresco".

Muitos outros olharão para você como se tivesse um buraco na testa.

Para esse último grupo de funcionários, o que você está sugerindo é nada menos que dinamitar a forma como trabalharam juntos ao longo de anos. Você está pedindo a eles que substituam seus cérebros antigos por novos. Isso é tão doloroso quanto parece.

Por esse motivo, em geral não basta que sua história rompa com o passado – embora isso seja essencial. Sua história também precisa apontar um caminho rumo ao futuro. Como veremos, isso não significa que você tenha que ter esse futuro todo definido em detalhes antes de começar a mudar a cultura. Na verdade, se você planejar muitos detalhes do futuro cultural com antecedência, estará essencialmente eliminando a oportunidade para seus funcionários criarem esse futuro com você. Esse processo de criação conjunta ajuda as pessoas a entenderem a cultura nova que está sendo criada e aumenta o grau de compromisso delas com a cultura nova que estão ajudando a criar.

Portanto, uma história impactante de mudança cultural precisa equilibrar a necessidade de romper com o passado com a necessidade de apontar para um caminho rumo ao futuro – sem predeterminar muito dessa cultura futura. Equilibrar esses elementos de uma história de mudança cultural pode ser difícil, mas considere os exemplos a seguir.

Como construir juntos a nova cultura de encantamento do consumidor

> **História 5.2: Melanie Healey, na qualidade de vice-presidente e gerente-geral da Procter & Gamble para Cuidados Femininos na América do Norte – "Como aprendi a encantar o cliente"**
>
> Fui a primeira mulher convidada para comandar a unidade de cuidados femininos na América do Norte da P&G. A unidade enfrentava dificuldades. As vendas e os lucros haviam caído significativamente, e fui chamada para reverter essa situação. Uma das minhas muitas observações ao assumir o cargo foi que a equipe não apenas carecia de diversidade de gênero e etnia, mas também estava focada demais no aspecto funcional dos produtos e não o suficiente no conforto, na sensação que proporcionavam e no *design* deles. Estava claro para mim que tínhamos perdido nossa paixão por atender às necessidades e aos desejos de nossas consumidoras.
>
> A primeira coisa que fizemos foi mudar a equipe para se tornar mais diversificada, mais conectada com as consumidoras e seus desejos por produtos e experiências que não apenas funcionassem melhor, mas que também as fizessem se sentir valorizadas. Considerei isso quase um chamado – minha missão era melhorar as experiências das mulheres com nossos produtos, a ponto de eles as encantarem. Precisávamos ajudar a transformar a transição de uma menina em mulher em um evento positivo em suas vidas, assim como os meninos se sentem quando fazem a barba pela primeira vez. Se fizéssemos isso da forma correta, as mulheres poderiam se sentir mais confiantes e mais empoderadas para enfrentar qualquer coisa em suas vidas. Isso se tornou meu propósito e minha missão, e o objetivo era inspirar a organização a se sentir do mesmo jeito.

E assim começou a jornada. Nosso primeiro passo foi fazer um mergulho em todas as nossas pesquisas e em nossos dados internos. Passamos também muito tempo com consumidoras de 12 a 55 anos para entender seus desejos, necessidades e anseios por um produto ideal. Nosso objetivo era criar produtos que não apenas funcionassem, mas que também as encantassem. Um de meus exemplos favoritos, que eu usava para inspirar nossa equipe, eram os curativos da Vila Sésamo comercializados pela J&J. Se uma criança caísse e ralasse o joelho e tudo o que você tivesse fosse um curativo comum, era provável que ela continuasse a chorar. O aspecto funcional da situação havia sido resolvido, mas não o lado emocional. Apenas um curativo da Vila Sésamo tinha esse poder. Então, comecei a questionar: onde estava o efeito Vila Sésamo em nossos produtos?

Um dos exercícios que fizemos com nossa equipe, juntamente com consumidoras, foi apresentar exemplos de nossos produtos, de produtos concorrentes e de outras categorias que abraçavam tanto os atributos funcionais de um produto quanto os elementos de *design*. Ficou claro para todos nós que, quando passados ao redor da mesa, os produtos que todas elas mais queriam eram aqueles que, além de funcionar, sobretudo as faziam se sentir melhor ao usá-los. Esse exercício ajudou muito nossa equipe a entender a importância de trazer esse aspecto de encantamento cotidiano para nossos produtos não apenas na "segunda hora da verdade" (quando você usa o produto), mas também na "primeira hora da verdade" (quando você compra o produto).

Em seguida, precisávamos recriar nosso programa de inovação. Novamente, não havia dúvida de que nossos produtos funcionavam melhor do que os de nossos concorrentes. Nossa equipe havia dominado esse aspecto do produto há muitos anos. O objetivo agora também era uma mudança radical no *design* dele para que de fato encantasse as mulheres ao redor do mundo. Foi esse esforço que levou a embalagens muito melhores, invólucros bonitos para nossos produtos e novos elementos de *design* funcionais, como o núcleo azul, a tecnologia Always Infinity (a primeira do tipo a ser lançada em sua categoria) – que não apenas absorvia dez vezes o peso do produto, mas também era deliciosamente confortável de usar.

Criamos também um novo aplicador de plástico chamado Tampax Pearl para competir com a Playtex. Essa foi a primeira inovação que incorporou os nossos esforços focados no *design* funcional. Por exemplo, as pérolas se tornaram um elemento inspirador para o novo *design* de nosso aplicador Tampax. As pérolas são lisas. São bonitas. Se você examinasse nosso aplicador Tampax na época, veria que ele era feito de papelão. Provavelmente não existe nada mais desconfortável do que ter que usar um tampão com um aplicador de papelão. A pérola foi a inspiração para fazer um aplicador mais suave e delicado.

Na verdade, tudo o que fizemos com esse produto tinha o propósito de encantar nossas consumidoras. Em seguida, em vez de colocar o produto em uma caixa que, às vezes, era difícil de abrir, nossa embalagem nova abria como uma bolsa. E, em vez de fazer um barulho quando a embalagem era aberta, projetamos uma embalagem silenciosa. O Tampax Pearl tornou-se líder de mercado menos de cinco anos após seu lançamento.

A equipe ficou extasiada com os resultados, e a partir daí a missão de fazer a diferença na vida das mulheres, ao fornecer produtos que elas adoravam usar todos os dias e em todos os lugares, tornou-se o novo mantra não apenas para a América do Norte, mas também para o mundo inteiro.

Os resultados foram notáveis. Já tínhamos 50% de participação do setor no mercado de absorventes na América do Norte com o Always. Em seis anos, chegamos a 60% de participação com ele e, finalmente, à liderança no mercado de aplicadores de plástico para tampões. Crescemos dois pontos percentuais de participação a cada ano durante esses anos. Tínhamos feito várias tentativas de aumentar nossa participação com o Tampax de papelão, mas todas tinham fracassado, até mudarmos nossa cultura para uma realmente concentrada em encantar as consumidoras.

Melanie acrescentou que o que ela mais aprendeu, durante aqueles anos, foi: "1) Focar a consumidora e o que ela quer ou precisa – Às vezes, deixamos nossos ativos internos orientarem nossas inovações, porque agir dessa maneira é mais eficiente. Isso nunca é suficiente. O consumidor é o chefe, e o seu objetivo é atender às necessidades dele melhor do que qualquer outra pessoa; 2) Ter visão e propósito claros é crucial para qualquer líder que queira transformar um negócio –

Abraçar o propósito de cativar as mulheres com produtos que realmente as encantem e as façam se sentir mulheres tornou-se não apenas seu propósito, mas também o de todos os integrantes da unidade de cuidados femininos. Foi contagioso, energizante e inspirador ver essa ideia ganhar vida na cultura da empresa; 3) Garantir que seu propósito e sua visão se transformem também em resultados comerciais – É relevante entender claramente quais são as fontes de suas oportunidades de crescimento e, em seguida, implementar seus propósitos de modo a fornecer inovações e planos comerciais que mirem nessas fontes de crescimento. O objetivo era fazer crescer a participação no mercado em dois pontos percentuais a cada ano, e eu tinha fontes de crescimento claras e convincentes para esse aumento da participação; finalmente: 4) É preciso cercar-se de uma equipe de líderes mais diversificada, colaborativa, inteligente e apaixonada – É necessário um grupo diversificado, inspirado e energizado de pessoas para fazer mudanças significativas em nosso mundo".

Quando Melanie reuniu seus gerentes para assistir aos clientes classificarem produtos em categorias mais e menos encantadoras, ela estava construindo uma história poderosa sobre como o negócio de produtos de cuidados femininos na P&G precisava romper com o passado – um passado cultural que enfatizava a eficiência da produção e a eficácia do produto, mas não o "encantamento" do cliente. Tão importante quanto esse aspecto, projetar novos produtos que emulavam o acabamento das pérolas ajudou seus gerentes a enxergarem um caminho rumo ao futuro – em direção a uma cultura em que os produtos para cuidados femininos não apenas eram funcionais, mas também empoderavam as mulheres. E os resultados financeiros de construir uma cultura para viabilizar a implementação dessas novas estratégias de produtos falam por si mesmos.

Claro, se Melanie tivesse apenas se levantado diante de sua equipe executiva superior e pregado a importância de encantar as clientes, eles teriam ficado confusos. Teria sido como alguém falando com eles em uma língua estrangeira e incompreensível. Para aqueles que cresceram na cultura antiga, um sermão desse tipo teria soado como os desvarios ininteligíveis de uma louca. Esse teria sido o caso mesmo que a visão de negócios de Melanie se baseasse em um propósito motivador, até inspirador – ajudar as mulheres a se sentirem mais confortáveis e confiantes em todos os aspectos da vida. Mas essa era uma língua estrangeira para aqueles que conheciam a cultura antiga e haviam alcançado sucesso nela.

Ela precisava construir uma história de mudança cultural que identificasse uma ruptura clara com o passado e que também apontasse um caminho cultural rumo ao futuro.

Como construir um caminho rumo ao futuro ao olhar para o passado

Melanie Healey tinha uma vantagem importante em mudar a cultura na divisão de produtos de cuidados femininos na P&G: a empresa havia desenvolvido algumas vantagens competitivas valiosas na área de produção e era bem-sucedida em, pelo menos, alguns de seus mercados. Então, o que sua história de mudança cultural podia fazer era ajudar seus gerentes a verem que a empresa poderia se basear nesses pontos fortes tradicionais e ser ainda mais bem-sucedida. Após se conscientizarem das limitações de sua cultura de produção, poderiam ver como alavancar as partes boas dessa cultura no desenvolvimento, na fabricação e na venda de produtos que encantariam suas consumidoras.

Ivan Filho enfrentou uma situação ainda mais difícil como gerente de unidade de negócios da Tenneco. Localizada na Inglaterra, com um sindicato forte e uma história de antagonismo entre administradores e trabalhadores, Ivan precisou criar uma série de histórias para mudar completamente a cultura dessa unidade de negócios – caso contrário, ela provavelmente teria fechado. E essas histórias tiveram que marcar uma ruptura clara com o passado, ao mesmo tempo que apontavam um caminho rumo ao futuro. Mas esse futuro acabou sendo relacionado a algo profundo na história daquela unidade – a Batalha da Grã-Bretanha durante a Segunda Guerra Mundial.

> **História 5.3: Ivan Sartori Filho, na qualidade de gerente de produção e da unidade de negócios de York da Tenneco –"Como redescobrir o espírito do Spitfire"**
>
> A Tenneco tinha adquirido recentemente a unidade de negócios para a qual fui designado como gerente de produção. Nós fabricávamos peças de automóveis que eram vendidas para vários fabricantes de automóveis na Europa. Por ter sido recentemente adquirida, essa unidade de negócios tinha uma cultura distinta do restante da empresa. Na verdade, os gerentes daquela unidade tinham dificuldade em se relacionar com seus novos proprietários estadunidenses. A forma de pensar deles poderia ser resumida em três frases: "Eu sou o especialista aqui"; "Só existe uma maneira de fazer um trabalho, e nós sabemos qual é essa maneira"; e "Não precisamos que ninguém nos diga o que fazer".
>
> Os gerentes e funcionários acreditavam nessas ideias, contudo o desempenho da unidade de negócios não vinha sendo bom.
>
> Então, chego eu, e meu trabalho é transformar essa unidade de negócios ou preparar seu fechamento. Meu primeiro dia de trabalho era uma segunda-feira, mas gosto de visitar os lugares onde vou trabalhar com antecedência, apenas para ter uma ideia do local. Então, fui à fábrica no sábado. Para minha surpresa, encontrei muitos funcionários trabalhando. Já era fim de tarde de sábado, e todos estavam fazendo hora extra. Quase todas as linhas de produção continuavam em operação. Os resultados da empresa certamente não justificavam a necessidade de ter todas aquelas pessoas fazendo hora extra, mas, apesar disso, a maior parte da equipe estava lá.
>
> Ao entrar pela porta da frente, indo em direção à área de produção, um dos funcionários saiu de lá e bloqueou meu acesso.
>
> "Você é o novo xerife aqui?", ele perguntou.
>
> "Sinto muito, mas acho que esse não é o título do meu cargo", respondi.

Ele me olhou de forma ameaçadora. "Quando soubemos que você foi contratado, fizemos uma aposta entre nós de quanto tempo você duraria aqui. Nossa aposta era que você não duraria três meses. Mas agora que tive a oportunidade de conhecê-lo, de vê-lo em pessoa, mudei de ideia. Acho que você vai durar apenas um mês."

Tentei não adotar uma postura muito defensiva. "Foi um prazer conhecê-lo. Pelo que posso ver, temos muito o que fazer aqui. Vamos precisar mudar muitas coisas – inclusive sua suposição a respeito da duração de meu trabalho. Para tanto, conto muito com seu apoio, para que possamos implementar todas essas mudanças juntos. Agora, se me der licença, preciso ir à fábrica para continuar minha avaliação."

Acabou que esse cara era o presidente do sindicato. Tive que passar por muitos momentos difíceis com ele, mas, quando saí da empresa, fico feliz em dizer que muitos funcionários, incluindo a liderança do sindicato, assinaram um cartão muito simpático para mim, desejando-me o melhor. E esse presidente de sindicato me entregou o cartão em mãos.

É importante saber que essa fábrica tinha uma história extraordinária. Durante a Segunda Guerra Mundial, ela havia sido uma das várias fábricas que construíam aviões Spitfire – que foram fundamentais para a vitória naquela guerra. Os pais de muitas das pessoas que trabalhavam atualmente naquela fábrica tinham feito parte daquele momento. Eles tinham um orgulho legítimo desse patrimônio.

Mas agora, décadas depois, essa unidade de negócios tinha uma cultura excessivamente hierárquica. Quando cheguei à fábrica na segunda-feira, ouvi a mesma ladainha várias vezes: "Aqui, os diretores e os líderes pensam, os capatazes mandam fazer e todos os outros fazem". Eu sabia que precisaria tentar acabar com essa cultura se quiséssemos ser capazes de transformar o negócio.

Não era surpresa para mim que a empresa também estivesse segmentada demais. Mesmo que funções diferentes – montagem, produção, tecnologia e engenharia – operassem no mesmo local, elas quase nunca se comunicavam entre si. Eram como pequenos feudos separados. Essas funções tinham uma grande resistência para se comunicar e, assim, as coisas não aconteciam de forma integrada. Em vez disso, cada gerente protegia sua própria unidade.

As mesmas barreiras de comunicação existiam nas relações com nossos clientes. Não entendíamos o que eles precisavam. Nenhuma de nossas áreas operacionais tinha a mínima ideia de quem eram os clientes da empresa. Nenhuma delas havia visitado a fábrica de um cliente.

O negócio não era aberto ou transparente de forma alguma. Os resultados operacionais eram guardados como se fossem segredos. Sempre que informações operacionais chegavam às diferentes áreas funcionais, vinham acompanhadas de críticas: "Você não está fazendo seu trabalho corretamente"; "A culpa é sua se não conseguimos entregar os produtos a tempo"; ou "Sua área funcional é responsável por nosso mau desempenho". As informações eram compartilhadas para acusar as áreas operacionais de mau desempenho e não como uma forma de resolver problemas e melhorar a situação. Isso tornava as diferentes unidades operacionais da empresa ainda mais distantes umas das outras, ainda menos dispostas a trabalhar juntas.

Contudo, essa era simplesmente a maneira como as coisas eram feitas nessa organização. Era apenas aceito como algo normal. Ninguém nem sequer cogitava trabalhar de forma diferente.

No entanto, nem sempre havia sido assim naquela fábrica. Na verdade, durante a Segunda Guerra Mundial, ela produziu os aviões Spitfire, que foram tão importantes para a sobrevivência do Reino Unido. Durante os dias sombrios do início da guerra, ela construiu aviões suficientes para virar o jogo na Batalha da Grã-Bretanha. Havia um espírito de dedicação e cooperação naqueles dias que ainda é lembrado pelos funcionários. Na verdade, a maioria deles era filhos e netos desses trabalhadores heroicos. Eu me sentia honrado em trabalhar em um lugar tão sagrado.

Aproveitei essa história quando comecei a tentar mudar a cultura da fábrica. Propus que transformássemos a unidade usando o mesmo espírito que permitiu que seus pais, mães e avós contribuíssem para uma grande vitória na Segunda Guerra Mundial. Precisávamos criar uma equipe mais integrada, derrubar as barreiras à comunicação. Era necessário haver um propósito comum, perceber que o inimigo não era nossos colegas de trabalho, nossos clientes, ou até mesmo eu.

Uma vez, quando descobri que um de nossos funcionários tinha se ferido no trabalho, fui até a casa dele para visitá-lo. Eu queria ver o que estava acontecendo e como eu poderia ajudá-lo e à sua família. Na época, os funcionários ficaram muito surpresos por eu ter feito isso. Eles diziam: "Não entendemos o que está acontecendo... Nosso chefe foi visitá-lo na casa dele...". Não eram apenas os funcionários horistas que diziam isso. Alguns de nossos executivos graduados também o faziam. Para mim, eu estava apenas tentando acabar com a hierarquia, mostrar que todos tínhamos mais em comum do que diferenças.

Mudei também o local das reuniões de liderança. Em vez de ser fora da fábrica, agora nos reuníamos dentro dela. E, durante essas reuniões, todos permaneciam em pé em meio às máquinas de montagem. As pessoas que trabalhavam em unidades de produção específicas participavam das reuniões, em suas áreas, para compartilhar suas propostas de melhoria. Dessa forma, esses funcionários não estavam apenas "fazendo o trabalho", eles também participavam das conversas e contribuíam com ideias.

Fizemos isso também nas unidades não ligadas diretamente à produção. Os executivos se reuniam em uma unidade específica, exploravam a forma de trabalhar nessas unidades, e isso ajudava a criar uma compreensão comum que auxiliava a derrubada das barreiras de comunicação. Nessas reuniões, continuávamos a fazer a mesma pergunta: "Como podemos contribuir para o seu sucesso?".

Essa pergunta tornou-se uma parte muito importante de nossa cultura, não apenas entre nós, mas também com nossos clientes. Sempre que surgia um problema entre diferentes unidades operacionais, a questão-chave levantada era: "Como podemos contribuir para o seu sucesso?". Ambas as unidades faziam essa pergunta, e assim a cooperação era possível. Então começamos a fazer a mesma pergunta para todos os nossos clientes: "Como podemos contribuir para o seu sucesso?".

Estávamos muito orgulhosos do nosso desempenho. Após um ano, nossa unidade de negócios operava com uma eficiência igual à de qualquer outra na Europa. Aquelas outras unidades de negócios costumavam ser nosso modelo, e então elas começaram a visitar nossas operações regularmente, para que pudéssemos mostrar nossas melhores práticas para elas.

> Portanto, não apenas evitamos muitos cortes de empregos naquela unidade de negócios, mas também nos tornamos uma operação bem respeitada na empresa. Todos ficamos orgulhosos dessas conquistas.
>
> Acho que todos nos sentimos um pouco como se estivéssemos novamente construindo Spitfires.

As histórias de Ivan ajudaram sua unidade de negócios a romper com o passado e ainda apontaram um caminho rumo ao futuro. Observe, no entanto, que Ivan não rejeitou o passado como um todo. Da mesma forma que Melanie Healey no exemplo dos produtos de cuidados femininos, Ivan pegou alguns dos melhores elementos da história dessa empresa – ou seja, o papel que desempenhara na defesa da Grã-Bretanha durante a Segunda Guerra Mundial – e tentou aproveitá-los como uma base enquanto a cultura do local era transformada.

Romper com o passado costuma gerar conflitos

Outra coisa que as histórias deste capítulo têm em comum é que construir histórias que rompem com o passado costuma gerar conflitos com aqueles que têm interesse ou preferência por mantê-lo. Para romper com o passado, Dennis Robinson (História 5.1) precisou trancar seu CFO do lado de fora da sala de reunião. Para Melanie Healey, da P&G (História 5.2), construir uma cultura centrada no encantamento das clientes foi visto, pelo menos por alguns gerentes, como uma maneira de colocar em risco o foco tradicional da empresa na eficiência da produção. Quanto a Ivan Filho, da Tenneco (História 5.3), os interesses arraigados do sindicato e dos executivos levaram a alguns confrontos difíceis enquanto a cultura nova estava sendo criada.

Esses tipos de conflitos e confrontos são um aspecto quase inevitável da mudança cultural, e a maneira como um líder responde a esses desafios pode ser uma fonte importante de histórias. Isso de fato foi verdade para Michael Speigl, quando ele ainda era um gerente relativamente jovem no negócio de revenda de carros.

> **História 5.4: Michael Speigl, na qualidade de gerente-geral de vendas na Cox Automotive – "Como trabalhei 36 horas seguidas"**
>
> Desde o início da minha carreira, eu sabia o que queria fazer – eu queria possuir e gerenciar concessionárias de carros. Então, mesmo que meu trabalho fosse, digamos, no departamento financeiro, eu passava tempo aprendendo a função de vendas em uma concessionária. E quando eu estava no setor de vendas, passava tempo no departamento de serviços aprendendo como vender serviços e como transformá-los em vendas de carros novos. Eu ia a leilões de carros usados mesmo quando não estava no setor de carros usados da empresa, e assim por diante.
>
> Essa minha maneira de agir me marcou de duas formas. Primeiro, entendi como era fundamental para todos em uma concessionária aprender a cooperar para que o negócio como um todo ganhasse dinheiro. Às vezes, ganhávamos dinheiro por intermédio do financiamento, às vezes por meio do preço de venda do carro, às vezes na troca, às vezes em serviços, às vezes em todos esses aspectos do negócio. Nenhuma função em uma concessionária era mais importante do que outra – todas precisavam trabalhar juntas para ganharmos dinheiro. O trabalho em equipe era essencial para o sucesso de uma concessionária.
>
> Segundo, por ter sido treinado em todos os diferentes setores operacionais de uma concessionária, tive a oportunidade de me tornar gerente-geral ainda relativamente jovem – assumi o comando de duas concessionárias quando tinha 27 anos. Eu sei que era jovem e, agora vejo, não deveria ter ficado surpreso quando alguns funcionários começaram a me testar, a testar meu compromisso com a cultura organizacional cooperativa que eu pregava.
>
> O que aconteceu foi que dois funcionários graduados do grupo financeiro basicamente tentaram me tornar refém. Eles vieram ao meu escritório e disseram: "Ei, estamos sobrecarregados e temos um monte de transações para processar, e nunca conseguiremos processar todas na situação atual. Para que todas essas transações sejam processadas no prazo, precisamos receber um aumento subs-

tancial". E o aumento que tinham em mente era absurdo. "Então", continuaram, "queremos esse aumento e, se não conseguirmos, teremos que encontrar trabalho em outro lugar."

Aceitei de imediato a proposta deles de sair da empresa se eu não cedesse às suas exigências e disse: "Bem, tínhamos um contrato para vocês trabalharem por X, e se vocês não querem trabalhar de acordo com o contrato que temos, então respeito a decisão de vocês de deixarem a empresa". Acho que eles ficaram um pouco chocados com minha resposta, porque, afinal, eles eram basicamente o departamento financeiro inteiro. Eles tinham, naquele momento, algo em torno de 40 transações para processar. Toda a papelada referente a elas precisava ser processada, organizada, enviada para o banco, e assim por diante. É provável que aquele departamento precisasse de, pelo menos, três pessoas. Estava sobrecarregado com apenas duas – era por isso que o trabalho deles estava atrasado –, mas agora não teríamos ninguém no departamento.

Mas lembre-se: antes de me tornar gerente-geral, eu havia passado um tempo em vários departamentos financeiros. Então, peguei as 40 transações, organizei-as em cima da minha mesa e completei todo o trabalho necessário. Para fazer isso, precisei trabalhar 36 horas seguidas. Não fui para casa durante 36 horas. Pedi para pessoas me trazerem comida. Minha esposa, que na época era minha namorada, pediu que eu lhe enviasse fotos minhas durante a noite, para ver se eu estava bem. Recordo-me de que a cada hora em ponto eu lhe enviava uma foto do relógio e de mim mesmo.

Note que, quando tínhamos clientes novos, eu precisava parar, colocar as transações antigas de lado e fazer uma nova para o cliente novo e, em seguida, adicionar aquela transação à pilha. Então, durante dois dias, lidei com todas as transações novas que entraram, enquanto lidava com as 40 em atraso.

Finalmente fui para casa, por volta das 22 ou 23 horas, e durante a semana seguinte processei todas as transações sozinho. Sem qualquer ajuda. Sem nenhum outro funcionário. Além de continuar a administrar as duas lojas. Assim, atuei como todo o departamento financeiro e como gerente-geral de ambas as concessionárias por cerca de uma semana e meia. Depois, contratei uma pessoa para ser meu parceiro e colega de equipe. Depois disso, contratamos outra pessoa, e pude sair do departamento financeiro. Em seguida, contratamos uma terceira pessoa, e assim construímos o núcleo sustentável do departamento financeiro que durou anos.

Aquela semana em que assumi o controle do departamento financeiro inteiro e não cedi à chantagem daqueles dois funcionários, e especificamente aquelas 36 horas em que não saí daquela mesa, transformou-se em uma história que foi contada várias vezes. Realmente, eu a carreguei comigo durante toda a minha carreira.

As pessoas me perguntam por que eu fiz uma coisa tão louca. Para mim, não chegou a ser uma decisão difícil. Eu sabia que tipo de organização eu queria – uma que se concentrasse na cooperação e no trabalho em equipe entre os vários departamentos. E eu sabia que o que aqueles sujeitos estavam fazendo era profundamente inconsistente com esse objetivo. Eu não poderia ceder àquele tipo de chantagem, nem um pouco, nem mesmo por um prazo curto. Isso teria minado o tipo de cultura que eu tentava construir.

Portanto, trabalhar 36 horas seguidas foi o que me ajudou a transformar aquelas duas primeiras concessionárias nos sucessos financeiros que se tornaram. E essa história – por ter ficado associada a mim – ajudou-me a montar outras concessionárias bem-sucedidas ao longo da minha carreira. É provável que aquelas 36 horas tenham sido o melhor investimento que já fiz em minha vida profissional.

É claro que Michael teve a coragem de não abrir mão de suas convicções. Ele sabia que tipo de cultura organizacional queria criar em seus negócios. E sabia por que aquela cultura organizacional geraria valor econômico. Descobriu, no entanto, que romper com o passado significava criar – e administrar – conflitos. Ele não poderia ceder naquele conflito, mesmo que isso significasse trabalhar 36 horas seguidas.

A experiência de Michael nos diz algo mais sobre histórias que mudam a cultura. Quando você constrói uma história autêntica, na qual você é o protagonista, a qual rompe claramente com o passado e aponta um caminho rumo ao futuro, essa história pode ficar associada a você. Mesmo se mudar de empresa, às vezes ainda será conhecido como "o cara que trabalhou 36 horas seguidas" – no caso de Michael

– ou "a mulher que visitou as barcaças em Nova Orleans" – no caso de Annette Friskopp (História 4.1). Nesses cenários, construir uma história não apenas impacta a cultura de sua empresa atual, mas também pode impactar a cultura de empresas futuras.

Como derrubar barreiras em uma cultura segmentada

Michael Speigl teve que enfrentar dois funcionários que tentaram se aproveitar dele. Tudo o que precisou fazer foi trabalhar 36 horas seguidas para deixar claro para todos, pelo resto de sua carreira, que tal comportamento era inaceitável em suas empresas.

No entanto, o tamanho da resistência à mudança cultural pode ser muito maior do que apenas alguns funcionários que querem um contrato novo. Nesse tipo de situação, construir uma história que mude a cultura raramente será suficiente para mudar de verdade a cultura de uma organização. Considere o exemplo de um líder empresarial que foi chamado para transformar uma empresa com uma marca icônica, mas que havia se tornado segmentada e tinha custos elevados.

> **História 5.5: CEO de uma empresa transnacional – "Como mudar a cultura de uma empresa tradicional que era líder em seu ramo de negócio"**
>
> Fui chamado para assumir o cargo de CEO em uma empresa estadunidense muito conhecida, que acabara de ser adquirida por uma empresa transnacional. Eu sabia, no dia em que aceitei aquele emprego, que enfrentaria o maior desafio de mudança cultural da minha carreira.
>
> A empresa era um ícone em seu setor. Tinha mais de cem anos e uma marca muito conhecida nos Estados Unidos e ao redor do mundo, sendo líder de vendas em muitos mercados. Mas era mais do que apenas sua marca e suas vendas.
>
> Essa empresa era – pelo menos na minha opinião – a melhor. Eu tinha visitado a sede dela muitas vezes. Ela foi sempre minha referência de como uma grande empresa naquele segmento deveria parecer. Tinha prédios bonitos e modernas

fábricas automatizadas incríveis. Um CEO anterior havia proporcionado estabilidade e uma liderança estável à empresa durante muitos, muitos anos. Do ponto de vista prático, ele havia criado uma empresa de ponta no mundo inteiro.

Mas, quando o CEO mais recente assumiu, a empresa começou a perder o rumo. Ou talvez estivesse perdendo o rumo há algum tempo, e os problemas só se tornaram evidentes naquele momento.

Quando cheguei lá, a empresa havia desenvolvido uma cultura muito formal e hierárquica. Muito segmentada. Também tinha uma cultura que não prestava muita atenção aos custos. O resultado foi que, embora ela fosse dona de uma marca muito forte e estivesse bem estabelecida em seus mercados, era excessivamente grande, excessivamente cara na maioria de seus negócios e profundamente avessa ao risco.

E lá estava eu, vindo de fora da empresa. E tinha sido encarregado da responsabilidade de mudar essa cultura organizacional custosa.

Já sabíamos como reduzir os custos – a empresa transnacional tinha um plano para isso. Após poucas semanas, demitimos centenas de funcionários assalariados, decidimos não preencher mais de 200 vagas em aberto e eliminamos vários empregos terceirizados. Ofertas de rescisão foram feitas aos funcionários logo antes da conclusão da aquisição, e mil – incluindo a maioria dos altos executivos da empresa – aceitaram-nas, ou ainda mais demissões teriam sido necessárias. Instituímos também mudanças menores, porém simbolicamente importantes: pedimos aos funcionários para usar ambos os lados da folha de papel quando tiravam cópias, para se hospedar em hotéis mais econômicos em vez de hotéis luxuosos em suas viagens de negócios e para voar em companhias aéreas de baixo custo e na classe econômica, em vez de primeira classe. Reduzimos também o número de empresas de publicidade com as quais trabalhávamos e cortamos alguns eventos de *marketing*. Repito, com essas medidas, estávamos apenas implementando um plano de redução de custos que a empresa transnacional havia utilizado em suas outras aquisições.

Mudar a cultura formal, segmentada e hierárquica foi mais difícil. O prédio da empresa era grande, e todos tinham suas próprias salas. A minha era um enorme escritório de canto. A sala de minha secretária era maior do que minha sala de reuniões na empresa transnacional onde eu tinha um cargo de *status* muito elevado. A equipe executiva tinha seu próprio refeitório. Seus membros não comiam com os trabalhadores. Então, decidimos mudar isso. Comecei a comer com os trabalhadores. Conheci os cozinheiros – dava-lhes um grande abraço quando os via. Uma vez, quando estávamos dando uma recepção em uma casa de propriedade da empresa, vi um dos atendentes do refeitório trabalhando. Fui até ele e dei-lhe um grande abraço, agradeci-lhe por trabalhar para nós. Conversamos por um tempo. Eu queria tratar todos os funcionários da mesma forma, com o mesmo respeito.

Eu sentia que todos os gerentes na sala estavam pensando a mesma coisa: "O que está acontecendo? Por que o CEO está abraçando o funcionário do refeitório?".

Pouco depois, eu me perguntava como poderíamos derrubar as barreiras entre os grupos funcionais na empresa. Eu vivia pensando: "Como podemos quebrar essas barreiras, como podemos quebrar essas barreiras?". E então me ocorreu que precisávamos literalmente derrubar algumas paredes.

Cada um dos gerentes costumava ter uma sala privativa. Depois de alguns meses, os transferi para um espaço amplo, um espaço sem paredes. Eles não podiam se fechar em suas salas e se esconder. Todos podiam ver a hora em que chegavam de manhã e até que horas ficavam à noite. Se precisassem falar com algum colega, poderiam vê-lo e conversar com ele.

E sim, eu também tinha um espaço naquela sala grande.

É claro que demorou algum tempo para mudar a cultura dessa empresa grande, mas os resultados foram muito positivos. Apesar das dificuldades financeiras dos últimos anos, em um ano, cortamos nossas despesas em um terço, vendemos ativos não essenciais que valiam bilhões de dólares e refinanciamos nosso endividamento pesado em termos muito mais favoráveis. Nossas margens de lucro aumentaram, assim como nossos lucros totais. Sentimos que havíamos colocado esse ícone estadunidense em uma ótima posição para alcançar o sucesso no longo prazo.

O foco desse líder na contenção de despesas foi uma parte essencial do sucesso financeiro da empresa no longo prazo. Cada uma dessas medidas de corte de custos, temos certeza, construiu histórias de mudança cultural. No entanto, desenvolver respeito pelos funcionários e derrubar as barreiras entre departamentos que tinham sido criadas em toda a empresa foram mudanças culturais até mais difíceis do que impor controles de custos. Contudo, comer com os funcionários subalternos, conectar-se visivelmente com os trabalhadores do refeitório e derrubar as paredes das salas foram atos que construíram histórias de mudança cultural poderosas. E essa mudança cultural foi uma das razões pelas quais o desempenho da empresa começou a melhorar.

Voltando da beira do abismo

No entanto, embora essa organização tivesse perdido o rumo antes da chegada do novo CEO, ela ainda tinha uma marca forte e uma penetração profunda no mercado. O CEO sabia que, se conseguisse dar um jeito na cultura, seria capaz de aproveitar esses pontos fortes para reconstruir uma empresa de sucesso. Esse não foi o caso quando a DaVita – uma empresa que fornece serviço de hemodiálise – começou sua transformação cultural. Ela estava saindo da falência.

> **História 5.6: Mike Staffieri, na qualidade de COO da DaVita –**
> **"Precisávamos atravessar uma ponte"**
>
> Eu entrei na DaVita no início dos anos 2000, logo após a empresa começar sua transformação. Nós fomos quase obrigados a declarar falência no final dos anos 1990, quando éramos conhecidos como Total Renal Care. Mas, no verão de 2000, depois que Kent Thiry assumiu o cargo de CEO, mudamos o nome da empresa para DaVita – em italiano, significa "dar vida" – e começamos nossa transformação.
>
> E precisávamos muito de uma. Não estávamos apenas financeiramente falidos; estávamos culturalmente falidos. Não tínhamos propósito, não tínhamos direção. E era uma empresa que fornecia serviço de hemodiálise, salvador de vidas para milhares e milhares de pessoas todos os dias. Se falhássemos em nosso propósito, pessoas poderiam morrer.

O moral estava no chão. Havia um monte de pessoas insatisfeitas e rabugentas. Nessas configurações, se você tenta fazer uma grande reunião entusiasmada para anunciar uma "mudança cultural", muitas pessoas ficam céticas. Elas simplesmente se sentam lá e dizem: "Não acredito em você. Não acho que as mudanças culturais que você está tentando fazer sejam reais". É difícil acelerar a adoção da mudança cultural se muitas pessoas vão dizer: "Bom, vou esperar sentado".

Então, criamos um símbolo de uma ponte. falávamos sobre ela em todas as reuniões e dizíamos: "Olha, queremos construir um lugar especial, uma empresa especial. E, se muitas pessoas apenas ficarem sentadas e não atravessarem a ponte para fazer parte dessa empresa, isso nunca acontecerá. Um CEO não pode fazer com que isso aconteça. Um COO não pode fazer com que isso aconteça. Se, por outro lado, muitas pessoas começarem a ter esperança e se empolgarem para criar um lugar especial, então isso vai acontecer".

E assim, em todas as reuniões, falávamos sobre o que chamávamos de "decisão inevitável" – você vai ser uma das pessoas que tornará essa organização especial ou vai esperar para ver? E quando você passa de "esperar para ver" para "fazer acontecer", é como atravessar uma ponte. Não sabíamos exatamente o que faríamos de diferente naquela cultura e naquela organização novas, mas, se tivéssemos uma atitude positiva ao "atravessar aquela ponte", coisas boas começariam a acontecer.

No início, nós montávamos pontes reais nas reuniões grandes. Para entrar na reunião, você poderia escolher – se quisesse – atravessar uma ponte. E, na extremidade da ponte, havia um balde que continha moedas – moedas especialmente projetadas que falavam sobre a DaVita e o que queríamos representar. Então, quando você estivesse mentalmente preparado para fazê-lo, atravessava aquela ponte, tirava uma moeda do balde e a levava de volta para a sua sala, clínica ou onde quer que estivesse trabalhando. Era uma forma de dizer apenas para si mesmo: "Estou dentro. Não vou ficar de fora. Vou ser um dos líderes na DaVita que fará as coisas acontecerem". E aquela moeda na minha mesa era um lembrete desse compromisso.

Até hoje, em qualquer lugar que você vá na DaVita, verá imagens de pontes, para nos lembrar desse compromisso inicial.

Desde essa transformação cultural, a DaVita tornou-se financeiramente bem-sucedida e líder do setor de hemodiálise.

A mudança cultural dessa empresa é especialmente instrutiva. Primeiro, observe que o novo CEO convidou seus funcionários a fazerem parte da mudança cultural ao "atravessar uma ponte". Ele previu o ceticismo que muitas vezes acompanha anúncios extravagantes de uma cultura nova e não tentou forçá-las a participar dela; ele esperou até que estivessem prontas. É provável que algumas delas nunca tivessem ficado dispostas a se engajar nessa mudança e tenham deixado a empresa. Mas, ao longo do tempo, "atravessar a ponte" impulsionou a mudança cultural.

Segundo, os detalhes da nova cultura não foram explicitados pelos altos executivos ou por um especialista em mudança cultural. Não houve uma lista de "valores fundamentais" ou "imperativos culturais" anunciada pela alta administração, com a genuflexão obrigatória dos gerentes menos graduados. Em vez disso, a administração da DaVita pediu aos seus funcionários para criarem a cultura nova em parceria com ela. Quando eles "atravessaram a ponte" juntos, o único compromisso era transformar aquela empresa em uma organização especial, um lugar onde "coisas boas poderiam acontecer".

Terceiro, a administração da DaVita usou símbolos dessa mudança cultural para representá-la e dramatizá-la. Esses símbolos eram simples – uma ponte, uma moeda –, mas transmitiam uma mensagem poderosa: não vamos ser o que fomos; vamos atravessar uma ponte e nunca mais voltaremos atrás.

Conclusão

Construir histórias que rompem com o passado enquanto apontam um caminho rumo ao futuro pode ser difícil porque, muitas vezes, não é fácil abrir mão do passado. Este, às vezes, "vaza" para o futuro e dificulta o caminho para a realização de um novo futuro cultural.

Suponha, por exemplo, que a função de engenharia fosse mais valorizada do que a de *marketing* na cultura organizacional antiga. Você pode querer que a função de *marketing* ganhe mais destaque na cultura daqui para frente, mas, dada a ênfase histórica em engenharia, você tem mesmo o pessoal necessário para dar mais destaque ao *marketing* em sua empresa? Além disso, suponha que as operações nos Estados Unidos tenham sido mais valorizadas na cultura antiga do que em outras regiões geográficas. Você pode querer mudar esse aspecto de sua cultura daqui para frente, mas, ao enfatizar as operações em mercados novos, você de fato quer colocar em risco as operações nos mercados estadunidenses historicamente dominantes? Esses são exemplos de maneiras pelas quais os valores culturais antigos podem "vazar" e contaminar os esforços para criar novos valores culturais.

Um momento na história em que essa difícil relação entre o passado e o futuro cultural foi especialmente notável ocorreu na África do Sul, enquanto essa nação emergia de décadas de políticas racistas de *apartheid*. A África do Sul pós-apartheid estava tentando construir uma cultura em que todas as raças e etnias fossem igualmente valorizadas. Mas como isso poderia ser feito quando os abusos do *apartheid* naquele país – apenas poucos anos antes – haviam sido tão hediondos?[1]

Essa tarefa foi o que Nelson Mandela herdou quando, em 1994, tornou-se o primeiro presidente negro da África do Sul democraticamente eleito.[2]

Formado em direito, Mandela se envolveu no movimento para derrubar o *apartheid* aos 20 anos. No início de sua carreira de ativista, ele

---

1 Cf. GORDON, D. M. *Apartheid in South Africa*: A Brief History with Documents. Londres: Bedford, 2017.
2 A autobiografia de Mandela é: *Nelson Mandela*: longa caminhada até a liberdade. Rio de Janeiro: Alta Life, 2020. Uma excelente biografia é a de Anthony Sampson (*Mandela*: The Authorized Biography. Nova York: Vintage, 2000).

aderiu às abordagens não violentas pregadas por Gandhi.[3] No entanto, mais tarde, liderou uma campanha de sabotagem contra o governo. Como resultado, em 1962, foi condenado por tentar derrubar o Estado e sentenciado à prisão perpétua.

Mandela ficou preso por 27 anos. Foi libertado pelo presidente sul-africano F. W. de Klerk, em 1990 e, posteriormente, negociou o fim do *apartheid* com de Klerk. A primeira eleição geral multirracial na história sul-africana foi finalmente realizada em 1994, e o Congresso Nacional Africano (ANC, na sigla em inglês) chegou ao poder. Mandela – que havia liderado o ANC desde pouco depois de sua libertação da prisão – tornou-se o primeiro presidente negro da África do Sul.

Uma das primeiras questões que Mandela precisou enfrentar foi a maneira de lidar com o passado racista do *apartheid* na África do Sul, mas de uma forma que possibilitasse o desenvolvimento de uma nova cultura multirracial no futuro daquele país. Alguns membros do ANC – incluindo a ex-esposa de Mandela – queriam usar o poder recém-adquirido desse Congresso para identificar e punir membros do governo e policiais que haviam ajudado a pôr em prática o regime de *apartheid*. Outra parte da sociedade sul-africana – sobretudo os brancos sul-africanos – queria ignorar o passado de segregação racial do país e, em vez disso, focar a construção de seu futuro multirracial.

Mandela não se deixou convencer por nenhum desses pontos de vista extremos. Por um lado, ele estava preocupado com o fato de que represálias contra membros do governo sul-africano e das forças policiais pudessem assustar muitos brancos sul-africanos, muitos dos quais então emigrariam. Essa situação privaria a África do Sul de grande parte do talento administrativo e técnico que era essencial para seu sucesso econômico no futuro. Mandela já tinha visto isso ocorrer em

---

3   Cf. o capítulo 4 deste livro.

outros países africanos que haviam eliminado um governo minoritário branco no passado recente.[4]

Por outro lado, ignorar os abusos de direitos humanos cometidos pelo governo do *apartheid* teria sido desrespeitoso com as centenas de milhares de cidadãos negros da África do Sul que haviam sofrido tanto durante aqueles anos sombrios e dolorosos.

Para romper com o passado e ao mesmo tempo construir um caminho rumo ao futuro, Mandela criou a Comissão de Verdade e Reconciliação – também conhecida como TRC, sua sigla na língua inglesa. Formada em 1996 e presidida pelo arcebispo Desmond Tutu (ele próprio um clérigo respeitado que desempenhou um papel significativo na derrubada do *apartheid*), os propósitos da TRC eram oferecer oportunidades para indivíduos que haviam sofrido abusos graves de seus direitos humanos sob o regime de *apartheid* darem declarações sobre o que haviam vivido e dar aos perpetradores desses abusos a oportunidade de fazer declarações sobre seu papel naqueles eventos e solicitar anistia tanto de processos civis quanto criminais. No total, 22.025 violações graves dos direitos humanos, que ocorreram entre 1960 e 1994, foram registradas na TRC. Além disso, foram apresentados 5.392 pedidos de anistia, dos quais apenas 849 foram concedidos.[5]

Muitos observadores – mas certamente não todos – acreditavam que a TRC foi útil para (1) confirmar os abusos que ocorreram durante o *apartheid*, (2) criar um sentimento de reconciliação entre negros e brancos na África do Sul e (3) ajudar esse país a recuperar sua condição de nação respeitada no cenário internacional, enquanto sua

---

4 Por exemplo, o Zimbabue tornou-se uma nação independente em 1980 e eliminou muitos privilégios dos brancos que existiam anteriormente. Entre 1980 e 1990, mais de dois terços da população branca do Zimbabue abandonaram o país. Cf. MLAMBO, A. S. *A History of Zimbabwe*. Cambridge: Cambridge University Press, 2014.

5 Detalhes das operações da T.R.C. podem ser encontrados em: South African Truth Commission. *Legal Information Institute*. Disponível em: https://www.law.cornell.edu/wex/south_african_truth_commission. Acesso em: 29 nov. 2022.

economia continuava a crescer internamente.⁶ Mandela resumiu o impacto da TRC de uma forma mais simples: "Pessoas corajosas não temem perdoar em prol da paz".⁷

Mandela também usou outros símbolos poderosos para construir histórias sobre a importância de criar uma cultura multirracial na África do Sul. Por exemplo, o esporte nacional é o rúgbi. A seleção nacional, os Springboks, sempre fora composta apenas por brancos e havia se tornado um símbolo odiado do *apartheid* entre muitos negros sul-africanos. No entanto, em 1995, a Copa do Mundo de rúgbi foi realizada na África do Sul e, logo após o *apartheid* ter sido oficialmente rejeitado como política racial no país, os Springboks incluíram um jogador negro em seu elenco.

Mandela viu a oportunidade de usar a obsessão nacional pelo rúgbi e a tentativa modesta de integração dos Springboks para unir o país por trás de uma nova cultura multirracial.

Assim, na final da Copa contra a Nova Zelândia, Mandela vestiu uma camisa dos Springboks.

Ele usou a camisa em um momento em que ela ainda era odiada por muitos negros sul-africanos como um símbolo do *apartheid*. Mas ele a vestiu como símbolo tanto do rompimento com o passado quanto da construção de um futuro novo na África do Sul.⁸

É claro que muitas pessoas criticaram a postura de Mandela. Alguns argumentaram que ele foi conciliador demais com os brancos sul-africanos, que ele se concentrou demais em negociar com eles e não o suficiente em garantir direitos econômicos para os negros sul-

---

6 VORA, J. A.; VORA, E. The Effectiveness of South Africa's Truth and Reconciliation Commission: Perceptions of Xhosa, Afrikaner, and English South Africans. *Journal of Black Studies*, v. 34, n. 3, p. 301-322, 2004.

7 Citação extraída de Anthony Sampson (*Mandela*: The Authorized Biography. Nova York: Vintage, 2000. p. 512).

8 Cf. CARLIN, J. *Invictus*: Conquistando o inimigo. Rio de Janeiro: Sextante, 2009. Essa história também foi contada no filme *Invictus*, de 2009, dirigido por Clint Eastwood e estrelado por Morgan Freeman e Matt Damon.

-africanos. Outros argumentaram que ele se concentrou demais nos direitos dos negros, de maneira que provocou a emigração de muitos brancos da África do Sul.[9]

Em resumo, fica bastante claro que Mandela se concentrou, de modo consciente, em encontrar uma maneira de romper com o passado cultural racista da África do Sul, mas de forma que também apontasse para seu futuro cultural multirracial. Aparentemente, o Comitê do Prêmio Nobel aprovou esses esforços, e Nelson Mandela – após ficar encarcerado durante 27 anos – foi agraciado com o Prêmio Nobel da Paz, em 1993.

Você está pronto para construir histórias que rompam com o passado cultural de sua organização, mas que também apontem para o futuro cultural dela?

---

9 Discussões sobre controvérsias associadas a Nelson Mandela podem ser encontradas em: WAXMAN, O. The U.S. Government Had Nelson Mandela on Terrorist Watch Lists Until 2008. Here's Why. *Time*. Disponível em: https://time.com/5338569/nelson-mandela-terror-list/. Acesso em: 22 nov. 2022; INSKEEP, S. For Much of His Life, Mandela Was a Controversial Figure. *NPR*. Disponível em: https://www.npr.org/2013/12/06/249216354/for-much-of-his-life-mandela-was-a-controversial-figure. Acesso em: 22 nov. 2022.

6

Construa histórias para o cérebro e para o coração

Vimos no último capítulo que as histórias construídas para mudar a cultura de uma organização precisam de um conteúdo que sinalize uma clara ruptura com o passado cultural da empresa e aponte um caminho rumo ao futuro cultural dela. Descobrimos como incidentes simples – como deixar o CFO fora de uma reunião – podem gerar esses efeitos. Aprendemos também que ações mais elaboradas – como fazer os clientes classificarem produtos na unidade de cuidados femininos da P&G ou acabar com a hierarquia e as barreiras entre departamentos na Tenneco – podem ter esses mesmos efeitos culturais.

No entanto, nossa pesquisa também mostrou que essas histórias precisavam de um elemento de conteúdo adicional para serem bem-sucedidas na mudança da cultura de uma organização. Essas histórias precisam apelar para o cérebro e para o coração dos funcionários. Elas apelam para o cérebro quando traçam uma linha causal direta entre a cultura nova que você está tentando criar e o desempenho financeiro da empresa. E apelam para o coração quando os funcionários entendem como uma cultura nova trará benefícios para as pessoas associadas à empresa – pessoas com as quais eles se importam, incluindo colegas, subordinados e clientes. Apelar para o cérebro de seus funcionários significa racionalidade e economia; apelar para o coração deles significa emoções, lealdade e relacionamentos pessoais.

Por que cérebro e coração?

As pessoas tendem a ter reações conflitantes quando falamos sobre cérebro e coração na construção de histórias de mudança cultural. Algumas ficam confusas – e talvez pessoalmente desconfortáveis – com as dimensões afetivas da mudança cultural. Elas argumentam: não é o objetivo de organizações de todos os tipos, incluindo empresas públicas e privadas com fins lucrativos, bem como organizações sem fins lucrativos, criar valor econômico suficiente para recompensar suas principais partes interessadas pelo investimento de tempo e recursos nessas organizações?

A resposta a essa pergunta é, claro, "sim".

Então, se quase todas as organizações precisam se concentrar em criar valor econômico suficiente para recompensar suas partes interessadas por investir nelas, por que as histórias de mudança cultural precisam apelar tanto para o cérebro quanto para o coração de seus funcionários? Não bastaria demonstrar – por meio das histórias que você constrói – que a cultura nova que vocês estão criando em conjunto vai gerar um valor econômico que beneficiará os funcionários e outras partes interessadas? Por que tanta ênfase em confiança, amizade, trabalho em equipe e nas emoções associadas a essas dimensões afetivas das organizações?

É claro, a resposta para essa pergunta é que as culturas organizacionais são, em essência, sociais por natureza. Elas existem porque seus funcionários passaram a aceitar certos valores, crenças e normas de comportamento que definem o que são e o que não são maneiras culturalmente consistentes de interagir uns com os outros. Mudar esses valores, crenças e normas não é apenas uma questão de cálculo racional, é uma questão de mudar a forma como os funcionários pensam sobre si mesmos e sobre seus relacionamentos uns com os outros. Para fazer esse tipo de mudança, eles precisam estar envolvidos na mudança cultural, não apenas intelectual e racionalmente, mas também de forma profundamente emocional e pessoal.

É claro, focar apenas a parte "emocional" da mudança cultural pode ser tão problemático quanto focar apenas a "racional". Afinal, o objetivo da mudança cultural é fazê-la de tal forma que ela aumente a capacidade da organização de implementar suas novas estratégias. Se a mudança cultural ajuda a todos a "conviverem bem" uns com os outros, mas "conviver bem" uns com os outros não cria valor econômico, então esse tipo de mudança cultural é difícil de justificar do ponto de vista econômico. A mudança cultural que se concentra apenas no "coração" é facilmente interpretada como uma manifestação do ego do líder, em vez de uma tentativa de criar uma organização mais eficaz e eficiente.

A tensão entre cérebro e coração na mudança cultural

Portanto, mudar culturas organizacionais deve envolver tanto o "cérebro" quanto o "coração". Mas esses elementos da mudança cultural não são, pelo menos até certo ponto, conflitantes? Bem, certamente pode haver tensão entre as razões econômicas racionais para mudar a cultura de uma organização e as razões emocionais e interpessoais para fazê-lo. Contudo, líderes habilidosos podem construir histórias que apelem tanto para o cérebro quanto para o coração de seus funcionários. Às vezes, eles alternam entre razões "racionais" e "emocionais" para realizarem a mudança cultural.

Como alternar entre o cérebro e o coração na mudança cultural

História 6.1: Fernando Aguirre, na qualidade de presidente da Procter & Gamble Brasil – "Inglês + espanhol + português – como construir uma nova cultura em uma subsidiária brasileira"

A Procter & Gamble havia adquirido uma empresa chamada Phebo para entrar no mercado de produtos de consumidor no Brasil. A Phebo era uma empresa antiga e bem-sucedida no país – por exemplo, ela tinha uma posição muito forte no mercado brasileiro de sabonetes. Os administradores da P&G nunca tinham visto nada parecido com aquilo, então relutavam em mudar a empresa que haviam adquirido. Eles apenas disseram: "Continuem a fazer o que estavam fazendo". Mas enviaram muitos gerentes internacionais (GIs) para o Brasil para "adicionar" mais negócios típicos da P&G à Phebo.

A empresa também decidiu introduzir tecnologia de ponta para lançar produtos mais recentes e melhores, como as fraldas descartáveis Pampers. Foi construída uma nova fábrica de fraldas, que foi administrada por vários gerentes internacionais e nos custou os olhos da cara. Tínhamos também mais GIs do que o México, a maior subsidiária da P&G na América Latina naquela época. Em um certo momento, a P&G Brasil teve mais de 25 GIs.

Após alguns anos desse "descaso benigno", fui convidado a assumir o comando da empresa como gerente-geral. Quando cheguei, descobri que a maioria dos funcionários vinha da Phebo. Não surpreende que, por ser uma empresa tão antiga e bem-sucedida, a cultura fosse muito hierárquica. As pessoas cumpriam as ordens que recebiam e não faziam muitas perguntas. Além disso, dada a participação da empresa no mercado, a maioria dos funcionários estava bastante contente com a empresa e suas perspectivas. Portanto, a maioria deles estava acostumada a ser mandada e satisfeita com a situação financeira da empresa.

A propósito, todos os meus funcionários falavam português, e apenas um contingente muito pequeno sabia falar inglês. Embora eu falasse espanhol e inglês, não falava português. Então, uma das minhas primeiras tarefas foi aprender essa língua.

Assim que comecei a examinar os números, ficou claro que o desempenho dessa unidade de negócios, apesar de sua grande participação no mercado em alguns segmentos, era muito ruim. Estávamos perdendo 42 milhões de dólares ao ano em uma receita anual de 80 milhões de dólares. Para cada dólar de produto que vendíamos, perdíamos 50 centavos! Quando expliquei a situação financeira ao CEO da P&G, ele não acreditou.

Ficou bastante claro para mim, mesmo naquela época, que a antiga cultura hierárquica e complacente da Phebo não ajudaria a reverter esse desempenho. Precisávamos de mudanças, precisávamos de mudanças rápidas, e eu precisava do envolvimento ativo e criativo de todos para fazer essas mudanças acontecerem. Tínhamos que descobrir como sobreviver o máximo de tempo possível para que pudéssemos crescer no futuro.

É claro que, antes de contar ao CEO sobre nosso desempenho pífio, eu havia desenvolvido um plano de três anos para reverter a situação da empresa. Ele disse que o plano parecia ótimo, mas que eu precisava implementá-lo em um ano, não em três. Se eu não conseguisse, a P&G cogitaria sair do Brasil.

Assim, no início, eu estava focado na sobrevivência, não na mudança cultural – embora tenha acabado mudando a cultura da empresa. Uma das primeiras decisões que tive que tomar foi escolher um punhado de GIs para permanecer e transferir a grande maioria para outros cargos. O custo de manter um GI girava na casa de centenas de milhares de dólares por ano por cada pessoa. Essa decisão foi uma das mais "impopulares" em Cincinnati, mas também foi uma das contribuições mais importantes para a redução dos custos.

Então comecei a visitar as fábricas. A primeira que visitei foi em Belém, que era a principal na fabricação de sabonete. Era a primeira vez que o presidente da empresa visitava essa fábrica em cinco ou seis anos. Assim que cheguei lá, dei uma volta por ela e conversei com os trabalhadores. Eles me viram, souberam que eu era o principal executivo da empresa e ficaram impressionados.

Quando eu visitava uma fábrica, realizava uma reunião com todos os funcionários. Eu ficava diante de 100, 200 ou 300 empregados e, usando meu português mambembe, explicava o que estava acontecendo. Eu dizia: "Este é o nosso problema e, a menos que o resolvamos ainda este ano, a P&G não continuará aqui". Todos sabiam que isso poderia ter um impacto enorme em suas vidas. Então eu continuava: "Preciso de ideias. Olhem ao redor. Olhem para a esquerda e para a direita. Esta fábrica precisa economizar 2 milhões de dólares. Se vocês não encontrarem ideias para conseguir isso, as pessoas ao seu lado podem não estar mais aqui, porque teremos que demiti-las, ou poderemos ter que demitir vocês, porque não podemos nos dar ao luxo de manter todo mundo. Preciso de ideias de como economizar 2 milhões de dólares para não termos esse problema".

Eu dizia tudo isso no meu português precário. Tinha uma pessoa do departamento de recursos humanos ao meu lado para me corrigir quando eu cometia erros de português. Às vezes, eu precisava repetir uma frase duas ou três vezes até acertar. Anos depois, disseram-me que os funcionários – a maioria dos quais vinha da antiga cultura hierárquica da Phebo – ficaram impressionados com a humildade que eu demonstrava: primeiro, ia à fábrica; segundo, falava na língua deles e ficava aberto à correção; terceiro, queria saber as ideias deles.

E recebemos muitas ideias dos trabalhadores. Eu as anotava em um quadro branco – 30 ou 40 ideias potencialmente válidas em cada fábrica. Isso incluía mudar a cor do sabão, mudar a embalagem e assim por diante – tudo vindo dos trabalhadores da fábrica, e ali mesmo, na fábrica. Algumas ideias eram ótimas – por exemplo, se mudássemos a fórmula do sabão um pouquinho, poderíamos mudar a embalagem e economizar cerca de um dólar por barra no custo da embalagem.

Outra coisa que fiz foi mudar a sede de prédio. Meu antecessor havia transferido a sede para um belo prédio de escritórios. Para impressionar os executivos seniores da P&G que visitavam as instalações, ele havia comprado belas obras de arte para aquele espaço. Cada executivo da empresa havia projetado sua própria sala e comprado móveis personalizados. Eram salas muito bonitas.

Contudo, não podíamos arcar com o custo delas. Então, depois de reduzir o tamanho da equipe da sede, eu me mudei, com meus subordinados diretos, para uma fábrica em São Paulo. Peguei o pior escritório – ele ficava ao lado do chão da fábrica e, portanto, não tinha janelas. Tudo bem, havia duas pequenas janelas em uma parede, mas elas não abriam. E, em vez de comprar móveis novos para esses escritórios, pegamos emprestados móveis antigos da fábrica. Naquele momento, eu não estava pensando em mudar a cultura da organização, estava em pleno modo sobrevivência.

Não foram apenas os escritórios. Uma das primeiras coisas que meu antecessor fez ao chegar foi comprar um carro novo e contratar um motorista para levá-lo de um lado para o outro. Havia dinheiro no orçamento para que eu comprasse um carro novo, mas mantive o antigo. Não me importava o quão velho ele era. Depois, transferi o motorista para outra função na empresa.

Fiz várias outras coisas – eu e a maioria dos meus principais gerentes paramos de ir a tantas reuniões na matriz. Era mais importante para mim permanecer no Brasil e trabalhar com minha equipe para salvar a empresa do que viajar a Cincinnati a fim de fazer relatórios e treinamentos, entre outras coisas. Isso também reduziu nossos custos operacionais. Além disso, começamos a desenvolver nossas próprias embalagens. Cincinnati tinha plena capacidade de produzir a arte final e as embalagens de alta qualidade, mas eram muito caras para nós. Então, paramos de usar os serviços de lá.

Mostrar o quanto eu estava comprometido em solidificar o negócio em termos financeiros ajudou quando precisei negociar algumas decisões difíceis com o sindicato, incluindo a de que seria necessário fechar uma fábrica.

Por meio de todos esses esforços, começamos a reverter a situação. No primeiro ano, empatamos. No segundo ano, lucramos 8 milhões de dólares. Lucramos 25 milhões de dólares no terceiro ano e 45 milhões de dólares no quarto. Ao longo desse período, as vendas cresceram de 80 milhões para 450 milhões de dólares.

E a cultura mudou. A cultura hierárquica e complacente da empresa antiga – a Phebo – havia desaparecido. Foi substituída por uma cultura frugal e voltada para o crescimento, a qual começou a cumprir a promessa do Brasil para a P&G.

Chegou a hora em que poderíamos nos dar ao luxo de sair da fábrica. Então, voltamos para os mesmos escritórios que tínhamos deixado quatro anos antes, quando a empresa estava à beira de fechar as portas. No entanto, em vez de alugar um andar inteiro, alugamos apenas meio andar. Se continuássemos a crescer, aumentaríamos nossa presença no prédio, mas não antes de expandirmos o negócio.

> Ainda tínhamos algumas das obras de arte que haviam sido compradas quando entramos pela primeira vez naquele prédio. Mas eu disse: "Não admito que uma única peça de arte que estava pendurada naquele prédio seja colocada de novo. Isso seria como dizer às pessoas que estamos de volta ao ponto onde estávamos há quatro anos".
>
> Então, nunca colocamos aquelas obras de arte nas paredes outra vez. Vendemos ou doamos todas. Pessoas em toda a empresa ouviram sobre essa decisão de não pendurar as obras de arte. Concordaram silenciosamente, porque não éramos mais a mesma empresa que havíamos sido quatro anos antes.

Em seu empenho em construir uma cultura nova naquela unidade de negócios, Fernando começou por focar as razões econômicas para mudar a cultura da organização – o "cérebro" – e depois mudou seu foco para a construção dos tipos de relacionamento e confiança com seus funcionários, necessários para realizar essa mudança – o "coração". Ele começou com uma análise financeira que mostrou que o negócio estava perdendo dinheiro – algo que apela para o "cérebro" dos funcionários; em seguida, visitou as fábricas, falou em português precário e pediu aos funcionários horistas que lhe apresentassem ideias sobre como a empresa poderia ser salva – todos comportamentos muito orientados para o "coração". Em seguida, reduziu o tamanho da sede e abandonou o prédio caro onde a organização estava sediada – muito consistente com as abordagens "cerebrais" da mudança. Porém, ele mudou o foco para o "coração" ao transferir a sede para uma fábrica, escolher o escritório menos atraente e decorá-lo com móveis antigos. À medida que o desempenho financeiro da empresa começou a mudar, ele transferiu a sede de volta para o prédio original – focando o "cérebro", mas optou por não pendurar as obras de arte que haviam sido anteriormente exibidas na sede, obras que ele sentia que simbolizavam a antiga, agora rejeitada, cultura da organização. Essa decisão foi muito mais focada no "coração" da mudança cultural.

Ao construir histórias que focavam tanto o "cérebro" quanto o "coração" de seus funcionários, Fernando conseguiu construir uma cultura nova enxuta e voltada para o crescimento, a qual resultou em altos níveis de desempenho financeiro por muitos anos.

Como começar a mudança cultural com a cabeça e depois passar para o coração

Fernando Aquirre focou, de modo alternado, tanto o cérebro quanto o coração para transformar a cultura de sua organização. Já a face pública do esforço em prol da mudança cultural de Marise Barroso, na próxima história, parece ter focado sobretudo o coração. No entanto, embasando o forte apelo emocional à mudança cultural, havia uma estratégia elaborada com cuidado e ponderada de maneira razoável que precedia seus esforços em prol da mudança cultural mais orientados para a emoção.

> **História 6.2: Marise Barroso, na qualidade de CEO da Amanco Brasil –**
> **"Como o futebol nos ajudou a domar um tigre competitivo"**
>
> Logo após minha entrada na Amanco, eu me dei conta de que precisávamos mudar sua cultura. Apesar de ser a principal fabricante e comerciante de tubos e conexões para sistemas de gestão de água na América Latina, suas operações no Brasil – mesmo dez anos após o ingresso naquele mercado – apresentavam resultados ruins. Tínhamos um concorrente grande e difícil – a Tigre Tubos e Conexões –, uma empresa familiar que detinha 60% do mercado, uma marca bem consolidada e quase 100% de reconhecimento por parte dos clientes. Os anúncios da Tigre focavam sua qualidade – embora nossos testes mostrassem que seus produtos não eram superiores aos nossos – e em como, se os consumidores usassem produtos inferiores, teriam que derrubar paredes para substituir a tubulação. Tudo isso lhes permitia cobrar um ágio de 25% no mercado.

Depois de dez longos anos, nossos funcionários não tinham muita esperança de melhorar nossa posição no mercado. Nem a equipe executiva. O moral estava baixo.

Porém, eu conversei com nossos clientes. Eles queriam concorrência para a Tigre. Estavam cansados de lidar com somente um fornecedor, mas não viam opções viáveis reais. Na verdade, nossos clientes não se importavam com quem seria o concorrente, e eu pensei: "Poderia ser a nossa empresa".

Mas nossos funcionários não acreditavam que conseguiríamos fazê-lo. Eu pensei: "Preciso encontrar uma maneira, usando uma linguagem muito simples e popular, para fazer as pessoas – tanto as da empresa quanto nossos clientes – entenderem nosso potencial. Contudo, estamos perdendo o jogo, porque nem estamos aparecendo para jogar".

Huumm. Precisávamos aparecer e jogar. E precisávamos jogar da maneira certa. Precisávamos dominar o jogo. Que tipo de jogo poderíamos usar como analogia para nossa empresa, a fim de deixar as pessoas animadas com nosso potencial?

É claro, estávamos no Brasil. Então, tinha que ser futebol.

Veja bem, eu não era uma grande aficionada por futebol. Mas eu estava operando em uma indústria muito dominada por homens, lidando tanto com encanadores quanto com proprietários de lojas de material de construção. Eu achei que o futebol funcionaria com esse público. As analogias eram óbvias: a Amanco estava prestes a começar a jogar uma nova partida. Como primeiro passo, tínhamos que entrar em campo para jogar. Se isso não acontecesse, então não havia esperança. Mas, se entrássemos em campo, então poderia haver esperança – e uma oportunidade para lutar.

Levei essa ideia para a equipe de *marketing*. Decidimos que demoraria cinco anos para reposicionar completamente a Amanco no mercado. Fizemos uma análise cuidadosa de segmentação, estimamos os custos de *marketing*, e assim por diante – tudo baseado no tema de nos tornarmos um time de futebol campeão. Contratei uma agência de publicidade externa para elaborar os anúncios. Todos eles – alguns dos quais mais tarde foram premiados – foram criados com base na ideia de nos tornarmos um time de futebol campeão. Explicamos essas ideias para o conselho – e elas foram aprovadas.

Seguir nessa direção foi arriscado. Afinal, a Tigre tinha uma marca diferenciada, e a Amanco não tinha como oferecer muitas inovações de produto para atrair clientes. Poderíamos ter decidido nos concentrar no segmento de preço baixo do mercado, mas decidimos que precisávamos enfrentar a Tigre onde ela estava – enfatizar a qualidade de nossos produtos e a nossa marca.

Fizemos tudo o que precisávamos na equipe executiva para introduzir nossa campanha de *marketing* temática de futebol. Agora precisávamos levá-la para o mundo. Então, decidi organizar uma convenção de vendas com todos os representantes de vendas da empresa, representantes de nossos clientes atuais e potenciais e outras partes interessadas relevantes. Foi a maior convenção de vendas que nossa empresa já realizou. Ela se baseou inteiramente em torno da analogia do futebol e do objetivo de fazer da Amanco um time campeão.

A sessão de abertura contou com Milton Neves – um comentarista de futebol do rádio e da TV, um verdadeiro especialista. Todos o conheciam. Um verdadeiro ícone do futebol. Todos ficaram impressionados com aquela primeira sessão. Eles andavam por aí dizendo: "Que diabos está acontecendo aqui?".

Todas as outras sessões na reunião foram focadas no futebol – como iríamos estruturar nossa equipe no ataque; como nossa equipe se estruturaria na defesa; como iríamos treinar jogadas ensaiadas? O futebol era uma maneira muito fácil de conectar todos as nossas partes interessadas. Até os encanadores ficaram atraídos pela analogia do futebol. O entusiasmo era contagiante!

Deixe-me dar um exemplo desse entusiasmo na prática. A paleta de cores de nossa empresa era verde; a da Tigre era azul. Pedi aos funcionários de nossas fábricas para visitarem algumas lojas de materiais de construção em suas vizinhanças e cobrirem as lojas com faixas, placas, balões verdes – qualquer coisa verde. Chamamos isso de criar uma "onda verde". Depois de cobrir essas lojas de verde, nossos funcionários começaram espontaneamente a gritar "Amanco, Amanco". Isso se tornou nosso grito de guerra. Em pouco tempo, todos os vendedores tinham "Amanco, Amanco" como toque no celular. Você ouvia esse grito de guerra tocando no rádio, na televisão. Em vez de torcer por seu time de futebol favorito, nossos funcionários agora torciam pela empresa. Tínhamos campanhas de *marketing* de "onda verde" por todo o Brasil.

> Também aproveitamos as fraquezas da Tigre. Por exemplo, na época, acho que eu era a única mulher no nível mais alto da empresa. Então, para minha apresentação na convenção de vendas, decidi entrar no palco usando um casaco com estampa de tigre. A mensagem era clara – havíamos chegado para lutar. A equipe de vendas foi à loucura! Depois, tivemos um comercial de televisão em que um vendedor, usando uma camiseta da Amanco, afagava a orelha de um tigre. Sim, um tigre de verdade! O vendedor fez o animal parecer tão manso quanto um gatinho! Nossos funcionários adoraram. Eles gostavam muito de fazer parte de um time vencedor.
>
> Depois de tudo isso, em apenas seis meses, passamos de um produto com quase nenhum reconhecimento de marca para 56% de reconhecimento. Imagine funcionários que costumavam fazer parte de uma empresa desmoralizada agora percebendo que a Amanco era amplamente reconhecida como o principal concorrente da Tigre. Quando entrei na empresa, a Amanco tinha 7% do mercado, e a Tigre tinha 61%; quando saímos, tínhamos 34% de participação de mercado, e a Tigre tinha 41%. Eu diria que não apenas havíamos marcado um gol, mas também estávamos em uma ótima posição para vencer a partida.

A energia que os funcionários da Amanco sentiram quando se convenceram de que faziam parte de um time vencedor foi quase palpável. Cobrir uma loja varejista com faixas e balões verdes, gritar "Amanco, Amanco", ir à loucura quando viam a chefe usando um casaco com estampa de tigre no palco – tudo isso sugere que Marise foi muito bem-sucedida ao abordar o coração de seus funcionários como parte da mudança cultural da Amanco. Quando eles começaram a acreditar que faziam parte de um time vencedor, passaram a agir como tal. E quando seus clientes ficaram convencidos de que a Amanco era um time vencedor, eles também passaram a agir como tal.

No entanto, toda essa ênfase no "coração" da mudança cultural na Amanco foi precedida por análises financeiras e estratégicas muito cuidadosas e sistemáticas, incluindo uma análise detalhada da segmentação do mercado, uma campanha de *marketing* cuidadosamente planejada e escolhas estratégicas difíceis (por exemplo, mirar em um segmento de mercado diferenciado que já tinha um concorrente forte). Todo esse trabalho econômico racional foi feito nos bastidores, mas forneceu uma base econômica rigorosa para o engajamento na mudança de cultura que Marise planejava. Nesse caso, a parte "cérebro" da mudança cultural foi usada para fornecer uma justificativa para a parte "coração" dela.

Sem apelar para o cérebro, os surtos emocionais e o entusiasmo criados pela analogia, feita por Marise, com o futebol no Brasil, um país louco por esse esporte, talvez não tivessem resultado em nenhuma mudança significativa – mas apenas uma convenção de vendas emocionante que não teria ajudado a Amanco a realmente concorrer com a Tigre. A equipe de Marise tinha um plano para aproveitar aquele entusiasmo, para transformá-lo em participação de mercado. Por outro lado, sem apelar para o coração, a análise de mercado e a estratégia de Marise seriam – sejamos francos – enfadonhas. Foi o entusiasmo dos funcionários que transformou em realidade as implicações daquelas análises formais.

Como começar a mudança de cultura com o coração e chegar ao cérebro dela

Scott Robinson, um jovem gerente incumbido da tarefa aparentemente impossível de melhorar as relações sindicais em uma fábrica, adotou uma abordagem exatamente oposta à de Marise Barroso. Enquanto ela fez a análise racional primeiro e depois focou as emoções para mudar a cultura da Amanco, Scott concentrou-se primeiro no "coração" da mudança cultural e depois passou para a economia racional de negociar com o sindicato.

História 6.3: Scott Robinson, na qualidade de gerente de recursos humanos da Federal Signal Corporation – "Como mudar a cultura em parceria com o sindicato"

Eu tinha 23 anos quando fui encarregado de negociar um novo contrato com o sindicato.

Dizer que tínhamos um problema com o sindicato naquela fábrica seria um eufemismo. Eles não gostavam de nós e nós não gostávamos deles. Na época em que fui incumbido dessa tarefa, havia 110 queixas pendentes. No passado, costumava demorar meses para chegar a um acordo com um prazo de três anos, e mesmo quando chegávamos a um acordo persistia uma profunda animosidade entre a empresa e o sindicato. Sempre que este podia fazer algo para prejudicar a empresa, ele fazia. E sempre que os executivos podiam fazer algo para prejudicar o sindicato, assim faziam. Então, ao longo de 20 anos, a empresa e o sindicato haviam desenvolvido uma antipatia um pelo outro. Os dois lados levavam tudo para o lado pessoal e tentavam tornar a vida um do outro a mais infeliz possível.

Eu achava isso tudo besteira. A fábrica precisava de seus 1.600 funcionários sindicalizados para realizar o trabalho, e esses 1.600 funcionários precisavam dos empregos na fábrica. Então, adotei uma abordagem diferente.

Antes do começo das negociações, perguntei ao presidente da empresa se poderia me encontrar com o presidente do sindicato. Ele concordou, então o líder sindical – seu nome era John – e eu nos encontramos para um almoço informal. Era para ser uma reunião de uma hora, mas, quatro horas e meia depois, chegamos a um entendimento mútuo de que o estado atual das relações sindicais na fábrica era simplesmente tolice, que era nosso dever consertar esse relacionamento e que conseguiríamos fazer isso se esse nosso desejo fosse verdadeiro.

Assim, com minha equipe, fizemos o dever de casa. Procuramos maneiras de ajustar o contrato atual para economizar dinheiro e usar essas economias para pagar mais ao sindicato. Resumindo, negociamos um contrato novo em três semanas – não vários meses –, nos livramos de todas as 110 queixas, economizamos cerca de 6 milhões de dólares para a empresa e usamos essas economias para dar mais dinheiro ao sindicato por hora do que eles haviam pedido originalmente.

> Isso começou a criar uma cultura totalmente nova na fábrica, uma em que a gerência e o sindicato poderiam trabalhar juntos. É claro que demorou algum tempo para que certos funcionários do sindicato e certos gerentes se acostumassem com essa cultura nova, mas a mudança começou quando o líder sindical, John, e eu decidimos que poderíamos fazer as coisas de maneira diferente, que poderíamos resolver a animosidade histórica entre sindicato e gerência.

Scott começou pela construção de um relacionamento com o líder sindical. Aquela primeira "reunião de almoço" não foi uma sessão de negociação inicial. Seu propósito era, em vez disso, descobrir se Scott e o presidente do sindicato, John, poderiam encontrar um terreno comum. Eles poderiam confiar um no outro o suficiente para, juntos, criarem uma nova forma de negociação entre a empresa e o sindicato? Eles poderiam trabalhar juntos para mudar toda a cultura dos funcionários na empresa?

Construir, em primeiro lugar, um relacionamento de confiança com o líder sindical – trabalhar no "coração" da mudança cultural – tornou possível, mais tarde, encontrar maneiras de ajudar tanto a empresa quanto o sindicato a terem sucesso. A empresa teve sucesso porque obteve regras de trabalho mais flexíveis que reduziram seus custos; o sindicato teve sucesso porque se apropriou de uma parcela das economias em benefício de seus membros. Tudo isso foi impulsionado pelos acordos econômicos feitos entre o sindicato e a empresa, acordos que dependiam, em primeiro lugar, da existência de um relacionamento de confiança entre os dois lados da negociação.

Imagine a surpresa dos negociadores sindicais quando Scott ofereceu um aumento salarial maior do que o sindicato havia pleiteado, um aumento salarial possibilitado pelas economias criadas por meio de um relacionamento mais cooperativo entre sindicato e empresa. De fato, às vezes a mudança de cultura começa com o "coração", mas muito, no final, depende das análises racionais do "cérebro".

Como integrar o cérebro e o coração à mudança de cultura

Caso você alterne entre apelar para o coração e para o cérebro da mudança cultural; caso comece com ênfase no cérebro e depois passe para o coração; ou caso comece com um foco no coração e depois passe para o cérebro, uma coisa é certa: uma mudança de cultura bem-sucedida requer um apelo tanto aos interesses econômicos racionais dos funcionários – seus cérebros – quanto aos seus interesses emocionais e sociais – seus corações. Faça o apelo ao primeiro (o cérebro) sem o segundo (o coração), e será difícil construir o entusiasmo pessoal e o compromisso necessários para realizar a mudança cultural. Faça o apelo com foco no segundo, sem o primeiro, e será difícil perceber os benefícios econômicos da mudança de cultura.

Uma empresa em nossa amostra que parece integrar essas duas dimensões da mudança cultural de uma forma bastante eficaz é a DaVita. Note como, nesse relato, Mike Staffieri constrói histórias que exemplificavam a cultura que a DaVita estava tentando implementar, e como essas histórias apelavam para o cérebro e para o coração dos funcionários.

> **História 6.4: Mike Staffieri, na qualidade de COO da DaVita –**
> **"Como transformar nossos compromissos em realidade"**
>
> Por sermos uma empresa de saúde que atua no setor de hemodiálise, tentamos nos organizar em torno de algo que chamamos de "Trilogia do Cuidado": cuidar dos pacientes, cuidar uns dos outros e cuidar do mundo. Achamos que essas três formas de cuidar estão intimamente ligadas e formam a base de um modelo de negócios sustentável. Contudo, apenas ter esses bordões colados em alguma faixa ou pintados na parede não significa nada. Precisávamos encontrar maneiras de tornar essa ideia uma realidade.
>
> Decidimos começar a nos referir à DaVita como um vilarejo. As pessoas trabalham e vivem em um vilarejo, e os moradores de um vilarejo cuidam uns

dos outros. Para tornar essa ideia uma realidade, criamos o que chamamos de Programas de Vilarejo. São programas e atividades muito específicos e que reforçam a ideia de que somos, em primeiro lugar, uma comunidade e, em segundo lugar, uma empresa.

Um exemplo de Programa de Vilarejo é a Rede do Vilarejo DaVita. Ele agrega contribuições da empresa e doações dos funcionários para fornecer apoio àqueles que passam por dificuldades. Nossos funcionários podem fazer contribuições automáticas para a Rede por meio da folha de pagamento, ou podem fazer contribuições únicas. Se algum deles – a quem chamamos de colegas de equipe – enfrentar tempos difíceis, ele pode solicitar subsídios à Rede para ajudá-lo. Então, por exemplo, se o filho de alguém tiver câncer e essa pessoa não puder trabalhar, e estiver acumulando despesas de saúde, pode solicitar um subsídio. Além disso, as equipes locais da Rede organizam, com frequência, campanhas simples de levantamento de recursos – como a venda de bolos ou algo semelhante – para ajudar. Em seguida, pedem ajuda à Rede do Vilarejo DaVita, a qual, às vezes, doa o equivalente a dez ou mais vezes os fundos arrecadados localmente.

Um bom exemplo da Rede do Vilarejo DaVita é o que aconteceu quando o furacão Harvey atingiu Houston. Como você deve se lembrar, foi uma devastação geral, com inundações terríveis, e muitas pessoas perderam suas casas. Tínhamos 110 clínicas em Houston. Nosso pessoal foi incrível. Suas casas estavam inundadas, eles não tinham para onde ir, e ainda assim foram trabalhar porque, se não o fizessem, os pacientes poderiam adoecer gravemente e precisar ser hospitalizados. Às vezes, nossos pacientes morrem quando deixam de receber seus tratamentos. E então, embora alguns de nossos funcionários não tivessem mais nada, continuaram comprometidos com os pacientes – e "Cuidar dos pacientes" é a primeira parte da nossa Trilogia do Cuidado.

Peguei um voo para Houston com um grupo de executivos graduados. Pousamos o mais perto possível de lá e depois dirigimos o restante do caminho. Conosco, levamos 75 mil dólares em espécie da Rede. Visitamos todas as nossas clínicas e nos reunimos com os funcionários para descobrir quem tinha necessidades financeiras mais imediatas – por exemplo, alugar um quarto de hotel ou comer em restaurantes. Os funcionários nessa situação automaticamente receberam 800 dólares da Rede do Vilarejo DaVita – sem qualquer aborrecimento ou papelada.

Levamos também muitos voluntários da sede nacional da empresa até Houston. Eles iam para as casas de nossos colegas de equipe, a fim de arrancar carpetes arruinados ou remover placas de gesso. Isso é o que nossos colegas de equipe teriam feito, mas tiveram que ir às clínicas e cuidar dos pacientes. "Cuidar uns dos outros" é a segunda parte de nossa Trilogia do Cuidado.

A Rede do Vilarejo DaVita fez tudo isso: hospedou nossos colegas de equipe em hotéis, comprou produtos de higiene para eles, forneceu-lhes dinheiro para comida.

Eu sei que bordões como "Cuidar dos pacientes, cuidar uns dos outros e cuidar do mundo" podem parecer inócuos em certas empresas. Mas o furacão Harvey me mostrou que o Vilarejo DaVita é real. Ele me mostrou que, às vezes, a melhor maneira de cuidar de nossos pacientes é cuidar uns dos outros.

Nós usamos a mesma abordagem para "cuidar do mundo". Na maioria dos países desenvolvidos, governos ou planos de saúde particulares pagam pela hemodiálise. Mas essa não é a realidade em muitos países em desenvolvimento. Neles, as pessoas podem morrer por falta de acesso ao tratamento. Então, ajudamos a criar e apoiar missões médicas ao redor do mundo para financiar clínicas de hemodiálise.

Dessa forma, tentamos cumprir nosso compromisso com a Trilogia do Cuidado.

Olha, eu acredito na ideia de que nossa empresa é uma comunidade, que a DaVita é como um vilarejo onde cuidamos uns dos outros. Deixe-me dar um exemplo do que isso significa. A esposa de um grande amigo meu lutava contra um câncer de mama. Eles moravam na Flórida, mas viajavam para o hospital Sloan Kettering, em Nova York, para fazer o tratamento dela. Na época, meu escritório ficava na Califórnia, mas por acaso eu estava em Chicago no dia anterior à cirurgia.

Então, decidi ficar um pouco mais naquele lado do país, voei até Nova York e surpreendi meu amigo. Fui ao centro cirúrgico no dia em que a esposa dele estava sendo operada. Eu sabia que ele estaria lá porque a esposa estava passando pelo procedimento, e eu sabia que ele estaria lá sentado em uma sala de espera, com medo do que estava acontecendo com a esposa, a muitos quilômetros de casa, sem conhecer ninguém. E então, fui e lhe fiz companhia durante a cirurgia. Acho que isso significou muito para ele.

Eu não contei a ninguém sobre o que fiz. Apenas meu assistente sabia, porque ele tinha feito as reservas de voo. Mas ele contou a todos. Eu não gosto de contar essas histórias sobre mim mesmo, mas elas se espalham.

Quando as pessoas contam essas histórias, elas retratam seu líder de uma maneira diferente. Elas dizem: "Sim, o Mike é um cara durão, e ele tem uma grande preocupação com o desempenho. Mas ele também tem um lado humano". Para mim, minha equipe, meus subordinados diretos, são como minha família.

Eu não tinha ideia de que esse meu amigo contaria essa história em uma reunião em que estavam quase cinco mil pessoas.

Outro exemplo. Duas semanas atrás, voei para Cincinnati porque tenho uma subordinada direta que acabou de ter um bebê e está de licença-maternidade por quatro meses. E pensei: não seria ótimo se seu chefe aparecesse e conhecesse o bebê, voasse para o outro lado do país e passasse meio dia com alguém, apenas para demonstrar que ele pensou naquela pessoa enquanto ela está fora? Sim, isso consome muito tempo e é difícil de atribuir um valor a esse tipo de gesto, mas quando você tem pessoas que ama e que são ótimas, e que você sabe que são muito valiosas, e estão sempre sendo recrutadas por concorrentes, mostrar que se importa é muito importante.

Eu não falo muito sobre esses episódios, mas eles acabam vazando.

O modelo de negócio da DaVita – "Cuidar dos pacientes, cuidar uns dos outros, cuidar do mundo" – parece idealista e irreal. Um pouco sonhador, como se fosse tudo "coração" e nada de "cérebro". Ainda assim, ao cuidar uns dos outros, os funcionários da DaVita conseguem cuidar de seus pacientes de forma mais eficaz – mesmo em situações extremas, como as inundações em Houston. E ao cuidar de seus pacientes, a DaVita assegura sua viabilidade financeira a longo prazo – uma justificativa para uma mudança de cultura muito voltada para o "cérebro".

Outro exemplo de uma empresa que integrou o "cérebro" e o "coração" na mudança cultural foi a Vigor, uma empresa de laticínios brasileira que pertenceu à JBS Foods. Considere esta história, conforme contada por Gilberto Xandó Batista, sobre a introdução de um novo produto, o iogurte grego, no mercado brasileiro.

> **História 6.5: Gilberto Xandó Batista, CEO da Vigor –**
> **"Como introduzir um novo produto no mercado em quatro meses"**
>
> Conhecemos o iogurte grego em uma feira do setor e decidimos levá-lo para o Brasil. Reunimos a equipe em uma única sala e dissemos: "Vamos colocar nossos valores em prática na introdução desse novo produto – com um senso de urgência, uma atitude de proprietário e disciplina. Vamos fazer isso por meio da elaboração de um cronograma de introdução de produto que nos permitirá lançá-lo em quatro meses em vez dos habituais 18".
>
> Expliquei que precisávamos fazer isso porque nossos principais concorrentes provavelmente iriam se posicionar rápido. O iogurte grego já tinha 50% do mercado nos Estados Unidos e 35% na Europa. A Danone, nosso principal concorrente no Brasil, já tinha um produto de iogurte grego no continente europeu. Então, precisávamos nos antecipar a eles.
>
> Mas não redesenhamos nosso processo de inovação de produto. Isso teria levado muito tempo. Em vez disso, confiamos em nossa cultura e nossos valores, os quais apelavam para que agíssemos como se fôssemos proprietários do negócio, que pensássemos de forma diferente, que fizéssemos coisas diferentes.
>
> Então, por exemplo, perguntei onde estava o maior gargalo na introdução do iogurte grego no mercado brasileiro. Um membro da equipe disse: "Vamos precisar de uma máquina de embalagem de iogurte, e ela demora um ano e dois meses para chegar. É impossível obtermos uma máquina dessas em quatro meses".
>
> Mas outro integrante da equipe levantou a mão e disse: "Espere um momento. Eu tenho uma máquina parada em uma de nossas fábricas. Posso adaptá-la para fazer uma embalagem semelhante à que você deseja".
>
> "Quanto tempo levará para modificar esta máquina e quanto custará?"
>
> "Posso modificá-la em uma ou duas semanas, e custará menos de 50 mil reais – muito mais barato do que os 30 milhões de euros que uma nova máquina custaria."

Então, instalamos e colocamos nossa máquina de embalagem em funcionamento poucas semanas após decidirmos ingressar no segmento de iogurte grego, e a uma fração do custo de uma máquina nova.

Usamos esse caso por anos na Vigor para fortalecer a atitude de proprietário na cultura da empresa. Eu contava essa história e depois acrescentava que esse era o tipo de atitude que se esperava de nossos funcionários. Esperávamos que eles ultrapassassem os limites, que pensassem de forma diferente. Essa experiência mudou a empresa. Poderia ter dado errado, mas essa nova categoria de produto levou a Vigor para um patamar mais elevado.

Conclusão

Assim, nossa pesquisa sugere que a mudança de cultura deve apelar tanto para o "cérebro" – razões econômicas para se envolver na mudança – quanto para o "coração" – razões emocionais e sociais para se envolver nela. Os esforços em prol da mudança cultural focados apenas no "cérebro" fracassam porque não incorporam a natureza profundamente social das culturas organizacionais; os esforços em prol da mudança de cultura focados apenas no "coração" fracassam porque não incorporam o propósito econômico fundamental da maioria dos tipos de organização.

Uma figura histórica que entendeu, melhor do que a maioria, tanto o "cérebro" quanto o "coração" da mudança organizacional foi Abraham Lincoln. Um dos grandes contadores de histórias na história dos Estados Unidos, Lincoln baseou-se em suas experiências como advogado itinerante no Oeste rural para construir histórias que estabeleciam conexões emocionais com seus eleitores e colegas.[1] Muitas vezes humorísticas e, às vezes, "atrevidas", as histórias de Lincoln, invariavelmente, tocavam em pontos fundamentais das questões mais importantes de sua época, incluindo a questão da escravidão. Mas Lincoln

---

1 MCCLURE, A. *Yarns and Stories of Abraham Lincoln*. Nova York: Walking Lion Press, 2013.

não confiou apenas no "coração" de suas histórias para promover a mudança. Ele também se concentrou no "cérebro" da mudança organizacional. Esse equilíbrio entre "cérebro" e "coração" pode ser visto de modo muito claro nos esforços de Lincoln para fazer com que a 13ª Emenda – que introduziu a proibição da escravidão na Constituição – fosse aprovada pela Câmara dos Representantes dos Estados Unidos.[2]

Outro ano decisivo para o presidente Abraham Lincoln foi o de 1865. Iniciada em 1861, a Guerra da Secessão, travada entre os estados da União e os Confederados, entrava em seu quinto ano. O cataclismo de carnificina desencadeado por essa guerra foi inédito. No total, mais de 640 mil pessoas morreram na Guerra da Secessão – quase 1 em cada 30 cidadãos dos Estados Unidos naquela época. Embora a guerra parecesse estar terminando no final de 1864, ainda haveria muito derramamento de sangue antes que o general Lee se rendesse ao general Grant no prédio do Tribunal da Justiça de Appomattox, em 9 de abril de 1865.

Politicamente, Lincoln foi reeleito para a presidência por meio de uma vitória esmagadora sobre George McClellan, um general que ele havia demitido. Seu partido político – o Partido Republicano – também aumentou sua maioria no Senado e na Câmara dos Representantes. Isso significava que havia cerca de 20 políticos democratas que não tinham sido reeleitos e que ficariam desamparados quando o novo Congresso tomasse posse em março de 1865.

Lincoln enxergou uma oportunidade naquela situação. A princípio, ele assinara a Declaração de Emancipação em 1º de janeiro de 1863. No entanto, essa declaração libertou os escravos apenas naqueles estados que, na época, estavam em rebelião contra os Estados Unidos. Lincoln assinara a Declaração de Emancipação como uma necessidade militar, mas sua aplicação após a guerra era incerta. Ele estava convencido de que a única maneira de abolir completamente a instituição

---

[2] Cf. GOODWIN, D. K. *Team of Rivals*. Nova York: Simon and Schuster, 2005.

da escravidão era emendar a Constituição dos Estados Unidos – um processo que teria que começar com a aprovação de uma proposta de emenda constitucional por dois terços do Senado e da Câmara dos Representantes.

De fato, o Senado já se pronunciara a favor da emenda. Faltava apenas o voto da Câmara para que a emenda antiescravagista – a 13ª Emenda à Constituição dos Estados Unidos – pudesse ser enviada aos estados para ratificação final. No entanto, a passagem da emenda pela Câmara era menos certa.

O possível fim da guerra também aumentou a urgência de Lincoln para conseguir um voto favorável à emenda. Se a guerra terminasse e os antigos Estados Confederados da América fossem readmitidos na união com seus direitos e *status* antigos, isso poderia tornar mais difícil fazer com que a emenda fosse aprovada pelo sistema legislativo dos Estados Unidos. Além disso, Lincoln queria apoio bipartidário para a 13ª emenda e, portanto, queria que ela fosse ratificada antes que o novo Congresso tomasse posse em março de 1865.

Lincoln usou dois tipos de argumentos para defender a ratificação da 13ª emenda. O primeiro focava o coração – a escravidão era imoral e, por uma questão de justiça, já deveria ter sido abolida nos Estados Unidos. Em 1864, os horrores da escravidão eram bem conhecidos, e o debate entre os republicanos deixou de ser sobre abolir ou não a escravidão para ser sobre como proibi-la. Os argumentos morais de Lincoln para aboli-la são poderosos, mesmo mais de um século depois:

> A abolição da escravidão por meio de um dispositivo constitucional decide o destino, para todo o futuro, não apenas de milhões hoje em cativeiro, mas também de milhões ainda por nascer.[3]

---

3   GOODWIN, D. K. *Team of Rivals*, p. 687.

No entanto, a linha oficial do Partido Democrata em 1864 era que pôr fim à Guerra da Secessão era mais importante do que proibir a escravidão e que, na verdade, proibir a escravidão imediatamente poderia prolongar, em vez de encurtar, a guerra. Assim, embora os republicanos detivessem a maioria dos assentos na Câmara, não tinham a maioria de dois terços necessária para encaminhar uma emenda constitucional aos estados. Nesse cenário, os cerca de 20 democratas "patos mancos" que estariam fora do governo após a abertura do novo Congresso eram indivíduos que Lincoln acreditava que poderiam ser persuadidos – se não por um apelo ao coração, talvez por um apelo ao cérebro – a votar a favor da emenda.

Naquela época, e ainda hoje, o presidente tinha o poder de nomear pessoas para muitos cargos governamentais. Não é incomum ele usar essas nomeações apadrinhadas para recompensar a lealdade ou outros serviços prestados ao governo. Lincoln decidiu usar essas nomeações como um incentivo para que aqueles que deixavam a vida pública votassem a favor da 13ª Emenda, sobretudo os democratas não reeleitos que antes haviam votado contra ela. Embora não estivesse diretamente envolvido no fornecimento de incentivos a esses funcionários do governo prestes a ficarem desempregados, Lincoln deixou claro seu interesse nesse assunto ao dar instruções àqueles incumbidos dessa responsabilidade:

> Deixo a vocês determinar como será feito; mas lembrem-se de que sou presidente dos Estados Unidos, revestido de imenso poder, e confio que vocês obterão os votos.[4]

Claramente, Lincoln havia concluído que, se não fosse possível conseguir que esses congressistas prestes a ficarem desempregados votassem a favor da 13ª Emenda porque era a coisa moralmente correta a

---

4 GOODWIN, D. K. *Team of Rivals*, p. 687.

fazer, talvez pudesse fazê-los mudar de voto para melhorar sua empregabilidade no futuro. Vários cargos governamentais de destaque foram oferecidos aos democratas que deixavam a Câmara. Na maioria desses casos, eles votaram a favor da 13ª Emenda.

Enquanto os sinos por toda Washington, D.C., badalavam em celebração, a 13ª Emenda à Constituição dos Estados Unidos foi aprovada pela Câmara de Representantes em 31 de janeiro de 1865, por uma votação final de 119 a 56, 4 votos a mais do que a maioria de dois terços necessária. A Guerra da Secessão terminou em 9 de abril de 1865, quando o general Lee apresentou a rendição do Exército da Virgínia do Norte ao general Grant no prédio do Tribunal de Justiça de Appomattox, na Virgínia. E a 13ª Emenda foi finalmente ratificada pelos estados em 6 de dezembro de 1865.

Tragicamente, Lincoln não viveria para testemunhar a abolição legal da escravidão. Em vez disso, ele foi baleado por John Wilkes Booth em 14 de abril de 1865 e morreu na manhã seguinte, apenas seis dias após a rendição de Lee. Mas a capacidade de Lincoln de apelar tanto para o coração quanto para o cérebro dos membros da Câmara de Representantes dos Estados Unidos assegurou a aprovação e a subsequente ratificação da 13ª Emenda, bem como a abolição da escravidão legal nos Estados Unidos – uma mudança cultural profunda que permanece viva há mais de um século.

Você está disposto a apelar tanto para o cérebro quanto para o coração de seus funcionários em seus esforços em prol da mudança de cultura de sua organização?

7

A construção de histórias como uma atividade teatral

Nós três temos uma vasta experiência em ajudar organizações a mudarem suas culturas – tanto como executivos seniores quanto como consultores. Essa experiência significa que a presença da maioria dos elementos das histórias de mudança cultural bem-sucedidas que identificamos em nossa pesquisa não foi uma surpresa total. O certo é que, antes de coletarmos nosso banco de dados de histórias, não tínhamos feito uma análise sistemática para identificar esses atributos. Mas, depois de gerarmos essa lista a partir da análise do conjunto de dados, ela apresentou uma validade aparente que era consistente com nossas experiências anteriores.

A exceção é o atributo das histórias de mudança de cultura bem-sucedidas discutido neste capítulo: a teatralidade. Claro, cada um de nós já tinha visto CEOs se engajando em comportamentos bastante teatrais para enfatizar algum ponto da cultura que desejavam criar em suas organizações. O surpreendente, no entanto, foi a extensão do uso da teatralidade em nosso conjunto de dados.

O que significa "teatralidade" no contexto da mudança de cultura?

O que queremos dizer com "teatralidade"? Assim como tantos outros aspectos da construção de histórias, é muito mais fácil identificar o que é teatral do que definir o termo. Em geral, a teatralidade envolve os líderes de alto escalão de uma empresa fazerem algo muito diferente de suas atividades normais do dia a dia, em um ambiente muito público e de uma maneira que reforça algum aspecto de uma mudança cultural que o líder está tentando implementar. Surpreendentemente, muitas vezes também envolve o ato desse líder de vestir uma fantasia, assumir um papel muito diferente do que é de verdade e agir de uma forma bastante estranha. Daí o rótulo "teatralidade".

Cerca de metade das histórias de construção de cultura bem-sucedidas em nosso banco de dados continha alguns elementos de teatralidade. Assim, ao contrário dos outros atributos de histórias de construção de cultura bem-sucedidas, identificados a partir da análise de nossos dados, a teatralidade não parece ser uma condição necessária para construir uma história capaz de realmente mudar uma cultura. No entanto, ela é bastante comum, e seus efeitos podem ser dramáticos – com o perdão do trocadilho – o suficiente para merecer uma menção. Pense na teatralidade como mais uma ferramenta em seu estojo de ferramentas para construir uma história de mudança de cultura. Você talvez não precise usar essa ferramenta com grande frequência, mas é bom tê-la à mão.

Por que "teatralidade"?

Acrescentar um elemento de teatralidade à construção de uma história de mudança cultural tem várias vantagens. Por exemplo, esses elementos teatrais tornam a história memorável. Em nossa experiência, os funcionários podem se lembrar dos elementos teatrais de uma história por muitos anos – às vezes muito tempo depois, quando a forma como a teatralidade se encaixa na história de mudança de cultura foi esquecida.

Esses elementos também demonstram a disposição de um líder em fazer o que for necessário para implementar uma cultura nova – mesmo que essas ações possam ser um tanto constrangedoras e fora do normal. Mas, de certa forma, esse é o objetivo do uso dos elementos teatrais – justamente por serem um tanto constrangedores e fora do normal, eles demonstram o compromisso do líder com a mudança cultural. É mais um exemplo de um líder que deixa sua marca para ajudar a mudar a cultura de sua organização.

Por fim, os elementos teatrais das histórias de mudança de cultura são divertidos – para o líder e para os funcionários. Na visão de muitos, a mudança cultural evoca a ideia de reuniões intermináveis com especialistas em gestão de mudança, que geram listas de valores fundamentais, desenvolvem reuniões de treinamento longas e enfadonhas, e assim por diante. A mudança de cultura, nesse mundo, é um longo túnel escuro do qual uma empresa nunca realmente emerge.

No entanto, o teatro é divertido. É um pouco louco. É fora do comum. E, na medida em que reforça a mudança de cultura, pode ajudar a promovê-la de maneiras tangíveis e reais. Nosso primeiro exemplo do uso da teatralidade para facilitar a mudança cultural nos é dado por uma empresa que não vinha se "divertindo" – na verdade, estava se reunindo para finalizar uma demissão em massa. Mas o que ocorreu naquela reunião foi muito teatral, e levou essa empresa de volta ao caminho do sucesso financeiro.

Um tipo diferente de jantar comemorativo

História 7.1: Jeff Rodek, na qualidade de CEO da Hyperion Solutions – "Uma celebração com pão e água"

Entrei no conselho da Arbor Software como diretor independente no início de 1998. Durante minhas conversas com o conselho e o CEO antes de entrar na empresa, disseram-me que uma fusão havia sido estudada, mas que mais tarde tinham mudado de ideia. No entanto, em minha primeira reunião de conselho, essa decisão voltou à mesa para votação e foi aprovada. Em sua fase inicial, a fusão Arbor/Hyperion acabou sendo um desastre, e cerca de um ano depois fui recrutado e contratado para ser presidente e CEO. Em meus primeiros nove meses com a nova Hyperion, nosso desempenho foi bastante positivo. Achávamos que éramos bastante talentosos – mas estávamos perdendo funcionários-chave para outras empresas de tecnologia que ofereciam incentivos melhores, na forma de participação no capital acionário, para nossos executivos. Achávamos que tínhamos uma estratégia pós-fusão bastante clara e uma cultura razoavelmente forte, mas, como logo descobri, uma certa autossatisfação e complacência permeavam a organização, e a estratégia precisava ser muito mais clara.

Pensando bem, é provável que o que realmente aconteceu durante aqueles primeiros nove meses foi que o setor de *software* como um todo estava indo bem, e – após identificar algumas vitórias fáceis no curto prazo – nosso desempenho era bom e acompanhava a concorrência. Não éramos tão bons quanto achávamos que éramos, ou o quanto nosso desempenho histórico sugeria que poderíamos ser.

Claro, tudo isso mudou quando o desempenho do setor começou a fraquejar. Nossos principais executivos de vendas e líderes estavam saindo da empresa, e as fraquezas de nossos processos operacionais se tornaram evidentes. Nosso desempenho não correspondia às expectativas, e pior, estávamos perdendo dinheiro e queimando caixa. O resultado foi um grande recuo em termos de receita e lucros no quarto trimestre do meu primeiro ano. Reestabelecemos o prumo até certo ponto, mas o conselho e eu sentimos que estávamos apenas tapando o sol com uma peneira.

Contratamos uma empresa de consultoria externa e desenvolvemos uma estratégia mais clara que exigia uma demissão em massa. Para finalizar o plano resultante e obter apoio, agendamos uma reunião fora da sede com a equipe executiva e cerca de uma dezena de outros funcionários importantes. Mas, quando soube que tínhamos reservado uma sala de jantar luxuosa e um salão de baile em um hotel caro de São Francisco – o Fairmont – para essa reunião, fiquei chocado. Não era possível que fôssemos vistos celebrando um desempenho tão ruim naquele hotel tão chique.

Então, chamei minha assistente executiva e a organizadora da reunião ao meu escritório e disse-lhes que teríamos que escolher outro local. Minha assistente quase desmaiou: "Já pagamos pelo local. Devido aos problemas do setor de tecnologia, conseguimos um preço extremamente baixo. Podemos cancelar, mas teremos que arcar com tudo, quer usemos o hotel ou não".

Bem, isso não parecia uma boa ideia. No entanto, mesmo com o preço baixo, a impressão dada pela realização de uma reunião no Hotel Fairmont – com sua sala de jantar ornamentada e vistas deslumbrantes – era simplesmente inaceitável, para mim ou para qualquer funcionário que ouvisse falar daquela reunião.

Sendo assim, decidi mudar um pouco o evento – sem que minha equipe executiva soubesse.

No dia e no horário marcados, as pessoas começaram a entrar na sala para o jantar de abertura. A mesa estava arrumada de uma maneira muito linda – talheres brilhantes e taças de cristal dispostos ao redor de louças requintadas. Exatamente o que você esperaria de um hotel como aquele. As expectativas para um jantar excelente eram altas.

E então os garçons começaram a servir o jantar. Eles despejaram água filtrada nas taças e serviram pão. Eu me levantei para proferir meu discurso pré-jantar para a equipe, mas primeiro mandei tocar "Funeral For A Friend" [Funeral de um amigo] de Elton John. Enquanto a música tocava, expliquei: "Em tempos normais, eu teria mandado cancelar este evento. Não é apenas uma questão de custo; são as aparências – e não temos o direito de celebrar nosso desempenho desastroso. Todos sabemos que foi terrível. Decepcionamos nossos clientes, funcionários e acionistas. Então, decidi servir o único cardápio que nós, como empresa, merecemos esta noite. Pão e água. Isso é tudo que teremos esta noite, isso é tudo que merecemos esta noite. Pão e água".

> Houve acenos silenciosos de concordância por toda a sala.
>
> Afirmei também que, se alguém incluísse uma barra de chocolate sequer em sua prestação de contas daquela noite, seria demitido.
>
> Devo dizer que o pão servido pelo hotel estava excelente!
>
> Continuei: "Minha expectativa é que resolveremos os problemas que enfrentamos este ano e que, no próximo ano, reverteremos completamente o desempenho da empresa. Quero estar de volta neste salão daqui a um ano. Na verdade, quero agendar um jantar comemorativo neste mesmo local daqui a um ano. Contudo, não quero servir pão e água no ano que vem. Quero comer uma refeição opulenta. Quero que todos nós mereçamos uma refeição opulenta".
>
> De muitas maneiras, a transformação da empresa começou naquela noite – com uma refeição de pão e água. E no ano seguinte, enquanto comemorávamos nosso sucesso, todos lembraram de onde estávamos no ano anterior, e nos comprometemos a nunca mais ter um jantar de pão e água novamente.

Jeff Rodek transformou um suposto jantar comemorativo em um evento de mobilização, de modo preparar sua organização para a mudança de cultura necessária, se quisessem melhorar seu desempenho.[1] Isso exigia transformar uma cultura autossatisfeita e complacente em uma enxuta e faminta – uma analogia perfeita para um jantar a "pão e água".

Jeff transformou esse jantar em um evento teatral de várias maneiras. Primeiro, ele mudou o cardápio sem informar a nenhum de seus principais subordinados diretos. Segundo, manteve as mudanças em segredo. Terceiro, quando sua equipe entrou no local, parecia que seria apenas mais um típico jantar comemorativo – com talheres, louça e comida sofisticados.

Em resumo, ele os enganou direitinho.

Imagine a confusão quando o prato inicial de pão foi seguido por um segundo prato de pão e depois um terceiro. E sem vinho – apenas água mineral com e sem gás.

---

1 Cf. LEWIN, K. *Resolving Social Conflicts*. Nova York: Harper & Rowe, 1949.

Aproveitando impecavelmente aquele momento como um comediante profissional, Jeff então se levanta e revela a piada: "Esta noite, só merecemos pão e água".

Temos bastante certeza de que cada funcionário que compareceu àquele jantar naquela noite lembra dessa mensagem. E eles se lembram de como isso deflagrou um processo de mudança de uma cultura autossatisfeita e complacente para uma agressiva e focada no crescimento. E mais importante: um ano depois, tiveram um verdadeiro jantar de comemoração.

Como quebrar a hierarquia acadêmica

Por ser a primeira mulher a ocupar o decanato da Faculdade de Administração Marriott da Universidade Brigham Young, Brigitte Madrian teve dois desafios culturais a superar em seu esforço para desenvolver uma conexão mais próxima com os alunos: expectativas sobre seu "papel adequado" como mulher e expectativas sobre seu "papel adequado" como decana. Ela escolheu usar a teatralidade para começar a lidar com essas questões.

> **História 7.2: Brigitte Madrian, na qualidade de decana da Faculdade de Administração Marriott – "Como usar um tema de Harry Potter para diminuir o medo dos alunos"**
>
> As universidades são organizações muito formais, sobretudo no que se refere aos cargos administrativos superiores, como reitores e decanos. Às vezes, os alunos se sentem muito constrangidos na presença dos administradores – e, de vez em quando, os administradores se sentem constrangidos na presença dos estudantes. Muitas vezes existe uma lacuna cultural entre a administração e os discentes.
>
> Essa lacuna era ainda maior para mim, porque eu fui a primeira decana daquela faculdade. Portanto, os alunos não sabiam não apenas como agir na presença de um decano; eles realmente não sabiam como agir na presença de uma decana.

Eu queria tentar diminuir essa lacuna. Queria que nossa faculdade fosse rigorosa e exigente, sim, mas não intimidadora e assustadora. Queria que os alunos se sentissem confortáveis – eu estava convencida de que, se eles se sentissem mais confortáveis naquele ambiente, seriam mais bem-sucedidos em suas aulas, e isso seria bom para os alunos, os professores, as empresas que contratam nossos alunos – em resumo, para quase todo mundo.

E eu queria me divertir.

Comecei com algumas coisas simples – um programa de "decanos e rosquinhas doces", em que os vice-decanos e eu distribuíamos rosquinhas doces para os alunos que passavam por nosso prédio. Além disso, comecei a participar das reuniões de vários grupos e associações de alunos, apenas para que eles se acostumassem a estar na minha presença. Essas ações foram úteis e começaram a mudar a cultura, mas eu queria fazer mais.

Eu amo os filmes de Harry Potter, e faltavam apenas três semanas para o Dia das Bruxas. Então, decidi me vestir como um dos personagens dos filmes de Harry Potter, Dolores Umbridge, e usar a situação como uma oportunidade para interagir com os alunos.

Dolores Umbridge é a diretora malvada que entra na escola de Hogwarts, substitui um dos grandes heróis da série – o diretor Dumbledore – e começa a emitir centenas de "decretos educacionais" que, na verdade, têm pouco ou nada a ver com a melhoria da educação. Esses decretos eram colados em uma parede para que todos os alunos pudessem ler.

Além disso, se algum aluno fizesse algo proibido ou, na verdade, qualquer coisa que Dolores não gostasse, ele teria de ficar depois da hora. Atrasado para a aula – ficava depois a hora; cabelo desarrumado – ficava depois da hora; atitude mal-humorada – ficava depois da hora.

Minha suposição era de que alguns de nossos alunos pensavam que ser o decano de uma faculdade de administração era como ser Dolores Umbridge, que meu trabalho era andar por aí garantindo que professores e alunos fizessem o que deveriam fazer e, se não o fizessem, corrigi-los. Então, eu queria desfazer essa crença ao interpretar o papel de Dolores Umbridge de Harry Potter, mas também me divertir ao fazê-lo.

Então, comprei um vestido rosa – Dolores sempre se vestia de rosa. Ela gostava de gatos, então comprei um gato de pelúcia e uma bolsa rosa bonitinha. Fiz com que a prefeitura do campus tocasse o tema musical de Dolores seguidas vezes em nosso prédio, e a equipe de comunicações desenvolveu dezenas de "decretos educacionais" que foram colados nas paredes de nosso prédio. Alguns dos vice-decanos também se vestiram como personagens de Harry Potter. E então passeamos pelo prédio, e eu ia até um aluno e dizia: "Huumm, atrasado para a aula, fica depois da hora". Então eu dava a ele uma rosquinha doce. Ou: "Camisa desarrumada, fica depois da hora"; ou: "Tênis desamarrado, fica depois da hora" – tudo seguido de uma rosquinha doce.

Aquela era uma geração de alunos que havia sido criada com Harry Potter, então todos instantaneamente entenderam a piada. Claro, foi divertido. Claro, os alunos falaram sobre aquilo por dias. Mas também transmitiu uma mensagem: eu posso ser a decana da faculdade, e posso ser a primeira decana da faculdade, mas vocês não precisam ter medo de mim. Estamos neste negócio educacional juntos, e a melhor maneira de termos sucesso é trabalhar em conjunto da forma mais eficaz possível.

E, ao longo do caminho, talvez possamos nos divertir.

Esse é um ótimo uso da teatralidade para começar a romper barreiras culturais que, de outra forma, poderiam interferir na missão educacional da faculdade. Claro, por si só, é difícil que esse evento pudesse suplantar uma cultura acadêmica hierárquica que existe há literalmente séculos. Mas foi um começo.

Será que uma bermuda pode de fato mudar a cultura de uma organização?

História 7.3: Shane Kim, na qualidade de CEO da GameStop – "A apresentação do meu código de vestimenta"

Cheguei ao cargo de CEO da GameStop após trabalhar vários anos na Microsoft. Nesta empresa, as pessoas vestiam o que queriam para trabalhar, a menos que fossem visitar um cliente. Bem, a sede da GameStop ficava em Dallas, Texas, e quando cheguei já passava dos 40 graus centígrados. Mas, quando olhei ao redor, ninguém vestia bermuda. Acontece que a GameStop proibia o uso de bermudas no trabalho.

Naquela época, a empresa passava por um momento difícil. As pessoas estavam preocupadas com o futuro. Muitos executivos graduados tinham saído, e havia desafios provocados pelo aumento da desintermediação no mercado de jogos de console e um interesse crescente na empresa por parte de firmas de capital privado. Eu queria amenizar um pouco as coisas para que as pessoas pudessem se descontrair e se divertir enquanto trabalhavam. Deixá-las usarem bermudas para trabalhar era algo pequeno, mas poderia ajudar.

Decidimos apresentar a nova política de bermudas por meio de um vídeo engraçado. No início, o vídeo me mostrava falando em algumas reuniões, escrevendo no quadro branco, e assim por diante. Ele mostra apenas a metade superior do meu corpo, e eu estava vestindo paletó escuro e gravata. Então, perto do final do vídeo, o enquadramento mudava para uma visão de corpo inteiro e me mostrava usando bermudas e meias pretas compridas, sapatos pretos, paletó e gravata – um visual muito feio, aliás. E eu olhava diretamente para a câmera e dizia: "A partir de agora, é permitido usar bermudas no escritório".

A reação a esse vídeo foi incrível. Foi como se eu tivesse distribuído um bônus para cada funcionário. Não se trata somente de podermos usar bermudas no trabalho. Tratava-se também do fato de podermos nos divertir no trabalho. Essa iniciativa foi tão popular, que conseguimos começar a resolver alguns dos desafios mais fundamentais enfrentados pela empresa.

Essa história foi de fato apresentada em vídeo – então foi intencionalmente teatral. E engraçada. Mas lembre-se: essa história dizia respeito não apenas a usar bermudas no ambiente de trabalho, mas também a envolver os funcionários de uma forma que os ajudasse a se descontrair e se divertir no ambiente profissional, ao mesmo tempo que lidavam com os desafios difíceis enfrentados pela empresa.

Como desenvolver uma cultura mais criativa

História 7.4: Greg Tunney, na qualidade de CEO da RG Barry Corporation – "Minha imitação de Steven Tyler"

Eu já era CEO da RG Barry Corporation há vários anos. A RG Barry operava em vários ramos da "moda funcional" – incluindo chinelos (da marca Dearfoam) e bolsas de viagem (da marca Bagallini). Competir nesses ramos exigia uma cultura inovadora e criativa – mesmo que nossos produtos fossem altamente funcionais, eles também precisavam estar na moda.

O fundador da RG Barry tinha sido presidente do conselho por muitos anos. Embora fosse um comerciante habilidoso, ele havia criado uma cultura bastante conservadora e cautelosa. Às vezes, essa cultura atrapalhava nossa busca por atividades comerciais diferentes e inovadoras e por modas novas e interessantes. Eu sentia que tínhamos que abrir mão daquela tradição para que a empresa pudesse progredir como eu queria.

Decidi usar nosso retiro anual como um lugar para começar essa transformação. Trabalhando com um consultor externo, dividimos nossa equipe executiva em três grupos. Cada um foi solicitado a desenvolver e apresentar um esquete engraçado sobre a empresa e sua cultura. Haveria três jurados: o consultor, o gerente de recursos humanos da empresa e eu (o CEO).

Tudo isso seguia o formato do American Idol, que era um programa popular na TV na época. Três jurados recentes do American Idol haviam sido Simon Cowell, Jennifer Lopez e Steven Tyler. Este último era o ex-vocalista do Aerosmith – e parecia mesmo um vocalista de uma banda de *rock'n'roll*.

Então, para estabelecer um paralelo com o *show* American Idol, foi decidido que o consultor se vestiria como Simon Cowell, nossa gerente de RH corporativo se vestiria como Jennifer Lopez, e eu me vestiria como Steven Tyler.

Steven Tyler era, sem qualquer exagero, o jurado mais extravagante do American Idol, desde o lançamento do programa. Sendo assim, para fazer o papel dele, vesti calças justas com estampa de leopardo, uma camisa folgada e parcialmente rasgada, vários lenços coloridos, tudo complementado por uma peruca de cabelos longos pretos. Depois que "Steven Tyler" foi anunciado como o terceiro jurado, entrei correndo na sala onde os esquetes seriam apresentados. Minha equipe foi à loucura. Eles riram e aplaudiram – acho que nunca poderiam imaginar que o CEO da empresa se vestiria daquela maneira.

Para ser sincero, eu estava ridículo. Mas para mim a questão era introduzir uma cultura menos formal, mais divertida e mais criativa na empresa. Após alguns anos, ninguém mais se lembrava de qual esquete vencera o concurso do American Idol. No entanto, eles se lembravam de que o CEO uma vez havia se vestido como Steven Tyler – o que deu a algumas pessoas a coragem de começar a pensar de forma diferente sobre moda funcional.

Um CEO vestido como Steven Tyler é muito teatral. Mas também enviou uma mensagem memorável: vamos nos divertir, vamos ser criativos, vamos usar essa criatividade para impulsionar nossos negócios de moda funcional. Curiosamente, Brigitte Madrian e Greg Tunney não foram os únicos líderes em nosso banco de dados de histórias a se vestir como outra pessoa, a fim de enfatizar que a cultura organizacional precisava mudar.

Um líder da subsidiária chinesa de uma empresa transnacional que conhecemos queria deixar claro para seus funcionários o quanto era importante que eles aprendessem sobre a cultura chinesa e a respeitassem. Para reforçar seu ponto de vista, ele se vestiu como o filósofo chinês Sun Tzu e distribuiu cópias do famoso livro dele, *A arte da guerra*, para todos os gerentes que compareceram à reunião de gestão de sua divisão. Então, ainda com aquele traje, o líder apresentou a nova estratégia da divisão usando a estrutura e o formato do livro de Sun Tzu. Em outras reuniões de gestão, ele se vestiu como outras figuras famosas da história chinesa, incluindo Mao Tsé-Tung.

Algumas pessoas talvez achem que líderes empresariais que se vestem como personagens famosos da história chinesa seja um caso de apropriação cultural inadequada. Mas os funcionários da empresa não entenderam assim – afinal, esse líder não estava fingindo ser um filósofo ou um líder político chinês famoso. Em vez disso, eles viram a encenação pelo que ela era: uma valorização da cultura chinesa e, ao mesmo tempo, uma ênfase no seu impacto e em sua importância para a empresa. Desenvolver esse respeito pela cultura chinesa foi um elemento essencial no sucesso daquela organização na China.

E foi divertido.

Como anunciar resultados trimestrais

Nada é tão entediante quanto a divulgação dos resultados financeiros trimestrais. Essas reuniões, às vezes, colocam até os contadores para dormir. Um líder em nossa amostra decidiu usar mudanças nessas reuniões dolorosas como uma maneira de reduzir ainda mais a cultura formal e hierárquica da organização onde trabalhava.

> **História 7.5: CEO de uma empresa transnacional –
> "Como se vestir para anunciar resultados financeiros"**
>
> Quando assumi o cargo de CEO daquela empresa, ela tinha uma cultura organizacional muito formal e hierárquica. O CEO era quase um deus.
>
> Não demorou muito para eu perceber que provavelmente não ouviria a verdade sobre os problemas da empresa se os funcionários achassem que eu era inacessível ou distante. Então, decidi agitar as coisas.
>
> Uma das estratégias que adotei era vestir uma fantasia quando anunciava nossos resultados trimestrais. Eu me vestia de maneiras bem loucas – como um cantor de música popular, um dinossauro ou um animal selvagem – para anunciar os resultados.
>
> As pessoas nessas reuniões iam à loucura quando me viam fantasiado. Era apenas uma pequena forma de fazê-las se desligarem dessa ideia da deificação do CEO, daquela imagem dele como o Papa ou algo assim. Dessa forma, as pessoas poderiam ver o CEO simplesmente como um ser humano e ouvir o que eu tinha a dizer com boa vontade.

Como reafirmar a cultura mudada de uma organização

Empresas que conseguiram mudar suas culturas com sucesso podem usar uma gestão teatral para reafirmar e comemorar essa mudança. Considere o uso da teatralidade na DaVita.

> **História 7.6: Mike Staffieri, na qualidade de COO da DaVita –** "Um por todos e todos por um"
>
> Queríamos encontrar maneiras de celebrar nossa cultura de ser um vilarejo e de estarmos disponíveis um para o outro. Descobrimos que alguns membros da equipe de liderança gostavam muito do trabalho em equipe e da série de filmes dos Três Mosqueteiros. Há uma cena em um desses filmes em que o rei ordena que uma nova geração de mosqueteiros mate os mosqueteiros atuais. Em resposta, os mosqueteiros atuais erguem suas espadas, unem-nas e gritam: "Se for para morrer, que seja assim! Um por todos e todos por um!".
>
> Bem, conseguimos uma cópia do filme e mudamos a linguagem dele para: "Se vamos fazer diálise, vamos fazer diálise assim! Um por todos e todos por um!".
>
> Adotamos o bordão "Um por todos e todos por um!", que usamos até hoje para encerrar eventos ao vivo, chamadas telefônicas e mensagens entre colegas, a fim de reforçar o sentimento de que estamos todos juntos nessa empreitada.
>
> Por muito tempo, mostramos essa versão do filme em reuniões de treinamento, como parte do nosso processo de integração. Muitos de nossos trabalhadores da linha de frente, incluindo nutricionistas, assistentes sociais, enfermeiros e técnicos de cuidados ao paciente, viram esse clipe do filme. Criamos também uma versão completa da história dos Três Mosqueteiros recheada de alusões à hemodiálise para acompanhar o clipe.
>
> Na verdade, sempre que havia a cerimônia de formatura de algum tipo de treinamento, as pessoas que lideravam a formatura – executivos graduados como eu – vestiam-se com trajes dos Três Mosqueteiros enquanto presidíamos a formatura. Em geral, de quinhentas a mil pessoas estão presentes na plateia desses eventos, e nós mostrávamos o clipe revisado do filme, falávamos sobre o que ele significava para a DaVita e, depois da cerimônia, as pessoas podiam subir ao palco com suas famílias e tirar fotos com um ou mais dos "Três Mosqueteiros!".

> É divertido, mas também transmite uma mensagem sobre o tipo de empresa que somos e que queremos ser.

Obviamente, a gama de teatralidade que encontramos em nosso banco de dados de histórias de mudança de cultura é bastante ampla. Alguns CEOs eram muito teatrais: organizavam eventos memoráveis, vestiam-se como personagens famosos, e assim por diante. Outros eram menos – embora até mesmo histórias de mudança cultural menos teatrais muitas vezes incluíssem alguns elementos teatrais. Por exemplo, a História 1.1, na qual Manoel Amorim convida o operador da central de atendimento para fazer uma apresentação ao comitê executivo da empresa, foi bastante teatral.

No entanto, entendemos que nem todos os líderes empresariais se sentirão à vontade com a teatralidade que às vezes é usada para construir e reforçar suas histórias de mudança cultural. É provável que essa seja a razão pela qual constatamos tal teatralidade em apenas cerca de metade das histórias de mudança de cultura em nossos dados. Mas, para aqueles que se sentem à vontade com esse nível de teatralidade, ela pode ser muito útil em construir, reforçar e ajudar as pessoas a lembrarem dessas histórias. E tudo isso aumenta a probabilidade de que as histórias construídas por esses líderes realmente gerem mudanças culturais.

Conclusão

A teatralidade desempenhou um papel importante em muitos dos exemplos históricos de mudança cultural descritos neste livro. Gandhi – com sua famosa "caminhada para o mar", descrita no capítulo 4 – era um mestre no uso de elementos teatrais em movimentos sociais. Quando Nelson Mandela vestiu uma camisa dos Springboks na final da Copa do Mundo de Rúgbi na África do Sul – conforme descrito no capítulo 5 –, ele estava fazendo um gesto teatral. E quando Abraham Lincoln contava uma de suas histórias de vida em áreas rurais para ajudar a convencer um membro da Câmara dos Representantes a votar pela 13ª Emenda – conforme descrito no capítulo 6 –, ele estava se envolvendo em uma forma muito pessoal de teatro. Ainda, o teatro desempenhou um papel surpreendentemente importante na abolição do comércio escravagista no Reino Unido.

O esforço para abolir o comércio escravagista no Reino Unido foi um exemplo precursor daquilo que hoje é chamado de movimento social.[2] Esses movimentos incorporam, com frequência, muitos elementos teatrais, e esse foi certamente o caso dos esforços para abolir o comércio escravagista.[3] Por exemplo, os líderes políticos do movimento organizavam festas para seus colegas, onde ex-escravos compartilhavam suas histórias com os demais convidados. Comícios e manifestações que exigiam o fim do comércio escravagista e apoiavam esforços consistentes com esse objetivo – como o boicote ao consumo de açúcar produzido por mão de obra escrava no Caribe – eram comuns. Com frequência, múltiplas petições de 15 metros de comprimento, cada uma contendo milhares de assinaturas pedindo o fim do comércio escravagista, eram desenroladas de maneira performática no chão da Câmara dos Comuns.

Entretanto, o primeiro voto bem-sucedido contra o comércio de escravos na Câmara dos Comuns exigiu um tipo diferente de teatralidade: os defensores da legislação contra o comércio escravagista fingindo que nada acontecia enquanto sua legislação avançava.

O líder do movimento contra o comércio escravagista na Câmara dos Comuns britânica foi William Wilberforce. Nascido em 1759, filho e neto de comerciantes ricos, William se tornou financeiramente independente aos 20 e poucos anos. Enquanto ainda estudava no St. John's College, em Cambridge, foi eleito para o parlamento. No entanto, ele não se tornou

---

2 BERGER, S.; NEHRIN, H. (ed.). *The History of Social Movements in Global Perspective*. Nova York: Palgrave Macmillan, 2017.
3 Cf. METAXIS, E. *Amazing Grace*: William Wilberforce and the Heroic Campaign to End Slavery. Nova York: Harper, 2007.

uma força no movimento contra o comércio escravagista até alguns anos mais tarde, após sua conversão ao cristianismo evangélico em 1784.

O comércio escravagista girava em torno da Grã-Bretanha, da Costa Oeste da África e do Novo Mundo – América do Norte e do Sul, incluindo o Caribe. Mercadorias eram enviadas de portos britânicos para a África Ocidental, onde eram vendidas. As receitas resultantes eram então usadas para adquirir escravos do interior do continente, que eram depois enviados para o Novo Mundo, onde essas pessoas eram vendidas. Os produtos do trabalho escravo no Novo Mundo – algodão, açúcar e rum – eram exportados de volta para a Grã-Bretanha.

No auge, o comércio escravagista gerava cerca de 80% da receita em moeda estrangeira da Grã-Bretanha, e navios britânicos, sob várias bandeiras nacionais diferentes, transportavam 40 mil escravos ao ano da África para o Novo Mundo através da notória Passagem do Meio. Em média, 20% dos escravos transportados nesses navios morriam durante o percurso.

A primeira petição para eliminar o comércio escravagista foi enviada à Câmara dos Comuns britânica em 1783. Foi ignorada. O primeiro projeto de lei para abolir o comércio escravagista foi votado na Câmara dos Comuns em abril de 1791. Perdeu por 163 a 88. Outro projeto de lei foi apresentado um ano depois, em abril de 1792. Perdeu por 230 a 85. Um terceiro projeto de lei foi apresentado em fevereiro de 1793. Perdeu por 8 votos. Esse padrão foi repetido muitas vezes ao longo dos anos.

Durante esse período, os defensores da abolição do comércio escravagista continuaram a realizar comícios, divulgar petições, escrever livros e proferir discursos. Apesar de todos esses esforços, o movimento teve pouco sucesso.

Então, Wilberforce e seus colegas desenvolveram um plano novo. Em vez de transformar a introdução da abolição do comércio escravagista em um grande evento teatral, eles convenceram um colega – que não era conhecido como um defensor ferrenho da proibição do comércio escravagista – a apresentar um "pequeno" projeto de lei, chamado Lei do Comércio de Escravos Estrangeiros, na Câmara dos Comuns. Esse projeto de lei, apresentado quando a Câmara estava em grande parte vazia, simplesmente proibia que súditos britânicos ajudassem ou colaborassem com o comércio escravagista em qualquer uma das colônias francesas. Como, na época, a Grã-Bretanha estava em guerra com a França, tal proibição não foi vista como algo controverso. Na verdade, ela estava em total alinhamento com a ideia de evitar que os franceses prosseguissem eficientemente em seus esforços de guerra.

No entanto, uma vez que muitos navios de propriedade britânica – com frequência registrados sob a bandeira estadunidense – estavam envolvidos nesse comércio, proibir o comércio de escravos com as colônias francesas significava, indiretamente, proibir o comércio escravagista como um todo. O projeto de lei foi aprovado na Câmara dos Comuns e recebeu o assentamento real em 23 de maio de 1806.

A teatralidade desempenhou dois papéis na aprovação desse ato. Primeiro, os defensores da abolição do comércio escravagista tiveram que agir como se o Projeto de Lei do Comércio de Escravos Estrangeiros tivesse pouco ou nada a ver com o comércio escravagista *per se* – um ato inteligente de simulação por parte de pessoas tão apaixonadamente comprometidas com aquela causa. Segundo, por que a Câmara dos Comuns estava tão vazia no dia em que o projeto de lei foi proposto? Acontece que Wilberforce havia convidado todos os integrantes da Câmara dos Comuns para assistir a um evento teatral naquela tarde, pago por ele. Aqueles que se opunham à abolição do comércio de escravos não puderam votar contra esse "pequeno" projeto de lei porque estavam sendo entretidos no teatro.

No ano seguinte, um projeto de lei que proibia o comércio escravagista em sua totalidade foi aprovado. A votação foi de 283 a 16. Esse projeto de lei recebeu o assentamento real em 25 de março de 1807.

E o comércio escravagista britânico deixou de ser legal.

Você está disposto a agir com teatralidade em seus esforços em prol da mudança de cultura de sua organização?

8

Como criar uma cascata de histórias

Sua cultura muda quando as histórias antigas sobre valores e normas da sua organização são substituídas por histórias novas sobre normas e valores novos. Você inicia esse processo de mudança quando constrói histórias autênticas que você protagoniza, que identificam uma clara ruptura com o passado e apontam um caminho rumo ao futuro, que apelam tanto para o cérebro quanto para o coração e que são teatrais por natureza. Esses tipos de história iniciam o processo de mudança cultural.

No entanto, esse processo só cria uma cultura nova quando você é capaz de envolver outros membros de sua organização na criação conjunta dessa cultura. Isso acontece quando outros integrantes de sua organização começam a construir as próprias histórias de mudança de cultura. Esse processo é o que chamamos de "cascata de histórias". Quando essas histórias apoiam e ampliam as que você construiu, então aqueles que as construíram estão criando a nova cultura com você.

Técnicas de compartilhamento de histórias

É claro que, para que uma cascata de histórias surja em sua organização, seus funcionários precisam primeiro conhecer a história ou as histórias de mudança de cultura que você construiu. As histórias que não são compartilhadas e discutidas entre os funcionários não têm poder para influenciá-los a construir as próprias histórias. Em resumo: sem o compartilhamento de histórias, não existe cascata de histórias. E sem uma cascata de histórias, não existe mudança cultural.

Felizmente, nossa pesquisa sugere que há uma variedade de técnicas disponíveis para você compartilhar as histórias que construiu com os membros de sua organização. Considere alguns exemplos.

Quando uma história "se compartilha por conta própria"

Às vezes, uma história que você constrói "se compartilha por conta própria". Ela é tão cativante e construída de uma maneira tal, que se espalha por toda a organização como um "incêndio florestal". A probabilidade de isso acontecer aumenta quando a história que você constrói tem todos os atributos identificados neste livro.

Lembre-se, por exemplo, da primeira história que contamos – História 1.1, no capítulo 1 –, sobre o convite feito por Manoel Amorim aos funcionários da central de atendimento para explicar à sua equipe executiva quais informações seriam necessárias para resolver os problemas de atendimento ao cliente de um produto novo. Essa história era de grande autenticidade, pois Manoel estava convencido de que sua empresa precisava adotar uma cultura de atendimento ao cliente para ser competitiva em seu novo ambiente. Tinha também o líder empresarial como protagonista, mas foi construída em um ambiente público – ou seja, na reunião do comitê executivo da empresa. Ela marcou uma ruptura clara com o passado e apontou um caminho rumo ao futuro, apelou tanto para o cérebro quanto para o coração dos funcionários e foi profundamente teatral.

Quanto tempo você acha que demorou para que essa história se espalhasse por toda a organização? Horas ou minutos? Certamente, menos de um dia!

Quanto tempo você acha que demorou para a decisão de Jamie O'Banion (História 4.5) de aparecer na televisão para vender seus produtos de beleza – mesmo com um corte no meio da sobrancelha – ser compartilhada por toda a organização?

Quanto tempo você acha que demorou para a celebração a pão e água, criada por Jeff Rodek (História 7.1), ser compartilhada por toda a organização?

Essas e muitas outras histórias apresentadas neste livro quase se compartilharam por conta própria. Mas esse nem sempre é o caso. Às vezes, você talvez precise adotar uma abordagem mais proativa para desenvolver uma estratégia para compartilhar as histórias que está construindo.

Como utilizar reuniões gerais para construir e compartilhar histórias

Com frequência, os líderes de negócios usam reuniões gerais (com a presença de todos) para construir e compartilhar histórias de mudança de cultura. Essas reuniões podem incluir todos os integrantes de uma organização (por exemplo, Dan Burton na Health Catalyst – História 3.5), todos os funcionários de uma fábrica (um gerente de fábrica que assumiu a responsabilidade pessoal por um produto fracassado – História 4.3), ou apenas aqueles que se reportam diretamente a um líder de negócios (Stefano Rettore na ADR – História 3.3). Em todos esses casos, o objetivo do evento não era apenas compartilhar certas informações, ou fazer e responder perguntas. O objetivo era construir histórias de mudança cultural, histórias que exemplificavam o tipo de cultura organizacional que esses líderes de negócios buscavam implementar.

Às vezes, essas reuniões gerais podem ser uma maneira muito bem-sucedida de construir e compartilhar uma história. Considere o exemplo de Cliff Clive, um líder de negócios que tentou transformar a cultura ineficiente de sua empresa.

> **História 8.1: Cliff Clive, na qualidade de CEO da MediNatura –**
> **"Como parar de levantar um porco"**
>
> Quando ainda éramos uma divisão da Heel Pharmaceuticals – uma empresa alemã de medicamentos homeopáticos –, fazer crescer a operação nos Estados Unidos era alta prioridade. Era prioridade global, e a sede estava gastando dinheiro no negócio dos Estados Unidos como se não houvesse amanhã. Eles haviam construído essa organização com quase 400 produtos diferentes, com 120 funcionários, e estavam perdendo 5 milhões de dólares todo ano. Todo mês, gastávamos mais dinheiro do que ganhávamos, mas informávamos a Alemanha e tudo que eles faziam era enviar mais dinheiro.
>
> Então, quando me pediram para ser gerente-geral da operação nos Estados Unidos, eu sabia que aquela não era uma boa maneira de fazer o negócio crescer. Portanto, convoquei uma reunião com todos os funcionários e comecei minha palestra com uma piada. Essa piada ganhou vida própria. Na verdade, a frase de efeito no final dela é usada quase todos os dias em nossa empresa. Ela se tornou um marco de nossa cultura – sobretudo desde que nos tornamos uma empresa independente.
>
> Eis a piada. Certa vez, um gerente suíço viajava pelos Estados Unidos. Um dia, ele visitou uma fazenda e assistiu como um determinado fazendeiro alimentava seus porcos. Ele pegava um porco e o levantava bem alto no ar, para que o animal pudesse comer maçãs penduradas em uma árvore. Depois que o porco tinha comido uma quantidade suficiente de maçãs, o fazendeiro o recolocava no chão e levantava outro porco, até que todos os porcos estivessem alimentados.

Essa estratégia de alimentação dos porcos ia de encontro à preferência por eficiência operacional desse gerente suíço. "Escute, meu amigo", disse o gerente ao fazendeiro, "por que você não pega uma vara, derruba várias maçãs da árvore, deixa-as cair no chão e depois os porcos podem comê-las? Levaria muito menos tempo." O visitante suíço, satisfeito por ter ajudado o fazendeiro, virou-se e foi embora. Mas o fazendeiro ficou confuso e disse para si mesmo: "Esses suíços são malucos. O que é o tempo para um porco?".

Depois que contei essa piada, continuei: "Veja bem. Estou no topo dessa organização. Não vejo 95% do que acontece nesta empresa. Mas posso garantir que cada um de vocês está gastando tempo levantando porcos quando fazemos coisas que nos foram ditadas pela nossa sede na Alemanha, mas que não fazem sentido aqui. E por gastarmos tanto tempo 'levantando porcos', estamos perdendo dinheiro como loucos. O que preciso que façam é olhar ao redor desta empresa, identificar áreas de ineficiência e consertá-las. Em outras palavras, precisamos parar de levantar o porco".

Portanto, quando uma equipe em nossa empresa está fazendo algo porque "é assim que sempre foi feito" ou quando aquilo é um resquício da época em que fazíamos parte da empresa alemã, não é raro ouvir as pessoas dizerem: "Olha, acho que estamos levantando o porco aqui". De fato, temos reuniões trimestrais nas quais as equipes compartilham que não estão mais "levantando o porco".

Clive identificou um problema cultural em sua empresa e convocou uma reunião geral para discutir o problema e sua solução. Ao usar a piada do "levantamento de porco", defendeu uma ruptura clara com o passado e apontou um caminho rumo ao futuro. Além disso, a piada em si foi teatral. E Clive contou-a nessa reunião – assim, ele foi protagonista da história que construiu. À medida que a frase "levantar um porco" se espalhou pela empresa, ela passou a simbolizar a nova cultura que Clive tentava criar. Toda vez que alguém usava a frase "Estamos levantando um porco aqui", a pessoa estava participando da criação conjunta de uma nova cultura voltada para a eficiência na empresa.

Como usar reuniões em pequenos grupos para construir e compartilhar histórias

Às vezes, a maneira como você compartilha uma história se torna parte da história que você constrói. Essa abordagem para a construção e o compartilhamento de histórias é uma aplicação da ideia, primeiro desenvolvida por Marshall McLuhan, de que às vezes "o meio é a mensagem".[1] O "meio", nesse contexto, é a maneira como você compartilha a história, enquanto a "mensagem" é o conteúdo cultural específico dela. Portanto, dessa forma, a maneira como você compartilha sua história (o meio) pode acabar por constituir o conteúdo dela (a mensagem). Considere, por exemplo, como o processo que Pete Pizarro usou para compartilhar sua história ajudou a reforçar o conteúdo cultural dela.

> **História 8.2: Pete Pizarro, na qualidade de CEO da Ilumno –**
> **"Eu era o estudante para cujo atendimento nossa empresa foi projetada"**
>
> As pessoas me perguntam como acabei trabalhando no setor educacional, primeiro como presidente e CEO da Whiney International University Systems – agora chamada de Ilumno – e mais recentemente como cofundador da SALT Venture Partners – uma empresa que facilita o investimento em tecnologia educacional. Essa parte da minha carreira e a minha abordagem para gerenciar essas empresas educacionais refletem as experiências pessoais que tive enquanto crescia.
>
> Nasci em Cuba. Vim como refugiado político para os Estados Unidos quando era criança, com apenas um ano de idade. Meu pai e minha família foram separados pelo regime comunista – meu pai ficou em Cuba para ajudar a tirar a mãe dele de lá, e minha mãe e seus pais vieram para os Estados Unidos. Quando chegamos aqui, fomos fichados em um centro de processamento de refugiados e nos deram uma passagem só de ida para a Califórnia e um cartão da previdência social. Todos imediatamente começaram a trabalhar. Três anos depois, meu pai conseguiu sair de Cuba com sua mãe e se juntar a nós nos Estados Unidos.

---

1 MCLUHAN, M.; FIORE, Q.; AGEL, J. *O meio é a mensagem*. São Paulo: Ubu, 2018.

Vivi um tempo em Los Angeles, mas passei a maior parte da minha infância em Miami. Cresci em um bairro muito, muito pobre e estudei em uma escola secundária muito violenta. Sempre havia brigas. Eu me envolvi em alguns problemas na escola, mas consegui me formar. Depois da formatura, entrei para uma gangue. Não achava que a faculdade era a escolha certa para mim.

Certa noite, eu e meus amigos estávamos andando por aí e nos metendo em encrenca. Mas, naquela noite específica, quase fui detido e quase acabei na cadeia. Acordei na manhã seguinte e percebi o tamanho de meu problema. Lá no fundo, eu sabia que aquele encrenqueiro não fazia parte de quem eu realmente era. Aquilo era apenas eu no ambiente onde vivia. Naquela manhã, decidi ir para o Miami Dade Community College. Eles ofereciam bolsas de estudo para futuros alunos, como eu – acesso à faculdade a um custo muito, muito baixo. Aquela noite me convenceu de que eu precisava mudar minha vida, e a educação era a chave para isso.

Enquanto estava no Community College, meu avô me deu um ingresso para ouvir um discurso do presidente do banco central estadunidense. Eu tinha 18 anos na época. A pessoa ao lado da qual acabei me sentando naquele evento gerenciava um fundo de bolsas de estudo para estudantes da Universidade de Miami. Ele me convenceu de que alguém como eu poderia estudar naquela universidade. Então, mantive boas notas no Community College, pleiteei uma bolsa de estudos e fui admitido na Universidade de Miami, mesmo vindo de uma família de baixa renda.

Eu me formei em contabilidade. Minhas notas em Miami foram muito boas, então consegui um emprego na KPMG logo após a formatura. Detestava cada minuto daquele trabalho, porque eu era auditor e odiava auditar. Tinha muitas ambições empreendedoras. Não sabia como seria a auditoria com certeza, mas contar o dinheiro dos outros não era para mim. Então larguei a KPMG após alguns anos. Depois disso, tive uma série de empregos de desenvolvimento em tecnologia da informação e em telecomunicações muito interessantes, bem como fiz um MBA na Universidade Northwestern, mas sempre fui atraído pelo empreendedorismo e, sobretudo, pelo setor educacional – por causa de seu grande impacto em minha vida.

Em 2011, fui convidado para ser o CEO da Whitney International University Systems, agora Ilumno. Na época, a Ilumno tinha dez universidades localizadas em sete países da América Latina. Tínhamos 155 mil estudantes que buscavam um diploma, 32 campi e mais de oito mil funcionários, acadêmicos e administrativos. A maioria dos nossos alunos era o primeiro membro de suas famílias a cursar o ensino superior. A maioria deles era de origem relativamente pobre. Em outras palavras, a maioria dos nossos alunos era como eu. A propósito, a empresa hoje tem mais de 300 mil alunos e 18 universidades.

Com uma operação tão grande, é fácil as coisas se tornarem burocráticas e os alunos serem tratados como se fossem apenas números, não pessoas reais com potencial real. Mas, com meu histórico e minha história de vida, eu não podia deixar isso acontecer.

Eu havia trabalhado em empresas onde milhões de dólares eram gastos com os consultores mais prestigiados do mercado e, ainda assim, as pessoas na empresa não entendiam a visão e a estratégia dela. Isso não poderia acontecer na nossa. Então, passei 80% do meu tempo em viagens, conversando e encontrando alunos, professores e funcionários. Eu selecionava os funcionários em ascensão e de alto desempenho e me reunia com funcionários influentes em suas organizações, e tomávamos café da manhã. Eu também me encontrava com alunos dessa mesma forma.

Durante os cafés da manhã, eu contava minha história a eles e explicava como ela me levou a concluir que não estávamos aqui para matricular alunos. Não íamos nos referir a alunos potenciais como "alvos". Nossa empresa não se concentra em matricular alunos. Nosso foco é formar alunos – garantir que eles permaneçam na sala de aula, garantir que eles receberão uma educação de qualidade. Se formarmos alunos, seremos bem-sucedidos e financeiramente sustentáveis. E era isso que eu queria que as pessoas em toda a organização entendessem, de baixo para cima e de cima para baixo.

Para mim, nossa missão era democratizar a educação e dar a cada aluno desprivilegiado uma oportunidade. Eu sempre dizia: sou um sortudo. Tendo em vista minhas origens, tive sorte. Mas queríamos criar uma empresa onde você não precisasse ter sorte para ter acesso à educação. E contribuímos para a socie-

> dade quando pessoas como eu – pessoas que estavam indo pelo caminho errado, que estavam fazendo coisas erradas, que estavam simplesmente se divertindo e causando problemas – deixam tudo isso para trás, vão para a escola e depois transformam suas vidas.
>
> Então, o que realmente nos fez ter sucesso é que todo mundo na empresa conhecia nossa visão. Todo mundo conhecia nossa estratégia e todo mundo a seguia. E minha história pessoal tornou tudo real – uma pessoa e um café da manhã por vez.

A história pessoal de Pete era, é claro, muito emocionante – uma história clássica "do lixo ao luxo". No entanto, tornou-se uma história de mudança cultural por dois motivos. Primeiro, o conteúdo da história estava ligado à estratégia que Pete queria ver implementada em sua organização. Essa estratégia parece bastante simples – focar a educação e a formatura dos alunos em vez de simplesmente o aumento do número de alunos matriculados. E ainda assim vemos muitas universidades e faculdades com fins lucrativos concentrarem todos os seus esforços em recrutar alunos e dedicarem menos esforço a educá-los para o mercado de trabalho.[2] À medida que sua empresa crescia cada vez mais, teria sido fácil perder de vista essa missão educacional, e a história de Pete ajudou a tornar claros a estratégia e o compromisso da empresa.

Mas observe como o processo pelo qual Pete compartilhou sua história reforçou a mensagem da organização. A mensagem central da história de Pete é que cada aluno deve ser tratado como um indivíduo único, com potencial único, e nunca apenas como um "alvo" para gerar receita. E como Pete compartilhou essa história? Ele passou 80% do seu tempo viajando de *campus* em *campus*, encontrando-se com alunos, professores e funcionários em pequenos grupos, muitas vezes

---

2 Cf., por ex., SHIRO, A. G.; REEVES, R. V. The For Profit College System is Broken and the Biden Administration Needs to Fix It. *Brookings*, 12 jan. 2021. Disponível em: brookings.edu/blog/how-we-rise/2021/01/12/the-for-profit-college-system-is-broken-and-the-biden-administration-needs-to-fix-it. Acesso em: 11 ago. 2022.

durante o café da manhã. Na verdade, a maneira como Pete compartilhou sua história reforçou a mensagem central dela: assim como eu trato cada um de vocês, meus alunos e funcionários, como indivíduos, espero que vocês tratem aqueles com quem interagem – nossos alunos atuais e potenciais – como indivíduos, com valor individual. E os resultados desse esforço foram crescimento substancial e sucesso financeiro.

Como compartilhar e construir histórias na internet

Como o CEO de uma empresa baseada na internet ajuda a desenvolver uma cultura que se concentra na excelência da experiência do cliente no *site* de uma empresa? Usando a internet, é claro.

> **História 8.3: Brett Keller, na qualidade de CEO da Priceline – "Brett das capturas de tela"**
>
> Se você conversar com funcionários em todos os níveis da empresa, uma das coisas que eles vão dizer é que sou famoso por enviar capturas de tela de algo em nosso *site* que não funciona corretamente, ou que acho que poderia ser melhorado. Sou um usuário fanático de nossos produtos em todas as nossas plataformas – computadores pessoais, telefones celulares, iPads. Uso também os produtos de nossos concorrentes, bem como os canais de demanda que utilizamos para levar nossas experiências aos consumidores.
>
> Por exemplo, adoro abrir o Google às 2h de uma sexta-feira e digitar palavras relacionadas a viagens. Em seguida, começo a clicar em anúncios para ver onde isso vai acabar me levando. Também faço reservas de viagens e contrato algumas coisas. De tudo o que encontro nessas sessões que não é uma experiência perfeita e não flui bem para mim como consumidor, eu faço uma captura de tela e envio para o proprietário do produto ou para o parceiro comercial que negociou o acordo. E dou a essa pessoa uma avaliação do meu ponto de vista como consumidor.
>
> Quando esses *e-mails* chegam, as pessoas responsáveis por aquela parte do produto sabem que não precisam corrigir os problemas de imediato. Mas preci-

sam pensar se o que identifiquei é realmente um problema e, caso seja, precisam corrigi-lo. Eles sabem que amo nosso produto, que passo o máximo de tempo possível nele. Eles sabem que estamos jogando no mesmo time – queremos tornar a experiência do consumidor com nosso produto a mais perfeita possível.

Sabe, é muito fácil para as pessoas se perderem em seus empregos e deixarem de sentir o que o consumidor realmente está experimentando. É como se você colocasse viseiras: "Meu trabalho é negociar ótimos preços de voos". Isso é muito bom. Precisamos desse foco. Mas com que frequência você de fato compra essas ofertas do *site* e tenta lidar com elas em plataformas diferentes? Se você não fizer isso, não saberá se a oferta é boa de verdade. Se você presta serviços hoteleiros, é responsável pelo modo como os quartos são mostrados no *site*, mas se não estiver usando o *site* como um produto para reservar algo para si mesmo, nunca experimentará o produto da maneira correta. Se ficar sempre olhando para um produto na condição de proprietário dele – você escreveu e entregou uma especificação a um *designer* ou desenvolvedor e ele a lançou –, talvez tenha feito tudo certo em termos técnicos, mas a experiência do consumidor pode ser horrível.

O que estou tentando fazer é incutir em minha equipe a noção de que, para entender como o consumidor experimenta nosso produto, você precisa ser um consumidor. Você não pode ser apenas o proprietário do produto ou o proprietário do negócio, e a única maneira de fazer isso é usar nosso produto como consumidor. E um aspecto ótimo de nossos serviços é que você pode usá-los em qualquer lugar e a qualquer momento.

Então, por exemplo, eu uso o produto quando estou de férias. Na verdade, uso nosso produto todos os dias. Todos os dias. Felizmente, não encontro problemas todos os dias, mas envio capturas de tela, pelo menos, uma vez por semana. E faço isso há 20 anos, desde que entrei na empresa.

Eis um exemplo específico. Acabamos de lançar um programa VIP. Em nossa primeira reunião de CEO, comecei por parabenizar a todos por esse programa incrível. Mostrei a eles uma captura de tela do meu perfil VIP e apontei todos os elementos de que gostei nele. Apontei também algumas coisas de que não havia gostado. Por exemplo, achei que algumas partes do texto não tinham sido escritas de uma maneira apropriada para alguém VIP.

Não entro em detalhes. Não digo às pessoas como consertar os problemas que identifico, ou mesmo que eles são realmente problemas. Tudo o que faço é reagir aos nossos produtos como um consumidor: eles fluem bem e são perfeitos? Se essa não é minha experiência como consumidor, então nossa equipe precisa descobrir como resolver esse problema.

Às vezes, acho que as pessoas talvez sintam medo de receber uma captura de tela minha. É como se não quisessem abrir seus *e-mails* porque, se o fizerem, verão uma captura de tela que os obrigará a trabalhar para resolver um problema. Mas estou agindo apenas como um consumidor nessa situação, e se o consumidor está enfrentando esse problema, então, sim, precisamos consertá-lo.

Também não passo por cima de níveis hierárquicos na organização quando envio a avaliação de consumidor. Encaminho minha captura de tela para o responsável pela parte específica do nosso produto que estou avaliando. Não quero minar a autoridade dessa pessoa ao enviar uma captura de tela para aqueles que se reportam a ela. Na verdade, não se trata de "pegar alguém" cometendo um erro ou de ter um momento "te peguei". Trata-se de fazer o melhor produto possível.

Essa cultura voltada para o consumidor realmente tomou conta da empresa. Agora, quando envio uma captura de tela, a resposta que muitas vezes recebo é: "Sim, estamos cientes desse problema. Já estamos trabalhando para corrigi-lo". Passamos de um mundo em que nosso pessoal, em geral, não utilizava nosso produto, para um onde nossos funcionários são consumidores especializados de nossos serviços. Por causa disso, a paixão pela experiência do usuário melhorou muito.

Novamente, a mensagem cultural de Brett é bem clara: precisamos ter a melhor experiência de consumidor possível com nosso produto. Isso faz parte da estratégia de diferenciação de produtos da Priceline no setor de serviços *on-line* altamente competitivo. E a maneira como Brett comunica essa mensagem – o meio – está perfeitamente alinhada ao conteúdo da mensagem: ele envia capturas de tela de partes da experiência *on-line* com o *site* de sua empresa que não fluem bem ou não são perfeitas. Ele usa essas capturas de tela para comunicar a importância de tornar a experiência do consumidor no *site* a mais perfeita possível.

É claro que cada captura de tela provavelmente terá um impacto pequeno na qualidade geral da experiência do consumidor na Priceline, mas a história que ele construiu com múltiplas capturas de tela todas as semanas, ao longo de muitos anos, é que a experiência do consumidor na Priceline é sagrada. Esse é o elemento essencial que torna a Priceline especial e constitui um valor central em sua cultura.

Como compartilhar e construir histórias por telefone

Às vezes, o ato de compartilhar é a história que está sendo construída. Considere a experiência de um diretor de produção em uma grande empresa transnacional.

> **História 8.4: Diretor de produção de uma empresa transnacional enorme – "Como cuidamos dos funcionários durante a covid-19"**
>
> Quando as coisas dão errado, ter estabelecido uma cultura de competência, caráter e cuidados é muito importante. Ao assumir a cadeia de suprimentos de um dos maiores negócios da empresa, não existia uma cultura em que os executivos passavam tempo suficiente no chão de fábrica e conversavam de verdade com as pessoas, individualmente, a respeito de como as coisas estavam evoluindo.
>
> Assim que cheguei, decidi viajar e visitar, pelo menos, uma fábrica ou um centro técnico toda semana. Mudei toda a minha agenda – passava entre 70% e 80% do meu tempo nas operações e o restante na sede. Com esse processo, conheci as pessoas em nossas operações, e elas me conheceram, e viram que eu me preocupava com elas.
>
> E então, muitos anos depois, veio a covid-19. A primeira coisa que fizemos, é claro, foi focar a competência – queríamos garantir que o pessoal de nossas fábricas estivessem o mais seguro possível. Assim, desenvolvemos protocolos de segurança em uma semana e os implementamos.
>
> Depois, focamos os aspectos de caráter e cuidados de nossa cultura. Em particular, passei muito tempo estabelecendo conexões informais com cada lí-

> der nas fábricas, sobretudo aqueles no chão de fábrica. Por exemplo, naquela época, tínhamos mais de 100 gerentes de fábrica. Telefonei para cada um deles individualmente, sem anunciar com antecedência as chamadas, apenas para saber como eles estavam. Passei 30 minutos conversando com cada um desses líderes ao telefone.
>
> Na maioria das vezes, quando eles recebiam esse tipo de telefonema, era para perguntar sobre um problema ou solicitar dados ou informações. Daquela vez, meu telefonema para eles foi: "Ei, estou aqui. O que posso fazer para ajudar? Como você está se sentindo? Como está sua família?".
>
> Foram mais de 100 telefonemas, os quais transmitiram a mensagem inequívoca de que eu e a empresa nos preocupávamos com nosso pessoal e com cada um dos que trabalhavam naquela divisão.

Mais de 100 telefonemas. Cada um durou cerca de 30 minutos. Faça as contas: isso representa aproximadamente 50 horas de ligações telefônicas! Quase não importava o que esse líder dizia em cada uma dessas chamadas – o ato de telefonar para todo o seu pessoal era a mensagem. Era uma mensagem sobre o tipo de cultura que ele queria em sua organização, apesar da pandemia.

Limites de sua estratégia de compartilhamento de histórias

Todos esses exemplos mostram que compartilhar as histórias que você constrói é uma parte importante do processo de mudança de cultura. No entanto, o compartilhamento de suas histórias também pode criar problemas. Isso acontece quando a forma como você as compartilha compromete a autenticidade delas.

Considere as histórias compartilhadas conosco por Mike Staffieri – em que ele visitou um funcionário cuja esposa estava sendo operada para retirar um câncer e uma funcionária que acabara de ter um bebê (História 6.4). São histórias profundamente pessoais, até íntimas, que refletiram o compromisso individual de Mike com a vivência dos valores da cultura na DaVita.

Mas o que teria acontecido se o próprio Mike tivesse compartilhado amplamente essas histórias – em uma reunião geral, ou em um *site*, ou de alguma outra forma? Ao comunicar aos quatro ventos essas histórias ele mesmo, talvez essas narrativas teriam parecido profundamente egoístas e manipuladoras: "Olhem para mim, vejam como sou uma pessoa boa" ou "Olhem para mim, vejam como vivo bem os valores da DaVita". As histórias em si não teriam mudado, mas seu significado seria muito diferente. Em vez de reafirmar a cultura da DaVita, elas a teriam minado.

Assim, a estratégia de compartilhamento de Mike foi não compartilhar. Não compartilhar significava que as implicações de mudança cultural dessas histórias não podiam ser concretizadas – pelo menos não por Mike. No entanto, isso era melhor do que compartilhar agressivamente essas histórias de uma forma que minaria a cultura da DaVita.

É claro que histórias desse tipo quase sempre vazam. Elas são compartilhadas. No caso de Mike, as pessoas que ele havia ajudado compartilharam essas experiências por conta própria, sem qualquer estímulo ou encorajamento. Elas compartilharam essas histórias – em um caso, em uma reunião grande e, no outro caso, por redes sociais informais – porque, de certa forma, elas precisavam fazê-lo. Elas precisavam porque a atitude de Mike, a qual incorporou os valores da DaVita, teve um impacto pessoal muito grande nelas. E elas compartilharam essas histórias de uma forma que não apenas reconhecia o papel de Mike mas também reforçava a cultura da DaVita.

Um por todos e todos por um!

Como construir cascatas de histórias

Compartilhar as histórias que você construiu viabiliza a criação de uma cascata de histórias em sua organização. Uma cascata de histórias existe quando as pessoas da organização constroem as próprias histórias, as quais apoiam e até mesmo ampliam a história ou as histórias que você construiu. Ao construir as próprias histórias, esses indivíduos ajudam a criar uma cultura nova em sua organização.

No entanto, já sabemos que construir histórias pode ser arriscado e desafiador para você na qualidade de líder empresarial. Mas pode ser ainda mais arriscado e desafiador – na verdade, até assustador – para os integrantes de sua organização. O que você pode fazer para motivar outros a construir as próprias narrativas, para que, como organização, você possa criar uma cascata de histórias?

Construa mais histórias

Uma razão pela qual seus funcionários podem relutar em construir as próprias histórias é porque eles não têm certeza da autenticidade de seu compromisso com a mudança de cultura. Claro – você construiu uma primeira história maravilhosa. Mas esse é um caso isolado, ou você está realmente comprometido com a mudança cultural?

Responda a essa pergunta construindo outra história. E essa história nova precisa ter todos os atributos da primeira – os descritos neste livro.

Essa história nova não apenas assegurará a seus funcionários que você está realmente comprometido em mudar a cultura da organização, mas também lhe dará a oportunidade de expressar ainda mais os valores, crenças e normas que você considera importantes nessa cultura nova. Lembre-se de que você começará muitas vezes o processo de mudança de cultura com uma visão incompleta da cultura que está tentando construir em sua organização. Você precisa saber qual é a direção geral desse esforço em prol da mudança cultural – precisamos de uma cultura mais propícia à inovação, uma cultura mais voltada para o consumidor, uma cultura mais transparente –, mas muitos dos detalhes dela não serão especificados totalmente.

Na verdade, trata-se, claro, de algo positivo e que pode ajudar o processo de mudança de cultura a ser bem-sucedido. Isso ocorre porque, ao não especificar muitos dos detalhes da cultura que está tentando criar, você cria espaço para seus funcionários criarem essa cultura junto de você. Essa atitude ajuda a evitar os sentimentos de que a mudança está sendo feita "de cima para baixo" e que é "ditatorial" quando um líder empresarial anuncia a necessidade de uma cultura nova; especifica quais serão seus quatro (ou serão três ou cinco?) valores principais; e lista os tipos de comportamentos que serão aceitáveis ou não nessa cultura nova. O processo de criação de sua cultura ao lado de seus funcionários pode, por fim, levar a listas claras dos valores e comportamentos esperados, mas, em geral, é melhor deixar que eles surjam ao longo do tempo, em vez de tentar impô-los à sua organização logo de saída.

Dito isso, com apenas uma história de mudança de cultura em que se apoiar, seus funcionários provavelmente precisarão de mais orientação e ideias com relação ao tipo de cultura que você está tentando construir. Em vez de descrever essa cultura de forma abstrata, como uma lista de valores ou normas, os quais poderiam prejudicar o processo de criação conjunta da cultura, construa outra história de mudança cultural. Desse modo, não apenas você provocará um impacto contínuo no conteúdo da nova cultura que está construindo em sua empresa, mas também o fará de uma maneira que incentiva a criação da cultura em parceria com seus funcionários.

Peça aos executivos mais graduados para construírem as próprias histórias

Você pode construir as histórias de mudança de cultura e depois esperar e torcer para que outros funcionários em sua organização comecem a construir histórias. Em vez disso, pode optar por solicitar que certos membros influentes e visíveis de sua organização construam as próprias histórias. Ao fazê-lo, você talvez queira sugerir os atributos de uma história que tornam mais provável a mudança na cultura de sua organização. Chamamos a esse processo de "semeadura de histórias" – e pode gerar uma colheita abundante de histórias de mudança cultural.

É claro que a história de mudança cultural que seus funcionários constroem precisa ser a deles. Não pode ser uma que você constrói para eles. Se compartilharem uma história de mudança de cultura que não seja a deles, ela não será autêntica. Se os funcionários de sua organização construírem histórias de mudança cultural inautênticas, elas podem ser facilmente rejeitadas como tentativas cínicas de "puxar o saco" do líder empresarial.

Celebre as histórias construídas por seus funcionários

Considere como Gilberto Xandó Batista, CEO da JBS Foods, ajudou a construir uma cascata de histórias em uma divisão da JBS, a Vigor.

> **História 8.5: Gilberto Xandó Batista, na qualidade de CEO da Vigor – "Como ressuscitar uma cultura"**
>
> Quando comecei a trabalhar na Vigor, uma produtora de laticínios importante no Brasil, ela acabara de ser adquirida pelo Grupo Bertin, que, por sua vez, fora adquirido pela JBS Foods. Para dizer o mínimo, a cultura na Vigor estava confusa – era a cultura do Grupo Bertin combinada com os resquícios culturais da Vigor. Ninguém realmente sabia que direção tomar.
>
> Fiz uma análise rápida e descobri que a cultura original da Vigor – criada pela equipe que administrara a empresa por mais de 40 anos – era muito semelhante à da JBS. Então, propus um "resgate cultural": voltar à cultura original da Vigor. Isso facilitaria sua integração pelo novo proprietário, a JBS.
>
> Tive a ideia de convocar o que chamamos de "Grupo 40 Mais". Eram funcionários da Vigor com mais de 40 anos de experiência. Esses sujeitos haviam vivido a cultura durante décadas.
>
> Os seis funcionários foram submetidos ao exercício de contar histórias. Levei--os a uma agência de publicidade e contratei um professor e um especialista para

transcrever as conversas entre eles. Eu não queria que esses funcionários escrevessem sobre a cultura que tinham vivenciado; eu queria que contassem experiências que tiveram com aquela cultura. Eles ficaram muito lisonjeados com o pedido.

A ideia era mostrar como essas diferentes histórias ilustravam valores importantes da cultura da Vigor – algumas histórias enfatizavam uma atitude de proprietário, outras focavam a disciplina e outras a simplicidade, e assim por diante. Essa lista de valores acabou contendo exatamente os mesmos valores que queríamos colocar em prática. Então, não havia duas culturas – uma cultura antiga da Vigor e uma cultura da JBS –, e sim apenas uma, e era baseada em tudo que o "Grupo 40 Mais" havia experimentado ao longo dos últimos 50 ou 60 anos.

Apresentamos essas histórias para toda a empresa durante um grande evento cultural. A mensagem era que não tínhamos duas culturas, mas apenas uma. E foi essa cultura que nos tinha levado até aquele ponto. O que precisávamos fazer era resgatá-la. Não a estávamos mudando, estávamos recuperando a que já tínhamos e que estava apenas um pouco empoeirada.

Foi útil termos começado a recontratar algumas pessoas que foram demitidas quando o Grupo Bertin adquiriu a Vigor. Por exemplo, o especialista em aquisição de leite da empresa – com 40 anos de experiência em compras desse produto – tinha sido demitido e substituído por um rapaz na casa dos 30 anos que achava que a aquisição da matéria-prima poderia ser gerenciada por meio de planilhas. Ele perdeu 40% do leite nos primeiros 60 dias, porque não era uma simples questão de comprar e vender, mas sim de relacionamentos com os fornecedores e assim por diante.

Nos cinco anos após essa aquisição, as receitas da Vigor triplicaram. Uma empresa que havia sido comprada por 850 milhões foi mais tarde vendida por 6 bilhões.

Os funcionários do "Grupo 40 Mais" eram, de certo modo, os guardiões da cultura tradicional da Vigor. E Gilberto sabia como suas experiências com essa cultura tradicional seriam importantes para a ressurreição dela na "nova" Vigor. Em vez de esperar que esses gerentes experientes agissem por conta própria, Gilberto atribui-lhes a tarefa de compartilhar suas histórias – uma ação que foi fundamental na evolução cultural da empresa.

Quer surjam por conta própria, quer surjam porque você as semeou, quando as histórias aparecerem, comemore-as. Conte-as para todas as pessoas com quem você se encontra, em todas as reuniões de que participa, em todos os discursos que faz. Vejamos o papel de comemorar as histórias construídas pelos funcionários na Traeger, uma empresa no mercado de culinária ao ar livre.

Jeremy Andrus – o CEO da Traeger – comprou uma empresa com uma cultura tóxica. Convencido de que o sistema exclusivo de cozimento com pequenos cilindros compactados (*pellets*) poderia causar uma revolução no ramo maduro da culinária ao ar livre, Jeremy ficou igualmente convencido de que sua empresa não seria capaz de aproveitar essa oportunidade com a cultura que tinha naquele momento.

Jeremy tentou mudá-la, mas acabou decidindo que teria que construir uma nova cultura da estaca zero. Então, demitiu quase todos os funcionários e mudou a sede da empresa de Oregon para Utah.[3]

Nesse processo, Jeremy construiu algumas histórias convincentes sobre o tipo de cultura inovadora e voltada para o consumidor que queria na Traeger. Contudo, ele ainda não estava certo de que essa mudança cultural estava se espalhando por toda a empresa. E então aconteceu o seguinte:

> **História 8.6: Jeremy Andrus, na qualidade de CEO da Traeger Pellet Grills – "Atendimento ao cliente sem restrições"**
>
> Nós temos cinco valores fundamentais na cultura que criamos na Traeger. Um deles é "sem restrições". O que "sem restrições" significa é que precisamos não apenas resolver o problema do momento de nossos clientes, mas também não

---

3 Essa história foi extraída de Jeremy Andrus (Traeger's CEO on Cleaning Up a Toxic Culture. *Harvard Business Review*, p. 33-37, mar./abr. 2019) e de entrevistas pessoais com ele.

ter qualquer restrição com relação a criar uma experiência que seja significativa para eles. O propósito de nossa marca é reunir as pessoas ao redor de experiências alimentares significativas. A grelha é um meio para esse fim. Então, para nós, nossa tarefa é ajudar nossos clientes a terem essas experiências alimentares significativas, sem restrições da nossa parte. Lembro-me da primeira vez que vi esse compromisso "sem restrições" em ação.

Houve um incidente – eu estava em minha sala no fim de uma manhã de segunda-feira. Meu diretor de vendas entra no meu escritório e diz: "Você não vai acreditar no que o Rob fez durante o fim de semana!". Eu mal podia esperar para ouvir. Ele me contou a seguinte história: Rob – um funcionário subalterno em nossa organização – recebeu uma ligação do gerente assistente de armazém de um supermercado em Seattle. Esse gerente falou: "Ei, desculpe. Eu não sabia para quem mais ligar. É sexta à noite, vou grelhar um grande peito de boi e convidei algumas pessoas para assistir ao jogo amanhã, e minha Traeger não liga!".

Veja bem, Rob é um cara jovem. Ele está com seu primeiro filho em casa – com cerca de oito semanas de vida – e tinha muitos motivos para repassar esse problema para outra pessoa, ou para dizer: "Vou ligar de volta na segunda-feira". Em vez disso, ele disse: "Tudo bem, vamos diagnosticar o problema agora mesmo. Fala para mim o que está acontecendo". Depois de alguns minutos, Rob diz: "Acho que sei o que está acontecendo". Ele valida seu diagnóstico, depois compra uma passagem de avião, passa pelo escritório a caminho do aeroporto, pega o componente de que precisa – o alimentador não estava funcionando corretamente –, voa de Salt Lake City para Seattle, vai à casa do cliente, conserta a máquina, liga, ajuda o cliente a temperar seu peito de boi, inicia o processo de cozimento, pega um avião e volta para Utah.

Então, Rob chega na segunda-feira de manhã – como se nada especial tivesse acontecido –, fica sentado lá, trabalhando em uma planilha, fazendo seu trabalho. Ele não levantou a mão e disse: "Ei pessoal, adivinhem o que fiz?". Em vez disso, ele se sentiu empoderado para comprar a passagem e consertar a grelha do cara, então foi isso que ele fez. Estava apenas fazendo o seu trabalho. Nada demais. Na cultura antiga, ele teria sido demitido por comprar uma passagem de avião sem consultar alguém primeiro.

Foi assim que tomamos conhecimento do que Rob havia feito. O assistente do gerente de armazém do supermercado com a grelha quebrada contou ao seu gerente sobre Rob, que ligou para o gerente de compras na sede do supermercado, que contou ao seu vice-presidente, que ligou para o meu diretor de vendas – e ao meio-dia de segunda-feira, nosso diretor de vendas entrou no meu escritório para me contar o que o Rob havia feito.

Depois que ouvi essa história, tudo que eu disse foi: "Está funcionando. Isso é exatamente o que quero que aconteça". Não foi apenas o fato de Rob ter resolvido o problema do cliente. Nem mesmo foi o fato de ele ter ido a Seattle para consertá-lo. É que ele fez isso por conta própria – ele sentiu que tinha o poder de colocar em prática o valor "sem restrições" da empresa. Curiosamente, Rob foi uma das poucas pessoas que vieram do antigo escritório da Traeger em Oregon. Seria impossível que ele tivesse feito aquilo na cultura antiga da Traeger.

Esse é o início de uma cascata de histórias.

Curiosamente, Rob não sabia que estava construindo uma história – ele estava apenas fazendo seu trabalho de uma forma consistente com a nova cultura da Traeger. Mas, assim que Jeremy ouviu o que Rob havia feito, ele instantaneamente reconheceu que Rob havia construído sua própria história, uma que ajudou a ilustrar a cultura que Jeremy queria criar. E, quase de imediato, Jeremy encontrou uma maneira de compartilhar essa nova história com toda a empresa.

História 8.7: Jeremy Andrus, na qualidade de CEO da Traeger Pellet Grills – "Como aproveitar o compromisso de um funcionário com o serviço"

O que Rob fez foi incrível. Mas ele não sabia o quanto aquilo tinha sido realmente importante. Ele só chegou ao trabalho, sentou-se diante do computador e fez o que sempre fazia. Ele não alardeou o que fez ou se gabou por isso. Afinal, ele apenas fez o que achava que esperavam que ele fizesse.

Mas eu queria celebrar sua história. Com base no que Rob fez e em nossa crença de que reconhecer contribuições culturais promove comportamentos positivos, decidimos criar um programa chamado "Valorize nossos valores". A cada trimestre, os colegas têm a oportunidade de reconhecer seus colegas por viverem um valor cultural – algo muito específico que eles observaram. Eles têm a oportunidade de receber 100 dólares da empresa por cada pessoa que reconhecem – apenas para motivá-los a fazê-lo.

O que aprendemos é que quando um líder reconhece alguém por viver os valores, isso traz uma sensação de segurança no emprego para aquele que é alvo desse reconhecimento. Mas quando um colega reconhece outro colega, a pessoa que foi reconhecida sente uma esmagadora sensação de propósito, como se tivesse acrescentado algo à cultura e à missão da organização. Passamos a fazer isso todo trimestre.

Passamos a receber centenas de reconhecimentos de um colega por outro. Eu leio todos eles. Criei esse programa porque queria que pessoas como Rob fossem reconhecidas por viverem nossos valores, sem nunca precisarem alardear o que haviam feito.

Posso dizer que é divertido colocar 400 ou 500 dólares em um envelope e entregá-lo às pessoas que reconheceram seus colegas por viverem nossos valores. Alguns desses envelopes são recheados de notas de 100 dólares.

Fazemos isso todo trimestre, mas toda segunda-feira de manhã temos uma reunião geral em que compartilho exemplos de pessoas da empresa que vivem nossos valores. É ótimo reconhecê-las publicamente.

O que Jeremy percebeu é que compartilhar histórias é significativo não só para as histórias que ele construiu, mas também para as histórias que outros em sua organização construíram.

Manoel Amorim, na Telesp, também entendeu a importância de celebrar as histórias construídas em toda a sua organização. Considere sua abordagem multifacetada para a criação de uma cascata de histórias em sua empresa.

**História 8.8: Manoel Amorim, na qualidade de CEO da Telesp (Telefonica) –
"Como celebrar a construção de histórias"**

Uma das primeiras coisas que fizemos foi começar a coletar histórias de atendimento ao cliente em nossa organização. Todos os executivos graduados foram convidados a enviar uma história que ele ou ela achava que merecia ser compartilhada. O compartilhamento ocorria durante nossa reunião executiva semanal. Então, escolheríamos três ou quatro dessas histórias que achássemos que mereciam ser compartilhadas com toda a empresa.

Em seguida, publicávamos essas histórias em nosso boletim mensal, acompanhadas de fotos das pessoas que as haviam construído. Por exemplo, em um boletim, apresentamos uma história de vendas sobre uma mulher que decidiu analisar os problemas potenciais de satisfação do cliente no processo de vendas e resolvê-los; uma história sobre seis caras que montaram um laboratório de treinamento, sem custo, para treinar todos os funcionários da central de atendimento ao cliente sobre como nosso produto funcionava – desde a estação central e os servidores até a casa dos clientes; e uma história sobre quatro caras que criaram e testaram um processo para minimizar o vandalismo de nossos telefones públicos.

Além disso, eu mesmo escolhia de uma a três histórias todos os meses e encontrava pessoalmente a pessoa ou as pessoas que as haviam construído, para agradecer-lhes. Às vezes, elas eram convidadas para almoçar comigo para me contar como haviam feito aquilo e o que esperavam do futuro. Isso teve um efeito motivador tremendo na organização.

Finalmente, criamos algo que chamamos de "Corrida dos Campeões". Era uma competição que oferecia um prêmio considerável. Todo mundo podia participar. O processo consistia em identificar um projeto que alcançaria bons resultados dentro do "tema da corrida", propô-lo ao supervisor, que deveria ajudar e orientar a respectiva equipe, implementá-lo e depois avaliar seu impacto. Em seguida, eles submeteriam o projeto a um comitê que o avaliaria e classificaria.

Em nossa reunião anual, reconhecíamos os vencedores e entregávamos os prêmios. O primeiro foi um cheque de 10 mil dólares, o que era um montante considerável para aqueles funcionários.

> Durante o meu tempo como CEO, lançamos quatro "corridas" com cada um dos seguintes temas: redução de custos, satisfação do cliente A, satisfação do cliente B e satisfação dos funcionários. Na terceira onda dessas "corridas", 70% da força de trabalho havia implementado um projeto de sua própria iniciativa. Apenas nessa terceira onda, cerca de 8 mil "construtores de histórias" participaram da competição. Ao longo do ano, publicávamos algumas dessas histórias no boletim mensal.

Conclusão

Pode chegar uma hora em sua carreira em que a oportunidade de construir e a de compartilhar uma história que muda a cultura estão em perfeito alinhamento. Nessa hora, suas ações podem ter um impacto profundo sobre a cultura de sua organização.

Na cultura dos Estados Unidos, um momento como esse ocorreu em 28 de agosto de 1963, em frente ao Memorial Lincoln em Washington, D.C., diante de uma plateia de mais de 250 mil pessoas. Naquele dia, o dr. Martin Luther King construiu e compartilhou sua posição a respeito das relações raciais que afetaram, e continuam a afetar, sociedades e culturas do mundo inteiro. Em um discurso frequentemente intitulado "Eu tenho um sonho", Martin Luther King não só compartilhou sua posição sobre o que poderia ser, mas também explicou como todos nós poderíamos participar da realização desse ideal.

Como exemplo de oratória pública, foi uma obra-prima. Baseando-se em sua experiência como pregador na Igreja Batista Sulista, King utilizou a anáfora – a repetição de uma mesma frase ou sentença em um discurso para marcar e enfatizar um ponto – quase à perfeição. Referindo-se à proclamação da emancipação, King começou seu discurso com quatro frases, cada uma começando com "Cem anos depois…". Após isso, ele iniciou duas frases com "Recusamo-nos a acreditar…", seguidas por quatro frases que começavam com "Chegou a hora…" e por sete frases que começavam com "Nunca poderemos estar satisfeitos...". Motivando sua plateia a agir após retornarem a suas casas, ele iniciou as seis frases seguintes em seu discurso com "Voltem para casa ...". Em seguida, usou as oito frases que ainda nos dão esperança e causam reflexão, todas elas começando com "Eu tenho um sonho...". Depois, três frases que começavam com "Com essa fé..." e uma conclusão composta de nove frases – um chamado à ação que ressoa ao longo dos anos –, todas começando com "Que os sinos da liberdade soem...".

Ele também usou metáforas e a linguagem de contrastes para ajudar a embasar seus argumentos. Suas primeiras palavras – "Oito dezenas de anos atrás" – foram uma clara alusão ao discurso feito por Lincoln em Gettysburg. Nos fragmentos "o romper jubiloso do amanhecer para terminar esta longa noite de cativeiro deles" e "ardendo com o calor da opressão, será transformado em um oásis de liberdade e justiça", utilizou comparações entre estados contrastantes para destacar as diferenças entre o que existia e o que poderia existir nas relações raciais.

E o reverendo King também apresentou seu discurso de forma primorosa – com sua voz de barítono melódica subindo e descendo enquanto destacava certas palavras e frases para dar ênfase.

Foi musical.

Mas mesmo com toda essa escrita e fala magistrais, o discurso não teria tido tanto impacto se não fosse autêntico para o homem Martin Luther King. De fato, ele havia conquistado o direito de proferi-lo – em 1955, ele aderiu ao boicote dos ônibus em Montgomery, Alabama, depois que Rosa Parks se recusou a ir para a parte de trás do ônibus; em 1957, organizou a Conferência da Liderança Cristã do Sul, um líder no movimento pelos direitos civis; em 1960, ele foi preso durante uma manifestação em um restaurante racialmente segregado em Atlanta; em 1962, foi preso por protestar em Albany, Geórgia; em 1963, foi preso em Birmingham, Alabama, onde passou 11 dias na prisão; e ainda mais tarde naquele mesmo ano, liderou uma marcha de 125 mil pessoas em um Passeio pela Liberdade em Detroit, Michigan. Durante todo esse tempo, ele pregava protestos não violentos, porém ativos.

Mesmo com esse histórico, o cenário para fazer o discurso não era perfeito. Originalmente, estava previsto que sua participação duraria quatro minutos. Ele discursou durante 16 minutos. Quase ninguém na plateia conseguia ouvi-lo – o sistema de som havia sido sabotado. A parte "Eu tenho um sonho" do discurso foi improvisada. Ele tinha proferido uma versão daquele discurso anteriormente, mas essas palavras não estavam incluídas em seus comentários preparados. Então, durante o discurso, a cantora e ativista Mahalia Jackson gritou: "Conte-lhes sobre o sonho, Martin!". King respondeu. E o resto, como dizem, é história.

Obviamente, o discurso "Eu tenho um sonho" é um padrão muito elevado para avaliar sua capacidade de construir e compartilhar histórias que mudam a cultura de sua organização. Mas os atributos desse discurso que o tornaram tão impactante – sua autenticidade, sua expressão magistral, sua evidente ruptura com o passado enquanto abria um caminho claro rumo ao futuro, seu apelo a nossos cérebros e corações, bem como sua teatralidade – são os mesmos atributos de que as suas histórias necessitam para mudar a cultura de uma organização. Se você construir esses tipos de história, elas serão contadas e recontadas em toda a organização – criando a cascata de histórias que mudará a cultura dela.

Você está disposto a construir e compartilhar histórias que mudam a cultura de sua empresa?

9
Como tornar a mudança de cultura duradoura

Construir histórias é o início do processo de mudança de cultura. Mas é mais do que isso – é a alma desse processo.

Em seguida, criar uma cascata de histórias amplia a mudança cultural ao envolver seu pessoal na criação da nova cultura. As cascatas de histórias garantem que a cultura que está sendo criada será não apenas "sua", mas sim "propriedade" de toda a organização.

No entanto, tornar duradoura a mudança de cultura vai além da construção de histórias e até mesmo além da criação de uma cascata de histórias. Tornar duradoura a mudança cultural provavelmente exigirá que você mude outras políticas e práticas em sua organização, as quais podem ser inconsistentes com a cultura que você está tentando criar.

Quando você alinha essas outras políticas e práticas com a cultura que está criando, é provável que seu empenho para realizar a mudança de cultura tenha mais resultado. No entanto, se você não consegue criar esse alinhamento, então as políticas e práticas existentes vão constantemente corroer e minar a cultura nova que você está tentando criar. No mínimo, seus funcionários ficarão confusos com relação à direção que a organização está tomando – você está implementando uma cultura nova ou está persistindo em políticas e práticas que a minam? Na pior das hipóteses, alguns de seus funcionários podem usar políticas e práticas existentes que contradizem seus esforços em prol da mudança cultural como justificativas para resistir a eles. Por que eles deveriam levar a sério os esforços em prol da mudança de cultura quando você continua a implementar políticas e práticas que são claramente inconsistentes com a cultura nova?

Por que políticas e práticas passadas muitas vezes não estão alinhadas com uma cultura nova?

É claro que nem todas as políticas e práticas atuais entrarão em conflito com a cultura que você está tentando construir. No entanto, não é raro existirem alguns conflitos. Isso ocorre porque as políticas e práticas passadas estão, com frequência, alinhadas com a cultura antiga e, portanto, muitas vezes estão desalinhadas com a cultura nova. Isso é bastante provável se houver diferenças fundamentais entre as duas culturas.

Por exemplo, se a cultura antiga enfatizava as contribuições individuais mais do que o trabalho em equipe, então é mais provável que suas políticas de avaliação e compensação de funcionários se concentrem na medição do desempenho individual do que na medição do desempenho coletivo. Se sua cultura antiga enfatizava a competência funcional na contratação de funcionários novos em detrimento da capacidade dos funcionários novos de cooperarem de forma interfuncional, então é mais provável que suas políticas de contratação se concentrem na contratação dos engenheiros mais inteligentes, ou dos contadores mais cuidadosos, ou das pessoas de *marketing* mais criativas, em vez de na contratação de pessoas que possam cooperar de modo interfuncional para implementar suas estratégias. Se a cultura antiga enfatizava a execução eficiente de um plano mais do que o desenvolvimento criativo dele, então é mais provável que suas políticas e práticas atuais se concentrem na execução do que na criatividade administrativas.

Nenhuma dessas políticas ou práticas é, por si só, problemática. Elas só se tornam um problema quando suas políticas e práticas atuais não condizem com a cultura nova. Assim, se a cultura nova que você está construindo valoriza o trabalho em equipe, a cooperação interfuncional e a criatividade, mas suas políticas atuais não condizem com esses valores, então você precisará mudar suas políticas e práticas.

Quais políticas e práticas você precisará mudar?

Até mesmo organizações relativamente pequenas têm centenas de políticas e práticas. Organizações maiores podem ter centenas de páginas de manuais de políticas e práticas. Quais delas provavelmente precisarão de alterações mais profundas para alinhá-las com sua nova cultura?

Embora qualquer política específica possa precisar ser modificada para auxiliar seus esforços para criar uma nova cultura em sua organização, nossa pesquisa mostra que os tipos de políticas mais passíveis de exigir esse tipo de mudança são as de recursos humanos – como a organização contrata, treina, avalia, remunera e demite funcionários. Essas políticas são, com frequência, uma forma de os valores e as normas que você tenta criar serem operacionalizados.

Por si só, esses valores e normas podem ser bastante abstratos e teóricos. Essa é uma das razões pelas quais simplesmente postar listas de valores culturais novos é uma maneira muito ineficaz de criar mudanças culturais em sua organização. No entanto, esses valores e normas se tornam mais concretos nas histórias que você constrói, as quais os ilustram. Tornam-se ainda mais concretos nas histórias que são construídas em toda a sua organização em uma cascata de histórias.

Contudo, as implicações dos novos valores e normas para os funcionários se tornam definitivamente mais evidentes quando eles alteram a forma como as pessoas são contratadas, treinadas, avaliadas, remuneradas e demitidas em toda a organização. O trabalho em equipe é abstrato, até que seus funcionários sejam avaliados por suas contribuições em equipe; a cooperação interfuncional é abstrata, até que seus funcionários sejam treinados em como cooperar de forma interfuncional; a criatividade é abstrata, até que alguns de seus funcionários sejam promovidos por sua criatividade.

Práticas de contratação

No que se refere a tornar duradoura a mudança cultural, suas práticas de recrutamento não precisam se concentrar apenas na contratação de funcionários suficientemente competentes para realizar as tarefas para as quais estão sendo selecionados, elas também precisam ter valores condizentes com a cultura nova que você está tentando criar.

É claro que as empresas, há muito tempo, contratam novos funcionários com base em suas habilidades e competências comerciais. Ao longo dos anos, os melhores profissionais de recursos humanos aprenderam a identificar as habilidades e competências comerciais necessárias para realizar um trabalho e a determinar se um candidato a funcionário possui tais qualidades. Na verdade, quanto mais competente for sua equipe de recursos humanos, mais provável é que ela seja habilidosa nessa abordagem baseada em competências na hora da contratação.[1]

No entanto, contratar funcionários tendo como base a relação entre seus valores e a cultura que você tenta criar pode ser algo novo para sua organização. Claro, isso não significa dizer que as habilidades e competências dos candidatos sejam irrelevantes para sua decisão de contratação, mas que a capacidade do candidato de ajudar na implementação de uma nova cultura também é importante.

---

[1] Para obter um resumo das abordagens da contratação baseada em competências, cf. KATZ, L. M. Competencies hold the key to better hiring. SHRM, *HR Magazine*, 29 jan. 2015. Disponível em: https://www.shrm.org/hr-today/news/hr-magazine/pages/0315-competencies-hiring.aspx.

Seus gerentes de recursos humanos talvez perguntem, com razão, como devem fazer para avaliar a competência cultural dos candidatos aos cargos. Ótima pergunta, para a qual uma única resposta talvez não exista – pela simples razão de que empresas diferentes procurarão criar tipos de culturas organizacionais diferentes, que exigirão medidas diferentes para avaliar os valores dos candidatos. Conhecemos algumas empresas que usam estudos de caso e simulações para fazer esse tipo de avaliação e verificar como os candidatos se encaixam na cultura nova da empresa. E sabemos de outras empresas que definiram os valores centrais de sua cultura de acordo com uma tipologia de personalidades derivada de pesquisas psicológicas e, em seguida, avaliaram os valores dos candidatos usando medidas resultantes dessas pesquisas.[2]

Porém, qualquer que seja a forma como seus funcionários de recursos humanos acabam avaliando os valores dos candidatos e relacionando-os à cultura que você está tentando criar, o ponto principal é simples: as habilidades técnicas e funcionais desempenham um papel importante nas decisões de contratação. Mas quando você tenta mudar a cultura de uma organização, você também precisa contratar com base na relação que existe entre os valores do candidato e a cultura que está tentando criar.

Nesse contexto, uma pergunta razoável é: se contratarmos com base em valores, não acabaremos contratando pessoas que se parecem conosco de muitas maneiras? O que acontece com a diversidade nesse contexto? De fato, o objetivo principal de contratar pessoas cujos valores são condizentes com a cultura que você está tentando criar é contratar pessoas que possuem os valores centrais dessa cultura. Embora talvez não seja "politicamente correto" dizer isso, quando se trata

---

2 Nesse caso específico, a empresa em questão desenvolveu ferramentas para avaliar a personalidade dos novos contratados utilizando uma lógica derivada de Don Riso (*Personality Types*: Using the Enneagram for Self-Discovery. Nova York: Harper One, 1996) e Don Riso e Russ Hudson (*The Wisdom of the Enneagram*. Nova York: Bantam, 1999).

de mudar a cultura de uma organização, uma diversidade extrema de valores muitas vezes não é útil.

Por exemplo, se o valor cultural que você está tentando criar é, digamos, "transparência incrementada", e você contrata um grande número de funcionários tecnicamente competentes que não são transparentes, você só confunde a organização. Tal confusão pode minar seus esforços em prol da mudança de cultura dela.

É claro que o melhor dos dois mundos é contratar pessoas tecnicamente competentes que possuem os valores que você está tentando instalar em sua nova cultura organizacional. Mas e se essas pessoas não existirem? Do que você deve abrir mão: competência técnica ou valores? Nossa pesquisa sugere que, se tiver que fazer essa escolha, as organizações que procuram construir sua vantagem competitiva com base na capacidade cultural para implementar suas estratégias abrirão mão da competência técnica antes de abrir mão dos valores que se espera que os funcionários tenham. Em outras palavras, elas estão dispostas a sacrificar "uma unidade" de competência técnica em troca de "uma unidade" de compatibilidade cultural.

E ao fazê-lo, essas organizações conseguem gerar mais valor econômico, por serem mais eficazes na implementação de suas estratégias do que seriam no caso contrário.[3]

É claro que, se adotar essa abordagem, você precisará ter muita cautela para não excluir involuntariamente a diversidade de gênero, raça ou outros tipos de diversidade em suas práticas de contratação. A busca por funcionários que tenham os valores que você está tentando construir na cultura nova não pode se transformar em uma desculpa para não contratar uma força de trabalho diversificada. Na verdade, o fato de que potenciais funcionários se parecem com você e falam como você não significa, necessariamente, que eles tenham os mesmos

---

3   Esse efeito foi discutido pela primeira vez por Todd Zenger (Explaining Organizational Diseconomies of Scale in R&D: Agency Problems and Allocation of Engineering Talent, Ideas, and Effort by Firm Size. *Management Science*, v. 40, n. 6, p. 708-729, 1994).

valores culturais que você. As práticas de contratação precisam ir além desses indicadores superficiais de afinidade cultural e mirar em indicadores mais profundos dos valores essenciais dos potenciais funcionários e refletir sobre como esses valores estão relacionados à cultura que você está tentando implementar em sua organização.

Práticas de treinamento

Nossa experiência sugere uma correlação interessante entre o quanto uma empresa depende de sua cultura organizacional para implementar suas estratégias e o volume e a natureza de seus programas de treinamento. Em geral, quanto mais uma organização depende da cultura para implementar estratégias, mais investe no treinamento de funcionários e mais voltado para a cultura esse treinamento se torna.

Por exemplo, na década de 1980, quando a Hewlett Packard era bastante conhecida por sua cultura organizacional diferenciada e poderosa, essa cultura – descrita em um panfleto intitulado "The HP Way" ("O jeito HP") – ocupava o centro das atenções nos treinamentos da empresa.[4] Ao longo de muitos anos, a Johnson & Johnson tentou construir sua cultura em torno de uma declaração de valores chamada "O Credo". Para reforçar a importância do "Credo", alguns CEOs da J&J visitaram todas as dependências da empresa para realizar "reuniões de treinamento do Credo" com os funcionários, em que discutiam "O Credo" e suas implicações para o que se esperava dos funcionários da empresa.[5] E na Koch Industries, o treinamento corporativo se concentra em introduzir mecanismos semelhantes aos do mercado na estrutura organizacional hierárquica

---

[4] Esse panfleto foi posteriormente expandido em livro por David Packard: *The HP Way*: como Bill Hewlett e eu construímos nossa empresa. Rio de Janeiro: Campus, 1995.

[5] CHATTERJEE, C. Our Credo. *Johnson and Johnson's*, 22 jan. 2019. Disponível em: https://www.jnj.com/credo/.

da organização, de acordo com os valores organizacionais defendidos pelo CEO, Charles Koch.[6]

Claro, talvez os exemplos mais extremos desse foco no treinamento baseado em valores sejam encontrados no meio militar, onde unidades que dependem profundamente da capacidade de seus membros confiarem na competência e na índole de seus colegas – unidades como os SEALS da Marinha e os Rangers do Exército – dedicam esforços hercúleos à criação de uma cultura coletiva durante o treinamento.[7]

Segue-se desses trabalhos que, se você está tentando mudar a cultura organizacional, precisará adotar, no treinamento, elementos voltados para a cultura que sejam semelhantes. Claro, é fundamental que seus funcionários conheçam o plano de saúde e outros benefícios. Eles devem entender a estrutura organizacional e a estratégia geral. Mas, ainda mais importante, eles precisam entender o que se espera deles como membros da organização. Eles precisam entender o tipo de cultura que você está tentando construir e seu papel na criação dela.

Em termos práticos, esse treinamento provavelmente deveria apresentar muitas das histórias que você e seus funcionários criaram para mudar sua cultura.

Práticas de avaliação de funcionários

Toda organização que conhecemos tem práticas e políticas para avaliar o desempenho de seus funcionários. De fato, o desempenho de praticamente todos os funcionários em uma organização – desde o CEO até o trabalhador horista – é avaliado. Essas avaliações são, em

---

6 Essa filosofia de gestão resume-se em Charles Koch: *A ciência do sucesso*. São Paulo: Landscape, 2008.
7 Cf. por ex., MANSOOR, P.; MURRAY, W. (ed.). *The Culture of Military Organizations*. Cambridge: Cambridge, 2019; BROUKER, M. *Lessons from the Navy*. Nova York: Ramen and Littlefield, 2020. Uma discussão mais ampla sobre essas questões pode ser encontrada em Steve Magness (*Do Hard Things*. Nova York: Harper, 2022).

seguida, usadas para ajustar os níveis de remuneração, decidir sobre promoções, rebaixamentos e até mesmo demissões.

Dito isso, os líderes empresariais, às vezes, esquecem que sua abordagem para a avaliação do desempenho dos funcionários pode ser um indicador importante da cultura da organização. O que você mede no desempenho deles diz muito sobre aquilo que você e sua organização valorizam nesse quesito. Se você avaliar os funcionários de maneira inconsistente com a cultura que está tentando criar, é quase certo que precisará mudar as práticas de avaliação caso pretenda fazer com que seu empenho para implementar a mudança de cultura seja duradouro.

Veja como Manoel Amorim – o CEO da Telesp mencionado no capítulo 1 (História 1.1.) – usou mudanças nas práticas de avaliação de funcionários para ajudar a implementar sua mudança cultural. Lembre-se de que essa empresa telefônica brasileira estava passando de um monopólio regulamentado para um mercado mais concorrido no qual a satisfação do cliente seria uma necessidade competitiva. Mas tudo sobre a Telesp – incluindo a avaliação de seus funcionários – estava alinhado com a cultura de comando e controle que valorizava a excelência técnica e a execução, e que havia servido tão bem à empresa no mercado regulamentado.

Claro, Manoel iniciou o processo de mudança de cultura pela construção de uma história (História 1.1). Ele também agiu para incentivar a criação de uma cascata de histórias na empresa (História 8.8). Mas ainda precisava mudar as políticas de recursos humanos, e isso começava pela avaliação dos funcionários.

> **História 9.1: Manoel Amorim, na qualidade de CEO da Telesp (Telefonica) – "Como incorporar a satisfação do cliente na avaliação de funcionários"**
>
> Precisávamos alinhar nosso sistema de avaliação de funcionários à nova cultura. A primeira coisa que fizemos foi implementar cartões de pontuação para esclarecer o que era esperado de cada funcionário, em todos os níveis da empresa.

Havia metas claras e fáceis de avaliar para cada item no cartão de pontuação. E, pela primeira vez na história da empresa, o item "satisfação do cliente" fazia parte dos cartões de pontuação de todos.

Em seguida, implementamos um sistema de avaliação 360 graus – em que cada funcionário da empresa recebia uma avaliação do chefe, dos subordinados, de colegas e de clientes-chave. Vindo de uma organização muito hierárquica, a avaliação dos chefes por seus subordinados foi uma inovação importante.

No começo, esse processo de avaliação 360 graus causou medo, e várias pessoas que se reportavam diretamente a mim mencionaram que não se sentiam muito à vontade com isso.

Então, construí outra "história": decidi ser o primeiro a ser avaliado dessa maneira. Quando recebi meus resultados e eles não foram 100% "bons", convoquei uma reunião com todos os meus subordinados diretos, os subordinados diretos deles e os subordinados diretos dos subordinados diretos deles. O auditório da empresa ficou lotado, com quase mil lugares ocupados. Então, compartilhei com eles os resultados da minha avaliação 360 graus – o que eu vinha fazendo bem, onde vinha falhando e qual era meu plano para melhorar.

A plateia ficou chocada – "O CEO agora pode ser avaliado por outras pessoas na empresa?" –, mas eles rapidamente perceberam os benefícios desse tipo de avaliação de funcionários. Após essa reunião, o processo se espalhou pela organização, e muito do medo foi dissipado por terem me visto passar pelo processo e eles próprios também passarem por ele. Em poucos anos, chegou um ponto em que a época de avaliação se tornou algo que as pessoas em toda a organização de fato aguardavam ansiosamente.

Ambas as mudanças que Manoel fez na avaliação de funcionários da Telesp ajudaram a construir a cultura cooperativa voltada para o atendimento ao cliente que ele procurava implementar. Primeiro, ele responsabilizou todos na empresa pela satisfação do cliente; segundo, usou o processo de avaliação 360 graus para mostrar que todos os funcionários eram importantes na nova Telesp – até mesmo os de baixo nível hierárquico tinham a oportunidade de avaliar seus supervisores. E para facilitar a implementação dessas duas mudanças, Manoel construiu uma história por meio do compartilhamento público dos resultados de suas próprias avaliações 360 graus.

Algumas das medidas que você atualmente usa para avaliar o desempenho dos gerentes podem ser modificadas de maneira a incluir itens que dizem respeito aos esforços em prol da mudança de cultura de sua empresa. Vimos isso no uso que Dan Burton, da Health Catalyst, fez de pesquisas de funcionários, das avaliações 360 graus e da avaliação direta de funcionários individuais com relação aos esforços em prol da mudança cultural (História 3.5). Na Gillette, Alberto Carvalho usou a disposição das equipes de desenvolvimento de produtos para sair a campo e verificar como os clientes realmente usavam seu produto, como uma forma de avaliar o compromisso de equipes específicas de P&D com um novo processo de inovação de produtos (História 4.4). E Jeremy Andrus usou a ação "sem restrições" de seu funcionário para resolver o problema de um cliente como um indicador do compromisso desse funcionário com a nova cultura (História 8.6).

Práticas de remuneração de funcionários

Claro, a consequência lógica da mudança na avaliação de funcionários é alterar a forma como a remuneração deles é definida. Considere como Manoel alterou a remuneração na Telesp.

> **História 9.2: Manoel Amorim, na qualidade de CEO da Telesp (Telefonica) – "Como compensar os melhores desempenhos"**
>
> Nosso novo sistema de avaliação de funcionários possibilitou um ajuste em nossas políticas de remuneração. Com base nos cartões de pontuação e nos resultados do processo de avaliação 360 graus, todos os funcionários da empresa foram classificados. Eu classifiquei meus vice-presidentes; meus vice-presidentes classificaram seus diretores; os diretores classificaram seus gerentes; e assim por diante, até que todos os funcionários da empresa foram classificados em uma curva forçada.

E, exceto no meu caso, esse exercício de classificação foi conduzido por grupos, ou seja, todos os 50 diretores foram classificados pelos oito vice-presidentes. Em seguida, esses 50 diretores se dividiram em grupos para classificar seus subordinados, e assim por diante. Esses grupos eram todos multifuncionais por natureza.

Cada grupo precisou chegar a um consenso sobre quem se enquadrava nos 20% com melhor desempenho, quem se enquadrava nos 20% com desempenho mais baixo e quem se enquadrava nos outros 60%. Houve debates, desacordos multifuncionais, colaboração e resolução de conflitos. E todo mundo foi classificado ao final do processo.

E houve consequências óbvias dessas classificações. Ninguém podia demitir os 20% com desempenho superior. Se um departamento fechasse – e isso aconteceu diversas vezes –, o chefe do departamento ou seu supervisor tinha que encontrar outro cargo na empresa para aqueles classificados entre os 20% com melhor desempenho. E curiosamente, havia competição por aqueles talentos. As pessoas começaram a confiar no processo.

Os 20% com desempenho mais alto também receberam um bônus acima do nível máximo para sua posição hierárquica, pago pelos 20% com atuação mais baixa na curva de desempenho, que não recebiam bônus, por melhores que tivessem sido os resultados da empresa como um todo.

Todas essas mudanças na forma como os funcionários eram recompensados ajudaram a reforçar a cultura cooperativa voltada para o atendimento ao cliente que Manoel tentava implementar.

Práticas de demissão de funcionários

Finalmente, a realidade é que implementar a mudança de cultura muitas vezes exigirá que você demita alguns de seus funcionários – o que torna isso ainda mais difícil, pois alguns deles podem ter apresentado um desempenho bom na cultura antiga. Mas, se a maneira como eles alcançam esse alto nível de desempenho não for condizente com a cultura nova que você está tentando criar, é possível que você precise dispensá-los mesmo assim.

Nós entendemos bem que isso talvez não seja "justo". Afinal, esses funcionários estavam simplesmente fazendo o que era esperado que fizessem de acordo com a cultura antiga. E então você começa a mudar as "regras do jogo" para eles, modificando a cultura da sua organização para implementar novas estratégias de forma mais eficaz. É como se eles tivessem se inscrito para jogar beisebol – e se tornado proficientes nesse jogo –, e agora você quisesse que eles começassem a jogar hóquei no gelo!

Claro, eles vão se sentir enganados, explorados e manipulados. Isso porque, de certa forma, eles de fato foram enganados, explorados e manipulados. Na verdade, é provável que pelo menos alguns de seus funcionários tenham sido atraídos para trabalhar na empresa precisamente porque gostavam da cultura antiga. E agora, aquelas características que os atraiu para aquela empresa estão desaparecendo. É um exemplo clássico da tática "isca e troca".[8]

Ao reconhecer a raiva e frustração deles, é importante que você não permita que esses funcionários o impeçam de mudar a cultura de sua organização. Claro, você pode entrar em contato com essas pessoas, explicar o que está fazendo e por que está fazendo aquilo. Você pode convidá-los a fazer parte da nova cultura. Quem sabe alguns desses funcionários podem estar secretamente esperando pela oportunidade de ajudar a construir uma cultura nova na empresa. Outros tomarão uma decisão econômica e se alinharão com a mudança cultural. Mas outros podem resistir a ela e – seja de forma ativa ou passiva – agir para minar seus esforços em prol da mudança de cultura. É esse último grupo que você precisará dispensar.

Usando a linguagem de Jim Collins, a mudança cultural costuma ser uma questão de estar "no ônibus".[9] As questões "no ônibus" cos-

---

8 Tática de vendas desonesta que consiste em anunciar um produto a um preço inferior ao da concorrência (a "isca") e depois tentar induzir o cliente a comprar outro produto mais caro (a "troca"). (N.T.)

9 COLLINS, J. *Empresas feitas para vencer*. Rio de Janeiro: Campus, 2006.

tumam ser tão importantes e tão centrais para uma organização e seu futuro que, se os gerentes não estiverem dispostos a apoiar você nessas questões, eles precisarão encontrar outro emprego.

A bem da verdade, demitir esses funcionários pode ser libertador para, pelo menos, alguns deles. Uma pessoa que foi totalmente socializada em uma cultura antiga pode se sentir muito desconfortável quando tal cultura é substituída. Ela pode sentir, à medida que essa cultura nova é implementada, que não entende mais seu papel, que não tem mais um claro entendimento do propósito da empresa, que não sabe mais como trabalhar com seus colegas. E tudo isso é verdade. Mudar a cultura de uma organização pode mudar todos esses elementos do trabalho de uma pessoa, e isso pode deixá-la perdida e confusa.

Os sociólogos têm um nome para esse estado de coisas: anomia – o estado de ausência de normas. A mudança de cultura cria, com frequência, um estado de anomia em determinados funcionários. Alguns deles podem conseguir mudar e se adaptar à nova cultura da empresa e abandonar essa sensação de anomia, mas outros não. Para aqueles que não conseguem mudar, separar-se da empresa pode ser uma bênção. Vimos isso na história em que Steve Young demite o ex-CEO de uma empresa que sua organização havia adquirido (História 3.6).

Por fim, decidir demitir alguns de seus funcionários pode não apenas ter um impacto direto sobre sua capacidade de mudar a cultura de sua organização, mas também pode ser a fonte de histórias de mudança de cultura bastante influentes. Por exemplo, se um gerente de alto escalão em sua empresa é visto por todos como alguém que resiste agressivamente aos esforços em prol da mudança cultural, demitir esse funcionário transmite uma mensagem inequívoca para toda a empresa sobre o seu grau de seriedade em implementar a cultura nova. Isso é especialmente verdadeiro se, entre outras dimensões importantes, esse gerente estiver tendo um desempenho muito bom.

Certa vez, perguntamos a um conhecido nosso, que era executivo graduado e que havia sido incumbido de mudar a cultura de uma conhecida cadeia de varejo nos Estados Unidos, quais erros ele havia cometido nesse processo. Sua resposta nos surpreendeu: "Eu deveria ter demitido imediatamente os cinco ou seis subordinados diretos que eu tinha certeza – desde o primeiro dia – que minariam nossos esforços em prol da mudança de cultura. Em vez disso, esperei um ano para demiti-los, e isso nos custou um ano para alcançar nossos objetivos de mudança de cultura".

Quando alinhar sua organização com a cultura nova

Os economistas têm um ditado favorito: "Os incentivos funcionam". O que isso significa é que se você, na qualidade de líder empresarial, deseja mudar o comportamento de seus funcionários, mude a maneira como você avalia e recompensa o desempenho deles. Se deseja mais cooperação, avalie e recompense a cooperação. Se deseja mais excelência funcional, avalie e recompense a excelência funcional. Se deseja mais criatividade, avalie e recompense a criatividade.

Para usar a linguagem desenvolvida no capítulo 2, esse é um enfoque muito "de cima para baixo" e "economicamente racional" da gestão de mudança. E esse enfoque pode funcionar para implementar uma série de mudanças organizacionais diferentes.

Mas não para mudar a cultura de uma organização.

Conforme sugerido no capítulo 2, a cultura organizacional tem várias características que sugerem que qualquer abordagem monolítica para a gestão de mudanças – "de cima para baixo" *vs.* "de baixo para cima", pessoal e emocional *vs.* racional e econômica, ou uma abordagem sistêmica da mudança – pode não conseguir mudar a cultura de uma organização. Naquele capítulo, sugerimos que você precisará adotar um *modelo eclético de mudança organizacional,* uma abordagem que inclua técnicas de gestão de mudança de vários modelos diferentes.

Portanto, mudar como você avalia e recompensa seus funcionários pode fazer parte da mudança de cultura, mas não é a única coisa a ser feita. Em especial, se tentar mudar suas práticas de recursos humanos como uma forma de *criar* mudança cultural, é quase certo que fracassará. Até que seu pessoal entenda a necessidade da mudança cultural e a natureza dela, e até que note seu compromisso irreversível com relação a ela, é pouco provável que eles adiram ao processo de criação conjunta dessa nova cultura. E se eles não aderirem ao processo de mudança de cultura, é provável que as mudanças nas políticas e nas práticas organizacionais – por si sós – não criem uma mudança cultural "duradoura".

Sendo assim, até que você comece a construir histórias autênticas nas quais você seja protagonista, que marquem uma ruptura nítida com o passado e apontem um caminho rumo ao futuro, que apelem para o cérebro e o coração de seus funcionários, que sejam, com frequência, teatrais e compartilhadas por toda a organização de maneiras que criem uma cascata de histórias, então mudar as políticas de recursos humanos será prematuro. Afinal, o objetivo para fazê-lo é alinhá-las à cultura que você está tentando construir, mas você só saberá qual será essa cultura quando começar o processo de mudança cultural e envolver seu pessoal, de modo que eles criem essa cultura nova em parceria com você.

Claro, isso não significa dizer que sua mudança de cultura precisa estar concluída antes de as políticas e as práticas da organização estarem alinhadas com a cultura nova. De fato, criar esse alinhamento pode sinalizar seu grau de seriedade com relação à mudança cultural. E como vimos com Manoel na Telesp, esse processo de alinhamento também pode ser uma fonte de histórias novas de mudança de cultura. Mas esta começa com a construção de histórias, amadurece com a cascata de histórias e se torna duradoura quando as políticas e práticas são modificadas para serem condizentes com a cultura nova.

Considere, por exemplo, a experiência de Daniel Geiger Campos, quando ele se tornou presidente da AkzoNobel na América Latina.

História 9.3: Daniel Geiger Campos, na qualidade de presidente da AkzoNobel para a América Latina – "Como implementar avaliações 360 graus"

Quando cheguei à empresa, eles não haviam adotado um sistema de avaliação 360 graus. No entanto, a ausência dele não era o problema, mas sim um sintoma de um problema cultural maior.

Após um curto período, ficou claro para mim que as pessoas tinham medo de transmitir qualquer má notícia à alta gerência. A cultura era profundamente hierárquica. A mentalidade era de que apenas notícias boas poderiam ser repassadas à alta gerência, uma vez que notícias ruins poderiam levar a pessoa que as tinha repassado a ser punida. Essa abordagem de liderança era baseada na premissa de que sempre que algo ia mal na empresa o responsável deveria ser identificado e então culpabilizado. A introdução de um sistema de avaliação 360 graus nessa cultura teria sido um fracasso.

Então, antes de pedir ao departamento de recursos humanos para criar processos de avaliação 360 graus para a empresa inteira, precisei mudar a cultura da organização de modo que todos estivessem dispostos a confiar nesses processos. Comecei por ser a primeira pessoa na organização a passar por um processo público de avaliação 360 graus. Em uma reunião de equipe, pedi aos meus subordinados diretos que gerassem, anonimamente, informações sobre meu desempenho organizadas em três "categorias": coisas que eu deveria **começar** a fazer, coisas que eu deveria **parar** de fazer e coisas que eu deveria **continuar** a fazer. Então, analisei esses comentários e me comprometi a implementar as mudanças necessárias. Resumi a avaliação e os compromissos e os pendurei em uma parede do meu escritório. Sempre que alguém entra na minha sala, aquilo é visto. Eu também os vejo todos os dias, o que também me lembra de parar, começar e continuar.

Depois de passar por esse processo, perguntei se outros membros da minha equipe queriam fazer o mesmo. Um por um, todos se mostraram dispostos. Foi uma experiência transformadora para muitos deles.

Um aspecto interessante nesse processo foi que as pessoas começaram a aprender a melhor maneira, a maneira mais útil, de fazer uma avalição honesta umas das outras. Isso tornou muito mais fácil e valioso implementar avaliações 360 graus formais.

> Atualmente, todos na empresa passam por esse tipo de avaliação. Não posso dizer que já exploramos todo o nosso potencial, mas a organização está progredindo bem. Hoje em dia, essa prática se tornou parte de nossa rotina.

Para Daniel, criar a mudança de cultura foi necessário antes de tentar implementar avaliações 360 graus em toda a empresa. E ao fazer a própria avaliação primeiro, ele mesmo construiu uma história de mudança cultural autêntica, protagonizada por ele, que rompeu com o passado e apontou um caminho rumo ao futuro, apelou para o cérebro e para o coração dos funcionários, foi teatral e criou uma cascata de histórias à medida que os funcionários em toda a empresa começaram a se envolver nessas avaliações.

Conclusão

Concluímos aqui nossa introdução à mudança de cultura. Esse processo começa quando você, na qualidade de líder empresarial, percebe um desalinhamento entre suas estratégias, o que elas são e como provavelmente evoluirão, e a cultura organizacional. Continua quando você constrói uma ou mais histórias de mudança cultural que contêm os atributos descritos neste livro. Seus esforços em prol da mudança começam a amadurecer quando você compartilha as histórias que você e seus funcionários construíram com toda a organização. Essa "cascata de histórias" é a forma como seu pessoal cria a cultura nova em parceria com você. Então, em algum momento, você analisa se suas políticas e práticas atuais estão alinhadas com essa nova cultura. Se esse não for o caso, você precisa mudar essas políticas e práticas de uma maneira que aumente a chance de que sua mudança de cultura seja, de fato, duradoura.

Esse é o processo de mudança cultural. A maneira como você pode começar a implementá-lo – já a partir de amanhã – será abordada no próximo capítulo.

10
Como construir suas próprias histórias que mudam a cultura

Então, você deseja mudar a cultura de sua organização.

Para chegar a esse ponto, é provável que você já tenha concluído que precisa mudar as estratégias da organização – as ações que ela toma em busca de vantagens competitivas. Você também pode ter concluído que as estratégias novas que deseja implementar não estão alinhadas com a cultura existente. Diante da escolha entre ignorar esse desalinhamento e mudar a cultura, você decidiu tentar mudar a cultura.

Com base na pesquisa relatada neste livro, em geral a mudança de cultura de uma organização começa pela construção de histórias novas para substituir as antigas existentes na cultura anterior. De fato, este livro descreveu em detalhes os atributos das histórias que outros líderes empresariais construíram para iniciar o próprio processo de mudança cultural.

Mas como você pode pegar essas ideias e aplicá-las na construção de sua própria história para sua organização?

Claro, não podemos dizer quais são as histórias específicas que você deve construir para mudar a cultura de sua organização – elas precisam ser autênticas para você na qualidade de líder empresarial e precisamente alinhadas com sua organização e seus desafios empresariais. No entanto, nossa pesquisa tem algumas implicações importantes sobre como você pode construir sua própria história de mudança cultural. Colocamos essas implicações na forma de uma série de perguntas, resumidas no Quadro 10.1.

QUADRO 10.1	Guia prático para construir suas próprias histórias de mudança de cultura

1. Qual a origem das histórias de mudança de cultura?
2. E se a história que você precisa construir não for condizente com seus valores?
3. Você precisa ser protagonista de todas as histórias de mudança cultural?
4. Como saber se a história que você está construindo é uma ruptura significativa com o passado?
5. Como saber se suas histórias apontam a direção certa para um caminho rumo ao futuro?
6. Como saber se sua história apelará para o cérebro de seus funcionários?
7. Como construir uma história que apela para o coração de seus funcionários?
8. Qual a origem dos elementos teatrais das histórias de mudança de cultura?
9. Como fazer com que outras pessoas construam as próprias histórias?

Qual a origem das histórias de mudança de cultura?

Dizem que toda escrita é autobiográfica.[1] Isso é certamente verdadeiro no caso das histórias de mudança cultural que você constrói. Elas quase sempre começam com alguma experiência que você teve como líder empresarial – com frequência, com algum aspecto da cultura organizacional que não condiz com a estratégia ou as estratégias que você precisa implementar. Assim, essas histórias não são construídas do nada, mas são fundamentadas em experiências que você e sua equipe compartilham.

---

[1] Cf., por ex. MURRAY, D. All writing is autobiography. *College Composition and Communication*, v. 42, n. 1, p. 66-74, 1991.

Por esse motivo, no início do processo de construção de histórias, muitas vezes existe um pouco de serendipidade – um acidente, um fracasso, um erro, uma história engraçada que pode ser usada para construir uma narrativa muito maior e que acaba se tornando uma história de mudança de cultura.

No caso de Manoel Amorim (História 1.1), foi uma falha no atendimento ao cliente. No caso de Michael Schutzler (História 4.2), foi colar uma lista de seus valores preferidos na parede. No caso de Alberto Carvalho (História 4.4), foi estar muito distante dos clientes em economias em desenvolvimento. No caso de Melanie Healey (História 5.2), foi não colocar foco suficiente em "encantar" o cliente. No caso de Jeff Rodek (História 7.1), foi não alcançar as metas financeiras do quarto trimestre. Todos esses líderes empresariais, e muitos outros neste livro, encontraram a matéria-prima necessária para construir uma história quando as expectativas deles com relação ao que a organização precisava fazer eram incoerentes com o que ela realmente estava fazendo.

Portanto, a resposta à pergunta sobre a origem das histórias de mudança de cultura é que elas surgem de suas experiências reais em sua organização. Toda vez que você perceber que sua organização não conseguiu cumprir suas metas, existe uma possível história de mudança cultural.

À medida que o processo de mudança de cultura amadurece, você poderá usar os sucessos resultantes para construir mais histórias. Elas reforçarão o progresso que você fez em prol da mudança de cultura e destacarão as implicações positivas desse progresso no desempenho.

No entanto, no início da mudança de cultura, você normalmente obterá material para a construção de histórias a partir de fracassos empresariais, não de sucessos.

Mas esse é apenas o começo da construção de histórias. Em seguida, sua tarefa é construir uma história que contenha os atributos descritos neste livro. Embora você tenha pouco controle sobre os começos serendipitosos de sua história, você tem muito controle sobre a forma que essa história acaba assumindo.

De fato, conhecemos líderes empresariais que, assim que percebem o potencial para construir uma história de mudança cultural, fazem um esboço da que poderiam querer construir. Os líderes se certificam de que vão construir uma narrativa que tem os elementos essenciais de qualquer história interessante – cenário, personagens, enredo, conflito e resolução, então revisam esse esboço para aumentar a maneira como ele reflete os seis atributos das histórias de mudança de cultura apresentados neste livro. Desde que esse processo de planejamento de história não a torne inautêntica, ele pode ser útil na construção de histórias eficazes de construção de cultura.

A serendipidade organizacional torna real o início de sua história. Construir uma narrativa de modo que reflita os atributos de histórias apresentados neste livro torna a sua mais poderosa.

Uma abordagem que vimos alguns líderes empresariais usarem para identificar histórias potenciais de mudança de cultura é dedicar um tempo, uma vez por semana, para escrever todos os erros, surpresas e avaliações equivocadas que experimentaram no trabalho durante os sete dias anteriores. Trata-se, essencialmente, de um "diário de negócios". Algumas dessas experiências serão resultado da simples falta de comunicação, ou incompetência. Outras refletirão diferenças de gosto e avaliação. No entanto, algumas talvez reflitam valores culturais que estão atrapalhando o progresso da empreitada. Se um padrão desse tipo começar a surgir, então você talvez consiga usar um desses contratempos culturais como base para a construção de uma história de mudança cultural.

E se a história que você precisa construir não for condizente com seus valores?

A mudança de cultura está sujeita a duas restrições. Por um lado, a cultura que você procura criar precisa estar alinhada com as estratégias que você precisa implementar. Se esse não for o caso, sua cultura nova não permitirá que você implemente as estratégias novas e, portanto, não poderá ajudá-lo a obter uma vantagem competitiva.

Por outro lado, a cultura que você procura criar também precisa estar alinhada com seus valores pessoais. Se esse não for o caso, as pessoas em sua organização não acreditarão que você está comprometido de verdade com a mudança de cultura, e ela não acontecerá.

Infelizmente, não existe garantia de que a cultura que você precisa para implementar suas estratégias novas também seja consistente com seus valores pessoais. De fato, conforme sugerido no capítulo 3, você pode ter sido atraído para trabalhar em uma organização por causa da cultura antiga dela e depois descobrir que estratégias novas exigem uma cultura diferente, com a qual você não está inteiramente confortável.

Nessa situação, você tem apenas duas opções: mudar seus valores pessoais ou se afastar do processo de mudança de cultura.

Nenhuma dessas alternativas é muito atraente. A primeira requer uma mudança pessoal profunda, introspecção, a reformulação de crenças antigas, e assim por diante. Claro, se você compartilhar esses esforços com seus funcionários, eles podem, de fato, ser uma ótima fonte de histórias de mudança de cultura. No entanto, isso é uma compensação pequena para os desafios emocionais que costumam estar associados a esse tipo de mudança pessoal.[2]

Afastar-se do processo de mudança de cultura pode assumir várias formas: você pode se transferir para uma parte de sua organização que exige menos mudança cultural, pode assumir um cargo na parte atual de sua organização que o mantém afastado dessa mudança, ou até mesmo trocar a empresa por uma oportunidade que seja mais condizente com seus valores.

---

2 Cf., por ex., FREUD, S.; BREUER, J. Estudos sobre a histeria (1895/1955). *In*: STRACHEY, J. (ed.). *Obras completas de Sigmund Freud*. São Paulo: Companhia das Letras, 2016. v. 2. p. 1-448; OREG, S. Resistance to Change: Developing an Individual Difference Measure. *Journal of Applied Psychology*, v. 88, n. 4, p. 680-693, 2003.

Se você permanecer na organização, afastar-se do processo de mudança de cultura pode ser equivalente a se afastar das partes mais inovadoras e criativas da empresa. Nesse caso, você fica observando das arquibancadas, enquanto sua organização escolhe e implementa estratégias novas com uma nova cultura. Se você sair de sua organização, corre o risco de ingressar em outra empresa e logo descobrir que eles também estão entrando em um período de mudança cultural.

Assim, a necessidade de "autenticidade" no processo de mudança de cultura pode significar que você não é a pessoa certa para liderar com essa situação. É necessária uma enorme autodisciplina, bem como coragem pessoal, para chegar a essa conclusão e fazer o que precisa ser feito para permitir que sua organização implemente as estratégias novas por meio de uma mudança cultural.

Você precisa ser protagonista de todas as histórias de mudança de cultura?

Nossa pesquisa sugere que é fundamental que os líderes empresariais protagonizem, pelo menos, algumas das histórias de mudança cultural que constroem. No entanto, há a ideia de que esses líderes precisam envolver pessoas em toda a organização no processo de mudança de cultura e incentivá-las a construir suas próprias histórias, e isso sugere que eles não precisam protagonizar todas elas. Na verdade, pode acontecer de um líder empresarial acabar protagonizando um número excessivo de histórias, a ponto de a história acabar girando mais em torno do protagonismo do líder empresarial do que da mudança cultural.

De fato, depois de protagonizar uma ou duas histórias, você pode desempenhar um papel muito importante ao ajudar outras pessoas a construírem as próprias histórias de mudança cultural, nas quais elas serão as protagonistas. Esse "trabalho de bastidor" talvez seja muito relevante para o sucesso da mudança de cultura.

A intervalos irregulares, a Academia de Artes e Ciências Cinematográficas concede o Prêmio Irving G. Thalberg a "produtores criativos cujo conjunto da obra reflita uma qualidade consistentemente elevada de produção cinematográfica". Mas quem foi Irving Thalberg?[3]

Em um setor onde "protagonizar a própria história" é levado às últimas consequências, Irving Thalberg nunca foi estrela de um filme, cantou músicas ou dançou. Em vez disso, na condição de produtor da MGM nas décadas de 1920 e 1930, Thalberg reuniu os talentos necessários para contar algumas das histórias mais amadas de todos os tempos – incluindo *O corcunda de Notre Dame* (1923), *Ben-Hur* (1925), *O campeão* (1931), *Tarzan, o filho das selvas* (1932), *O grande motim* (1935), *Romeu e Julieta* (1936), *Camille* (1936) e *Terra dos deuses* (1937). Indicado a 12 prêmios de Melhor Filme da Academia – dos quais ganhou dois –, Thalberg também ficou conhecido por ajudar a construir a carreira de muitos atores famosos, incluindo Lon Chaney, Greta Garbo, Lionel Barrymore, Joan Crawford, Clark Gable, Jean Harlow e Spencer Tracy. Os vencedores do Prêmio Thalberg incluem David O. Selznick, Walt Disney, Cecil B. DeMille, Alfred Hitchcock, Ingmar Bergman, Steven Spielberg, George Lucas, Clint Eastwood e Kathleen Kennedy.

Tudo isso para uma pessoa que nunca protagonizou a própria história. Contudo, embora Thalberg não tenha sido protagonista de suas próprias histórias, ele sabia como ajudar os outros a brilhar nas deles!

Assim, após protagonizar algumas histórias de mudança de cultura que construiu, você pode começar a desempenhar o papel de Irving Thalberg e ajudar outros a brilharem em suas próprias histórias de mudança cultural. Na verdade, pode ser uma boa ideia compilar uma lista de gerentes, em diferentes níveis de sua organização, que seriam realmente bons em construir e protagonizar uma história de construção de cultura. Quando chegar a hora, convide-os a fazer parte do

---

3 Cf. VIERIA, M. A. *Irving Thalberg*: Boy Wonder to Producer Prince. Los Angeles: University of California Press, 2009.

processo de mudança de cultura ao construírem a própria história. Esse é um exemplo do processo de "semeadura de histórias" descrito no capítulo 8.

Como saber se a história que você está construindo é uma ruptura significativa com o passado?

Para garantir que as histórias que você está construindo rompam com o passado, é necessário entender a cultura antiga e como sua história ajuda a construir uma cultura que é diferente da anterior.

Algumas organizações que conhecemos dedicaram tempo e dinheiro consideráveis à tentativa de entender suas culturas antigas. Eles entrevistaram centenas de funcionários, enviaram milhares de formulários de pesquisa e submeteram todos esses dados a uma análise qualitativa e quantitativa rigorosa, tudo para identificar os três ou quatro valores centrais da cultura da empresa.[4]

Achamos que esse esforço talvez seja útil para permitir que você entenda a cultura antiga. No entanto, nossa experiência sugere que, para facilitar a mudança cultural, muitas vezes basta realizar um experimento simples que o ajudará a identificar pelo menos alguns dos valores de sua cultura antiga e a reconhecer como uma história que você poderia construir rompe ou não com ela.

Aqui está o experimento: compartilhe a história que planeja construir com um membro experiente de sua organização que esteja imerso na cultura tradicional dela e observe a resposta dele. Ele ficou confuso? Ficou zangado? Descartou imediatamente a iniciativa? Viu apenas problemas se você implementar a história? Sugeriu muitas razões pelas quais a história não resultará nos efeitos desejados? Pareceu nervoso com sua ideia de construir uma história?

---

4 Curiosamente, esses esforços geralmente não são um prelúdio para a mudança cultural, mas, em vez disso, são esforços para manter a cultura atual da empresa, por meio da documentação de seus principais elementos.

Se você observar alguma dessas ou todas essas reações, então é provável que esteja no caminho certo para construir uma história que rompe com o passado. A reação inicial das pessoas que estão bem imersas na cultura tradicional de uma organização a uma história de mudança de cultura é quase sempre negativa. Assim, essas respostas podem indicar que a história que você está pensando em construir realmente rompe com o passado cultural de sua organização.

Claro, não se deve ignorar essas respostas negativas. Você pode aprender com elas e antecipar fontes de resistência à mudança de cultura em toda a organização. No entanto, as respostas negativas às histórias com potencial para mudar uma cultura, em geral, não indicam que a mudança cultural não deva acontecer. Na verdade, muitas vezes tais respostas indicam que a mudança de cultura deve acontecer.

Se, por outro lado, você não observar nenhuma dessas respostas, então é provável que você ainda não tenha encontrado uma história com potencial de mudança cultural. Ou então seu colega é um jogador de pôquer muito bom![5]

Como saber se suas histórias apontam a direção certa para um caminho rumo ao futuro?

Ao romper com o passado, suas histórias automaticamente delineiam alguma visão do futuro cultural de sua organização. Talvez essa visão não seja nada além de "Nosso futuro cultural não será igual ao nosso passado cultural". Talvez ela seja mais específica: "Nosso futuro cultural se concentrará em satisfazer as necessidades de nossos clientes" ou "desenvolver produtos inovadores".

Por mais específica que seja essa visão cultural, é importante que você não detalhe demais o futuro cultural. A ideia é dar às pessoas da

---

5 É claro que você poderá querer repetir essa experiência várias vezes para ter uma noção do quanto generalizável é a resposta dessa pessoa. Além disso, isso lhe dará a oportunidade de refinar sua história de mudança cultural.

organização uma direção cultural a seguir – precisamos nos tornar mais sintonizados com as necessidades de nossos clientes, precisamos nos tornar mais receptivos aos riscos associados a fracassos inovadores, precisamos nos tornar mais humildes e transparentes – e então incentivá-las a "preencher os detalhes culturais" que essa direção implica para sua própria parte na organização.

Vamos exemplificar. A Telesp precisava desenvolver uma cultura voltada para o atendimento ao cliente que também fosse menos hierárquica e menos compartimentada. A experiência com um problema no atendimento ao cliente que levou o CEO a fazer com que um funcionário da central de atendimento explicasse à equipe executiva o que precisava ser feito para resolvê-lo (História 1.1) estabeleceu a direção dessa mudança cultural. Mas, por meio da cascata de histórias que foi criada na empresa (História 8.8), milhares de funcionários dentro da Telesp operacionalizaram o que "atendimento ao cliente, menos hierárquico e menos compartimentado" realmente significava para a sua parte da organização.

Nesse caso, o líder empresarial já previa a necessidade de uma cultura nova. Ele até poderia prever os tipos de valores e normas que provavelmente seriam importantes naquela cultura. No entanto, essa pessoa nunca poderia prever como a cultura nova se desenvolveria e evoluiria em toda a organização. Cabe aos funcionários, em toda a empresa, criarem essa cultura em conjunto com o líder empresarial, em suas próprias áreas de responsabilidade.

Expor cedo demais os detalhes culturais futuros de sua organização no processo de mudança de cultura pode atrapalhá-lo e dificultar a difusão de uma cultura nova.

Para saber se você acertou em cheio ao detalhar o futuro cultural de sua organização sem especificar demais como esse futuro deve ser, considere o seguinte exercício. Depois de construir as primeiras histórias, convide várias pessoas influentes, de diferentes partes da organização, para se juntarem a você com o intuito de refletir sobre o futuro da cultura da empresa. Após as apresentações e instruções, peça a cada uma delas que descreva, sem consultar os outros, o tipo de cultura que acha que surgirá em sua parte específica da organização ao longo do período seguinte – digamos, 18 meses – com base nas histórias que você já construiu e no que sabem sobre a cultura atual da organização.

Cada integrante do grupo deve fazer esse exercício isoladamente. Eles podem escrever uma breve descrição de como a cultura poderá ser. E já vimos líderes bastante inteligentes pedirem às pessoas que desenhem uma imagem do que acham que essa cultura pode ser.

Depois de alguns minutos, peça a cada uma dessas pessoas que compartilhe sua visão do futuro da cultura da organização. Algumas sugerirão que a cultura não mudará – uma expectativa racional, dada a baixa taxa de sucesso das iniciativas de mudança de cultura na maioria das organizações. Outras terão seus próprios pontos de vista a respeito desse futuro, que podem ou não estar relacionados às histórias que você construiu.

Em seguida, avalie esses pontos de vista. Eles parecem desconexos? São todos exatamente iguais? Nenhum desses extremos é bom, uma vez que o primeiro sugere que a construção da sua história ainda não teve qualquer impacto real, enquanto o último sugere que teve um impacto demasiadamente grande. O ponto ideal nesse exercício é ver uma mistura – com alguma sobreposição entre os pontos de vista culturais, mas com um grau de variação suficiente para sugerir que ainda existe espaço para envolver essas pessoas na criação conjunta dessa cultura.

Com base nesses resultados, talvez você queira tentar chegar a um consenso sobre a cultura futura de sua organização – afinal, você já construiu algumas histórias, então deve existir alguma ideia embrionária dos possíveis contornos desse futuro. Você também pode querer usar os resultados como uma oportunidade para convidar essas pessoas a construir suas próprias histórias de mudança de cultura.

De qualquer forma, essa experiência lhe dará uma ideia sobre se você apontou um caminho rumo ao futuro, sem especificar demais como esse caminho deve ser.

Como saber se sua história apelará para o cérebro de seus funcionários?

A mudança de cultura que não é uma solução para um problema real da empresa não apela para o cérebro de seus funcionários. Em outras palavras, não apela para os aspectos racionais e maximizadores de lucro de seus intelectos. A mudança cultural que não apela para o cérebro de seus funcionários é, com frequência, descartada como um surto de egoísmo por parte de um líder empresarial, nada além de uma oportunidade para ele construir uma organização à sua própria imagem e semelhança.

Claro, a fim de evitar esse problema, você precisa vincular as histórias que constrói para mudar a cultura às estratégias que você precisa implementar. De fato, se não puder mostrar um vínculo direto entre a necessidade de mudança estratégica e a necessidade de mudança de cultura, é provável que você ainda não esteja pronto para começar o processo de mudança cultural. Se puder construir esse vínculo, então fornecerá uma razão racional e de interesse próprio para as pessoas em sua organização se juntarem a você na mudança, já que ela melhorará o desempenho da organização e criará novas oportunidades a seus funcionários.

Caso queira saber se é provável que as histórias que você pensa construir apelem para o cérebro de seus funcionários, volte a procurar aquele colega que mencionamos anteriormente – aquele que estava imerso na cultura tradicional de sua organização. Explique-lhe por que é provável que as estratégias tradicionais da organização não funcionem no futuro. Em seguida, descreva as novas estratégias que você acha que serão necessárias e o tipo de cultura que você precisará para implementá-las.

Se as reações iniciais dele à história que você está construindo – medo, perplexidade, raiva, confusão – foram mais moderadas, de modo a se tornarem um otimismo cauteloso, então você talvez tenha uma história que apelará para o cérebro de seus funcionários.[6]

Como construir uma história que apela para o coração de seus funcionários?

Apelar para o coração – as emoções – é tão importante quanto apelar para o cérebro – a racionalidade – na criação de mudanças de cultura. No entanto, essas duas formas de pensamento estão alojadas em partes diferentes do cérebro, e construir uma história que apele para ambas pode ser complicado.[7] Assim como o lado emocional de sua mente está se preparando para uma mudança de cultura profunda, a parte racional dela pode interferir: "Esperem um pouco, emoções. O que essa mudança cultural significa para mim?".

O desafio aqui é construir uma história que seja inteiramente condizente com o pensamento racional de maximização de lucro, mas que também apele às emoções dos funcionários. Existe, é claro, uma quantidade enorme de pesquisas nas áreas de psicologia e *marketing*, para citar apenas dois campos de estudo em que esse trabalho é feito, sobre como fazer as pessoas substituírem o pensamento emocional pelo racional: "Eu preciso comprar aquele carro de qualquer jeito!". Mas a mudança de cultura envolve cérebros *e* corações; não se trata de *trocar* o coração pelo cérebro, ou mesmo de escolher entre cérebro *ou* coração.

---

6 Isso também deve ser repetido diversas vezes em sua organização antes de você construir suas primeiras histórias.

7 Simplificando, as funções racionais do cérebro estão localizadas no córtex pré-fontal, enquanto as funções emocionais do cérebro estão localizadas no sistema límbico (incluindo o hipocampo e a amígdala). Cf. MILLER, E.; FREEDMAN, D.; WALLIS, J. The Prefrontal Cortex: Categories, Concepts, and Cognition. Philosophical Transactions of the Royal Society of London, Series B, *Biological Sciences*, v. 357, n. 1424, p. 1123-1136, 2002; MORGANE, P.; GALLER, J.; MOKLER, D. A Review of Systems and Networks of the Limbic Forebrain/Limbic Midbrain. *Progress in Neurobiology*, v. 75, n. 2, p. 143-160, 2005.

De modo a apelar para cérebro *e* coração, é importante construir um argumento racional que sustente a necessidade de mudança cultural, e então expandir – mas não contradizer – esse argumento com um apelo a motivações "superiores", não egoístas:

- "Sim, nossa cultura nova nos ajudará a vender mais produtos. Mas o crescimento de receita resultante também ajudará nosso pessoal a realizar seu potencial pleno de liderança."
- "Sim, nossa cultura nova permitirá mais inovação. Mas essa inovação também beneficiará a vida de nossos clientes e da sociedade como um todo."
- "Sim, nossa cultura nova nos ajudará a reduzir custos. Mas isso nos permitirá vender nossos produtos a preços ainda mais baixos, o que ajudará nossos clientes."

Esses conjuntos de afirmações podem ser logicamente consistentes entre si. Eles podem até ter o benefício adicional de serem verdadeiros.

Então, considerando que você conseguiu desenvolver um argumento racional para a mudança de cultura, como você pode reforçar essa afirmação com um apelo emocional? A lista de coisas que podem criar um apelo emocional é longa e diversificada. Uma rápida pesquisa no YouTube sugere que a melhor coisa que você poderia fazer é, de alguma forma, vincular sua mudança cultural ao bem-estar de filhotes – não importa se de humanos, cães, gatos ou pandas. Mas essa visão cínica é inconsistente com os requisitos de autenticidade da mudança cultural abordados anteriormente neste capítulo e no capítulo 3.

Em especial, quaisquer apelos emocionais que você decida incorporar a seus esforços em prol da mudança de cultura não apenas precisam estar relacionados aos seus argumentos racionais, mas também precisam ser algo com que você se preocupa profundamente. Nesse sentido, apelar para o coração de seus funcionários é tão autobiográfico quanto qualquer outro elemento do processo de mudança cultural.

Enquanto você contempla como atingir o coração de seus funcionários para envolvê-los com a mudança de cultura, reflita sobre o que o emociona, quais são os "melhores anjos de sua natureza".[8] Quanto mais você conseguir vincular essas razões para a mudança cultural à lógica racional, mais provável será conseguir atingir tanto o cérebro quanto o coração de seus funcionários.

Qual a origem dos elementos teatrais das histórias de mudança de cultura?

A maioria das histórias teatrais de mudança cultural apresentadas neste livro tinha um elemento em comum: elas usavam reuniões agendadas como uma oportunidade para introduzir a teatralidade no processo de gestão de mudança cultural. Por exemplo, Manoel Amorim usou uma reunião agendada do comitê executivo para apresentar os funcionários da central de atendimento da empresa (História 1.1); Dan Burton usou reuniões agendadas com todos os funcionários para mostrar, com transparência, suas avaliações 360 graus (História 3.5); Dennis Robinson usou uma reunião de equipe agendada para transmitir a mensagem aos executivos graduados de que eles não deveriam chegar atrasados (História 5.1); Mike Staffieri descreveu como a DaVita usou reuniões anuais e de formatura para mudar a cultura da organização (Histórias 5.6 e 7.6); e Jeff Rodek usou uma reunião anual comemorativa para introduzir humildade na cultura de sua organização (História 7.1).

Você já tem um número grande de reuniões agendadas em sua organização. Se formos honestos conosco mesmos, a maioria delas é bastante infrutífera. Muitas poderiam ser substituídas por *e-mails*. Mas se você transformar essas reuniões em eventos teatrais que ajudem a enfatizar a necessidade de mudança de cultura, então essas reuniões,

---

8 Uma frase extraída do primeiro discurso de posse de Abraham Lincoln, em 1861.

de repente, se tornarão memoráveis. E é impossível substituir esses tipos de reunião por *e-mails*.

No entanto, adicionar teatralidade a reuniões periodicamente agendadas exigirá disciplina e criatividade de sua parte. Haverá, é claro, uma curva de aprendizado na condução desses tipos de reunião. Alguns dos líderes empresariais com quem conversamos começaram por introduzir o teatro em apenas uma reunião por ano – apenas o suficiente para ver se eles realmente eram capazes de fazer aquilo. Em geral, essa experiência única levou a experiências adicionais.

Descobrimos também que, se um líder empresarial não se sentia à vontade para acrescentar teatralidade a uma reunião, ele buscava ajuda de pessoas criativas na própria organização.

Claro, adicionar teatralidade às reuniões pode ter retornos decrescentes ao longo do tempo. Se, em algum momento, uma reunião passar a girar em torno de encenações, em vez de em torno de como obter e sustentar vantagens competitivas, então é provável que faça sentido reduzir um pouco a teatralidade. No entanto, até chegar a esse ponto, pode ser útil identificar uma ou duas reuniões a cada ano em que você possa acrescentar um toque de teatralidade de maneira que isso ajude a mudar a cultura de sua organização.

Como fazer com que outras pessoas construam as próprias histórias?

As cascatas de histórias são essenciais para a mudança de cultura. Mas como fazer com que outros integrantes da organização construam as próprias histórias? Nossa pesquisa sugere três coisas que você pode fazer.

Primeiro, construa várias histórias de mudança cultural em que você seja o protagonista. Uma história pode ser uma exceção isolada; com duas histórias, seu compromisso com a mudança cultural é um pouco mais forte; e com três ou mais histórias você está dando o exemplo. Com esse exemplo, as pessoas em toda a organização se sentirão mais à vontade para construir as próprias histórias.

Segundo, peça a elas que construam histórias. Explique-lhes a importância da construção de histórias para a mudança cultural. Fale sobre os atributos de uma história de mudança cultural bem-sucedida. Claro, você não pode construir uma história para as outras pessoas – ela seria inautêntica e, portanto, não seria bem-sucedida. Mas, com seu apoio, os outros membros da organização podem aprender a construir ótimas histórias de mudança de cultura.

Por fim, celebre as histórias que são construídas em toda a sua organização. Divulgue-as amplamente. Enfatize sua importância no reforço em prol da mudança cultural. Dê bônus, promoções e prêmios a indivíduos e equipes que construírem histórias de mudança cultural.

Nossa pesquisa sugere que essas ações muitas vezes construirão uma cascata de histórias em sua empresa.

Conclusão

É assim que você muda a cultura de uma organização. Você começa por identificar as maneiras em que a cultura atual está desalinhada com as estratégias que a organização deve implementar para obter sucesso. Em seguida, constrói histórias que ilustram o tipo de valores e normas que uma nova cultura – que realmente permita a implementação das estratégias – deve ter. Depois de construir essas histórias – com os atributos listados neste livro –, você então incentiva o desenvolvimento de uma cascata de histórias em toda a organização. Por fim, à medida que essa nova cultura vai sendo criada em parceria com seus funcionários, você alinha os outros elementos da organização com essa nova cultura. Tudo pronto, certo?

Claro, a mudança de cultura real nunca é tão linear e lógica. Afinal, estamos falando sobre mudar os alicerces sociais de uma organização – muitas vezes, os valores e as normas não são declarações explícitas que guiam o comportamento dos funcionários. Conforme descrito no capítulo 2, a mudança cultural é inerentemente difícil e complicada. Pouquíssimas vezes será linear. Quase nunca será lógica.

No entanto, nossa pesquisa indica que a mudança de cultura é possível. E o segredo para consegui-la é construir histórias que ilustrem a cultura que você deseja criar. Se essas histórias forem autênticas, se o protagonista for você, na qualidade de líder empresarial, se elas demonstrarem uma ruptura clara com o passado e apontarem um caminho rumo ao futuro, apelarem para o cérebro e para o coração de seus funcionários, forem teatrais por natureza e promoverem o desenvolvimento de uma cascata de histórias, então elas podem ser usadas para criar a mudança cultural.

E aqui está algo que ouvimos em praticamente todas as nossas entrevistas: apesar dos altos e baixos e dos caminhos sinuosos, quase todos os líderes empresariais que entrevistamos nos disseram que mudar a cultura de sua organização foi uma das experiências mais gratificantes e satisfatórias de toda a sua carreira.

Divirta-se construindo suas próprias histórias.

Guia de discussão
O segredo da mudança de cultura

1 | Introdução – como construir histórias para mudar a cultura de sua organização

1. O capítulo começa sugerindo que as organizações onde a cultura e a estratégia estão alinhadas têm um desempenho superior ao daquelas onde a cultura e a estratégia não se alinham. Você consegue pensar em exemplos em que a estratégia e a cultura de uma organização estão bem alinhadas e ainda assim ela não tem um bom desempenho, ou onde a estratégia e a cultura de uma organização não estão bem alinhadas e ainda assim ela tem um bom desempenho? Como você reconcilia esses exemplos com a afirmação neste capítulo?
2. O capítulo afirma que questões de alinhamento cultural e estratégico são importantes em todos os tipos de organização, incluindo as sem fins lucrativos e os órgãos governamentais. Você concorda com essa afirmação? Se sim, por quê? Se não, por quê?
3. O capítulo identifica duas opções – além de mudar sua cultura – caso as estratégias e a cultura de uma organização estejam desalinhadas: mudar as estratégias ou tentar ignorar esse desalinhamento. Existem outras alternativas? Se sim, quais são? Se não, por quê?
4. Você concorda com a visão de John Kotter sobre a mudança de cultura? Se sim, por quê? Se não, por quê?

5. A afirmação central do livro é que, para mudar a cultura de uma organização, você precisa mudar as histórias que os funcionários compartilham sobre os valores e normas dela. Você concorda com essa afirmação ou discorda dela?
6. Qual é a diferença entre "falar" sobre mudança de cultura, "agir" de acordo com a mudança cultural que você deseja criar e "fala-ação" sobre mudança cultural? Essas diferenças são importantes?
7. Quais são as diferenças entre "construção de histórias" e "contação de histórias"?
8. Se você fosse o funcionário da central de atendimento telefônico que Manoel Amorim convidou para falar com o comitê executivo corporativo (História 1.1), como você teria reagido? Em especial, o que seria preciso para levá-lo à reunião?
9. Você acha que existe uma cultura organizacional ideal a que todas as organizações deveriam aspirar? Se sim, quais são as características dessa cultura? Se não, por quê?
10. Você acha que a construção de histórias é "eticamente neutra"? Se sim, por quê? Se não, por quê?
11. Na história de Andy Theurer (História 1.2) sobre "Era queijo ou uma rosquinha doce?", você acha que importa se a história evoluiu dos fatos originais (sobre um funcionário que roubou o queijo de outro funcionário) para "fatos novos" (sobre um funcionário se apropriando de uma rosquinha doce de uma caixa na sala de convivência)? Se sim, por quê? Se não, por quê?
12. Os "mitos organizacionais" são importantes nas empresas onde você trabalhou? Cite alguns exemplos desses mitos e diga por que eles foram ou não foram importantes.

2 | Por que a mudança de cultura é diferente?

1. Você consegue se lembrar de uma vez em que um processo de mudança "de cima para baixo" foi usado em uma organização onde você trabalhou? Funcionou bem? E sobre um processo de mudança "de baixo para cima"? Funcionou bem?

2. Você consegue se lembrar de uma vez em que uma abordagem "lógica e racional" para gestão de mudanças foi usada em uma organização onde você trabalhou? Funcionou bem? E de um processo de mudança "pessoal e emocional"? Funcionou bem?
3. Se as organizações são sistemas, então mudar qualquer elemento de uma organização vai afetar outros elementos dela. Na sua opinião, isso torna a mudança de uma organização mais fácil ou mais difícil?
4. O livro defende uma "abordagem eclética" para gerenciar a mudança cultural. Contudo, na medida em que diferentes modelos de mudança fazem recomendações contraditórias sobre como gerenciá-la, como você reconcilia essas diferenças? Por exemplo, uma abordagem "racional e lógica", em geral, presume que o grande obstáculo para a mudança é que as pessoas em toda a organização simplesmente não entendem por que a mudança é necessária – e, se elas entendessem, então a mudança ocorreria rápido. A abordagem "pessoal e emocional" reconhece que pode haver uma falta de entendimento, mas, mesmo se esse problema fosse resolvido, diferentes pessoas ainda poderiam reagir de maneiras distintas da mudança proposta. Assim, nesse modelo, explique por que uma mudança necessária pode não ter o resultado esperado.
5. Por que se diz que, se "todos" estão encarregados de algo, então "ninguém" está encarregado desse algo?
6. Se a cultura da organização é apenas uma "construção social" que não tem uma realidade independente da que seus funcionários pensam e sentem, é realmente possível gerenciar e mudar a cultura? Se sim, por quê? Se não, por quê?
7. Por definição, toda mudança ameaça o *status quo* de uma organização. A mudança de cultura é mais ou é menos ameaçadora para esse *status quo* do que outros tipos de mudanças organizacionais que você conhece?
8. Por que a maioria das pessoas resiste à mudança? Você conhece pessoas que não são resistentes à mudança?
9. Quando uma série de vitórias "rápidas" na mudança de cultura se transformará em mudança cultural em uma escala mais ampla? Quando isso não acontecerá?

10. Como você pode diferenciar um líder empresarial que está de "conversa fiada" de um que está realmente comprometido com a mudança de cultura?
11. As histórias de mudança cultural sempre se difundirão por diferentes níveis e setores de uma organização? Quais barreiras, se houver, podem existir e prejudicar o andamento desse processo? Além disso, supondo que as histórias se difundam por toda a organização, é provável que todos que as ouvirem as interpretem da mesma maneira? Se sim, por quê? Se não, por quê?

3 | Como construir histórias autênticas

1. Por que construir histórias autênticas é tão arriscado, pessoal e profissionalmente?
2. Você já teve o mesmo tipo de experiência reveladora que o líder empresarial na História 3.1? O que aconteceu e qual impacto ela teve em seu estilo de liderança?
3. Por que você acha que Michael Schutzler (História 3.2) teve coragem de admitir seus erros e começar a reunião novamente? Você teria essa mesma coragem?
4. Você acha que os líderes empresariais são mais ou são menos propensos a serem influenciados pela opinião dos outros sobre eles, em comparação com as pessoas que não são líderes empresariais? Por quê?
5. Como você teria respondido à decisão de Stefano Rettore (História 3.3) de começar sua primeira reunião de negócios falando sobre sua vida desde a infância e como isso afetou seu estilo de liderança? Você teria se sentido confortável ou desconfortável nessa reunião?
6. Qual foi a última vez que você foi tratado injustamente por um líder empresarial? Como você reagiu? Você poderia ter confrontado seu líder, como na História 3.4? Se não, por quê? Se você confrontou seu líder, qual foi o resultado?
7. Você estaria disposto a compartilhar suas avaliações 360 graus com todos os seus colegas (cf. História 3.5)? Se sim, por quê? Se não, por quê?

8. Alguma vez você conheceu um líder empresarial que concluiu que não era a pessoa certa para aquele cargo? Que decisão ele tomou sobre continuar ou não nessa posição?
9. Coloque-se na posição de Steve Young (História 3.6). O que você teria feito se o fundador da empresa atirasse uma cadeira em você?

4 | Seja protagonista de sua própria história

1. No capítulo 2, foi sugerido que os líderes empresariais devem estar abertos à criação de uma nova cultura organizacional junto de seus funcionários – se não, os esforços em prol da mudança cultural podem facilmente parecer "um surto de egoísmo" do líder empresarial. Neste capítulo 4, é sugerido que os líderes empresariais devem ser o foco de suas próprias histórias – o que soa como "um surto de egoísmo" de um líder empresarial. Você consegue resolver essa tensão?
2. Exemplos históricos, histórias engraçadas e casos inspiradores não têm qualquer papel a desempenhar no processo de construção de histórias? Se têm, por quê? Se não têm, que papel eles podem desempenhar?
3. O que você acha que Annette Friskopp (História 4.1) estava aprendendo sobre o negócio e sobre si mesma em suas visitas a Nova Orleans e Houston?
4. Que processo de gestão de mudanças Michael Schutzler tentou empregar para criar uma cultura na Freeshop (História 4.2)? Por que esse esforço fracassou?
5. Se você estivesse se reportando ao gerente da fábrica na História 4.3, como teria respondido quando ele assumiu a responsabilidade pelo lançamento fracassado do produto? Você o teria admirado por sua coragem, ou acharia que ele fora tolo por aceitar a responsabilidade por um erro que quase certamente foi cometido por outra pessoa?
6. A Gillette é uma empresa conhecida e bem-sucedida (História 4.4). Por que nunca ocorreu a ninguém na empresa visitar economias em desenvolvimento para ver por que seus produtos não vendiam bem?
7. Faça uma encenação da situação que Jamie O'Banion (História 4.5) vivenciou – vendendo produtos de beleza em rede de televisão nacional

com um grande corte na sobrancelha. O que você diria para transformar em uma oportunidade o que parece ser um problema?

5 | Histórias que rompem com o passado e apontam um caminho rumo ao futuro

1. Como você se sentiria se estivesse na reunião em que um executivo graduado é impedido de entrar por chegar atrasado (História 5.1)?
2. Você acha que foi importante que Melanie Healey (História 5.2) tivesse pedido às clientes para separar, fisicamente, os produtos que as faziam se sentir bem daqueles que não as faziam? Se sim, por quê? Se não, por quê?
3. O objetivo de empoderar as mulheres por meio dos produtos de higiene feminina parece nobre. Por que esse propósito, por si só, não foi suficiente para mudar a cultura de *design* de produtos na divisão de cuidados femininos da P&G (História 5.2)?
4. Liste tudo que Ivan Filho (História 5.3) fez para mudar a cultura em sua unidade de negócios da Tenneco. Quais dessas ações você acha que foram as mais importantes na mudança cultural da organização? Por quê?
5. Como você teria respondido se aqueles dois funcionários o procurassem e exigissem um aumento (História 5.4)? Por que Michael Speigl estava disposto a enfrentá-los e foi capaz de fazê-lo?
6. Por que reduzir custos é muito mais fácil do que implementar uma mudança de cultura (História 5.5)?
7. Por que imagens simbólicas – como atravessar uma ponte (História 5.6) – são tão importantes na mudança de cultura?

6 | Construa histórias para o cérebro e para o coração

1. Qual você acha que é o maior erro ao implementar mudanças culturais – focar apenas o "cérebro" ou focar apenas o "coração"? Por quê?
2. Fernando Aguirre (História 6.1) alternou entre uma abordagem que apelava para o cérebro e uma abordagem que apelava para o coração ao realizar a mudança cultural. Você considera essa alternância eficaz, ou ela apenas confundiria seus funcionários?

3. Quais condições precisavam existir para que realmente dessem certo os esforços de Marise Barroso para mudar a cultura de sua empresa (História 6.2)?
4. Scott Robinson (História 6.3) tinha apenas 23 anos quando lhe pediram para mudar a cultura das negociações com o sindicato. De que maneira sua idade foi um ponto fraco na mudança dessa cultura? De que maneira ela foi um ponto forte?
5. Empresas como a DaVita (História 6.4) são, às vezes, criticadas por dar mais importância ao bem-estar dos funcionários do que à geração de lucro. Você concorda ou discorda dessa crítica? Por quê?

7 | A construção de histórias como uma atividade teatral
1. Você já trabalhou com um líder empresarial que se envolveu nos tipos de exibições teatrais descritas neste capítulo? Se sim, seu respeito por esse líder aumentou, diminuiu ou permaneceu inalterado? Por quê?
2. Qual das histórias deste capítulo você acha que tinha mais chances de realizar uma mudança cultural em uma organização? Por quê?
3. Como você se sentiria se tivesse que se vestir como Steven Tyler (cf. História 7.4)? Por quê?
4. Para participar desse tipo de teatralidade, você acha que um líder empresarial precisa ser "extrovertido"? Se sim, isso significa que a extroversão é um requisito não declarado para que os líderes empresariais mudem culturas? Se não, como os introvertidos podem aprender a se tornar mais teatrais?

8 | Como criar uma cascata de histórias
1. Na sua opinião, o que é melhor para a mudança cultural: uma história que "se compartilha por conta própria" ou uma que é compartilhada proativamente por um líder empresarial em uma reunião ou pela internet? Por quê?
2. Como você percebe que seus esforços para compartilhar uma história de mudança cultural começaram a minar a autenticidade dessa história?

3. Por que é que, às vezes, as reuniões gerais podem criar frases de efeito – como "parar de levantar um porco" (cf. História 8.1) – que facilitam a mudança cultural? O que você poderia fazer para aumentar a probabilidade de isso ocorrer?
4. Como Pete Pizarro (História 8.2) garantiu que suas reuniões em pequenos grupos se tornassem um modelo para o tipo de cultura que ele queria criar, em vez de apenas uma oportunidade para chamar a atenção para sua história "do lixo ao luxo"?
5. Você considera apropriado que um CEO entregue suas avaliações diretamente às pessoas que estão construindo e revisando um produto (por exemplo, História 8.3)? E quanto à "cadeia de comando"?
6. Você acha que 50 horas de telefonemas (História 8.4) foram realmente um bom investimento de tempo por parte desse executivo graduado?
7. É possível construir muitas histórias rápido demais? Como você pode saber se isso está acontecendo?
8. Como você garante que, se pedir a outras pessoas em sua organização para construir histórias, as que elas construírem serão autênticas e não apenas imitações das que você já construiu?
9. O vice-presidente de vendas da Traeger foi quem inicialmente ouviu falar do serviço "sem restrições" de Rob (História 8.6), e ele compartilhou com entusiasmo essa história com o CEO. E se alguém do departamento financeiro ou da contabilidade tivesse ouvido essa história? A reação seria igual ou diferente? Afinal, é improvável que a Traeger tenha lucrado com a decisão "sem restrições" de Rob.
10. Tanto Jeremy Andrus (História 8.6) quanto Manoel Amorim (História 8.8) recompensaram pessoas por construir histórias que mudam a cultura. Como isso afeta a autenticidade dessas histórias e, portanto, sua capacidade de realmente facilitar a mudança cultural?

9 | Como tornar a mudança de cultura duradoura

1. Dado que suas políticas e práticas antigas costumam estar alinhadas com sua cultura antiga, por que não faz sentido começar a mudança cultural por meio da alteração dessas políticas e práticas, de modo que

elas sejam condizentes com a cultura que você deseja construir, em vez de começar a mudança cultural com a construção de histórias?
2. Em geral, seus gerentes de recursos humanos têm anos de experiência em contratar pessoas com base nas habilidades específicas necessárias para um cargo. Contratar com base nos valores de um futuro funcionário é algo relativamente novo. Por que o pessoal de recursos humanos deveria abandonar práticas de contratação baseadas em competências bem estabelecidas por práticas de contratação baseadas em valores não tão bem estabelecidos?
3. Você acha que treinamentos podem mudar os valores de uma pessoa? O que sua resposta a essa pergunta reflete sobre a relação entre suas práticas de contratação e treinamento?
4. As fichas de avaliação dos funcionários (cf. História 9.1) são tão boas quanto os itens que elas incluem. Quais itens de "satisfação do cliente" poderiam ter sido usados nas fichas de avaliação dos funcionários da Telesp?
5. Manoel Amorim (cf. História 9.1) não foi o único líder empresarial entrevistado que compartilhou suas avaliações 360 graus com toda a organização (cf. Dan Burton, História 3.5). Você estaria disposto a compartilhar suas avaliações 360 graus? Se sim, por quê? Se não, por quê?
6. Os sistemas de recompensa criam "vencedores" e "perdedores" em sua organização (cf. História 9.2). Você acha que isso prejudica ou ajuda a mudança cultural?
7. Como você se sentiria se precisasse demitir pessoas porque elas não podiam ou não queriam apoiar uma mudança cultural – mesmo que tivessem sido bem-sucedidas na cultura antiga de sua organização? Como você se sentiria se fosse uma dessas pessoas demitidas? Esses sentimentos prejudicariam ou ajudariam os esforços em prol da mudança cultural?

10 | Como construir suas próprias histórias que mudam a cultura

1. Por que não é possível que este livro gere uma lista de histórias que você precisa construir para mudar sua cultura?

2. Por que os fracassos empresariais são mais propensos a ser fontes de histórias que mudam a cultura no início desse processo, e os sucessos empresariais são mais propensos a ser fontes de tais histórias no final desse processo?
3. Existem limites para o planejamento de histórias que mudam a cultura? Se sim, por que e quais são esses limites? Se não, por quê?
4. Mantenha um diário de todas as experiências empresariais que você teve em uma semana. Mais tarde, volte a essa lista e identifique aquelas que podem ter potencial para se tornar uma história que mude a cultura.
5. Como você pode distinguir um líder empresarial que está orquestrando a construção de histórias que mudam a cultura "nos bastidores" de um líder empresarial que simplesmente não está envolvido nos esforços em prol da mudança cultural?
6. Você concorda ou discorda desta afirmação: "Quanto mais tempo e energia uma organização gasta descrevendo sua cultura atual, menos provável será que ela a mude"?
7. Muitos líderes empresariais gostam de exercer um controle rígido sobre os esforços em prol da mudança organizacional. Suponha que seu líder empresarial quisesse exercer esse tipo de controle sobre a mudança da cultura organizacional. O que você lhe diria para convencê-lo de que isso seria um exercício autodestrutivo?
8. Reserve alguns minutos e faça um desenho de como será a cultura de sua organização daqui a 18 meses. É igual à cultura atual, ou é diferente de alguma forma?
9. Quais são as limitações da lógica racional na implementação da mudança de cultura?
10. Quais são as limitações dos apelos emocionais na implementação da mudança cultural?

Agradecimentos

Este livro não teria sido possível sem...

os inúmeros líderes empresariais que, ao longo dos anos, compartilharam conosco suas experiências de mudança cultural

e

a assistente do professor Barney, Tresa Fish, que de alguma forma coordenou todas as transcrições, todas as histórias e todas as revisões, sempre com bom humor e paciência.